新世纪高等学校教材 | 历史学系列教材

U0646095

历史教师教育系列教材

中学历史新课程教学技能训练

Teaching Skills Training
for New History Course
in Middle School

薛伟强　主编
苏向荣　燕　慧　副主编
全国九所重点师范大学联合编写

北京师范大学出版集团
BEIJING NORMAL UNIVERSITY PUBLISHING GROUP
北京师范大学出版社

图书在版编目（CIP）数据

中学历史新课程教学技能训练/薛伟强，苏向荣，燕慧主编. —北京：
北京师范大学出版社，2020.8（2025.8 重印）

新世纪高等学校教材. 历史学系列教材

ISBN 978-7-303-25327-2

Ⅰ. ①中… Ⅱ. ①薛…②苏…③燕… Ⅲ. ①中学历史课—教学
研究—高等学校—教材 Ⅳ. ①G633.512

中国版本图书馆 CIP 数据核字（2019）第 263090 号

ZHONGXUE LISHI XINKECHENG JIAOXUE JINENG XUNLIAN

出版发行：北京师范大学出版社 https：//www.bnupg.com
　　　　　北京市西城区新街口外大街 12-3 号
　　　　　邮政编码：100088

印　　刷：三河市兴达印务有限公司
经　　销：全国新华书店
开　　本：730 mm×980 mm　1/16
印　　张：20.25
字　　数：400 千字
版　　次：2020 年 8 月第 1 版
印　　次：2025 年 8 月第 6 次印刷
定　　价：50.00 元

策划编辑：刘东明　　　　　　　　责任编辑：刘东明　　赵翠琴
美术编辑：王齐云　　　　　　　　装帧设计：王齐云
责任校对：段立超　陈　民　　　　责任印制：马　洁　赵　龙

前　　言

习近平总书记指出："百年大计，教育为本。教育是人类传承文明和知识、培养年轻一代、创造美好生活的根本途径。"①近年来，中国学生发展核心素养及高中各学科核心素养的相继发布，标志着一场新的课程改革拉开帷幕。中共中央办公厅、国务院办公厅2017年9月印发的《关于深化教育体制机制改革的意见》明确提出"要注重培养支撑终身发展、适应时代要求的关键能力"。党的十九大明确要求："要全面贯彻党的教育方针，落实立德树人根本任务，发展素质教育，推进教育公平，培养德智体美全面发展的社会主义建设者和接班人。"2017年颁布的新版高中历史课程标准确定了中学历史课程的基本理念：以立德树人为历史课程的根本任务，坚持正确的思想导向和价值判断，以培养和提高学生的历史学科核心素养为目标。如何落实立德树人，如何培养中学生的历史学科关键能力和核心素养，这对于广大一线教师是一个严峻的挑战，对于师范院校《历史教学技能训练》课程，更是一个急迫的任务。

新世纪以降，我国的课程改革如火如荼。为了加强实践技能的培养，大部分师范院校先后开设了《历史教学技能训练》课程，随之也出版了一批相关的教材。近年来，历史教育逐渐步入核心素养时代，但《历史教学技能训练》相关教材多年未有更新，绝大部分学校使用的仍是十几年以前出版的教材，这显然不能满足时代和社会的需要。鉴于此，2018年夏，由江苏师范大学牵头，联合河北师范大学、西北师范大学、山东师范大学、华南师范大学、辽宁师范大学、哈尔滨师范大学、西华师范大学、曲阜师范大学等国内9所重点师范大学组建团队开始协作编写。

---

①　习近平：《让十三亿人民享有更好更公平的教育》(2013年9月25日)，见《习近平谈治国理政》第一卷，191页，北京，外文出版社，2018。

本书是我国第一部面向核心素养时代的中学历史教学技能训练教材，是目前为止历史教学技能最全面的教材，也是国内首部立体化的历史教学技能训练教材。本书基于新课程理念，面向核心素养，突出实践操作，从教学设计、教学实施、教学组织、教学评价4大维度，详细解析了中学历史教学常用的21项技能。其中课标解读、教材分析、史料选取和运用、合作学习、学科思维培育、观课评课、模拟讲课7项技能均属首次总结。

课标解读和教材分析技能有助于教师深刻领会和贯彻课标要求，全面深入地分析教材，从而提高教学设计的质量；以小组讨论为基础的合作学习，可以培养学生的多种能力和品格，是核心素养时代的必然要求；历史学科思维培育技能，直接呼应了历史学科核心素养如何落地的问题；史料选取和运用技能，则与史料实证核心素养全面接轨；模拟讲课技能着眼于师范生应对教师资格证考试和教师编制考试面试；观课评课技能为教师进行教学观摩和评价，提供了可操作的具体方法和路径。

每项技能大致分成内涵与功能、分类与特征、策略与方法、常见问题4个部分，从理论分析和实践操作两个层面推进。"内涵与功能"、"分类与特征"重在充分挖掘技能的理论价值，"策略与方法"、"常见问题"则通过丰富的案例由正反两个方面解析技能的应用。除了教材中大量的经典案例，还通过二维码链接了相关技能的电子案例或视频案例，方便读者借鉴和观摩。每一章末尾的拓展阅读部分，推荐了一些精选的经典论文和著作，强烈建议有兴趣的读者关注。本书既适合有志历史教育的本科生和研究生，也适用于一线中学历史教师及申请中学历史教师资格者。

本书具体编写分工如下：

西北师范大学　苏向荣（绪论、第一章、第四章）

河北师范大学　范红军（第二章、第三章）

河北衡水中学　王剑（第三章）

山东师范大学　楼建军（第六章、第九章）

山东师范大学　燕慧（第五章、第九章）

华南师范大学　梁丽红（第七章、第八章）

曲阜师范大学　韩锋（第十章、第十一章）

哈尔滨师范大学　邵兰琴（第十二章、第十三章）

四川省邻水中学　骆孝元（第十四章）

江苏省溧水高级中学　谈娟（第十五章）

西华师范大学　陈倩（第十六章）

　　辽宁师范大学　关娴娴（第十八章、第二十章）

　　江苏师范大学　薛伟强（第十七章、第十九章、第二十一章）

　　邵蒙、刘佳、孙珮景、杨明山、邱佳晨等研究生也参与了资料收集和部分初稿的撰写。初稿完成后由主编、副主编协作审稿、统稿，最后由主编薛伟强定稿。

　　感谢为本书慷慨提供文字案例和视频案例的诸位老师和同学，感谢江苏师范大学教育学院对本教材出版的大力支持，感谢北京师范大学出版社刘东明编辑的辛勤劳动。由于学术水平和实践经验的限制，对于一些复杂的新问题，虽然勇于创新，也难以作出满意的解答；加之集体编写，各自的背景和理念有异，故本书的疏漏、不足乃至错误之处在所难免。我们诚挚的希望各位读者和同人批评指正，以待日后修正完善，联系邮箱 sshistory@126.com。

薛伟强　苏向荣　燕　慧

2019 年 10 月

目　　录

第一编　教学设计技能

第四章　教学目标制定技能 /54

第二编　教学实施技能

第三编　教学组织技能

第四编　教学评价技能

绪　论

历史教师的教学技能是历史教师专业素养的重要组成部分。基于不同的视角，教师的教学技能有不同的分类。历史教师的教学技能需要以课堂教学技能为核心进行延展，从教学设计技能、教学实施技能、教学组织技能、教学评价技能4个维度，构建历史教师的教学技能群。教师教学技能发展的主要途径是微格教学、教育见习与教育实习和反思性实践。

第一节　再认教师教学技能的价值

全面深化教师队伍建设改革、大力推进教师教育，是提振教师队伍士气、提升基础教育质量、推进教育现代化建设的一项紧迫任务。当今教师职业嬗变日趋复杂，教师不仅要知道"教什么"，而且需要掌握"如何教"，更需要知道"为何而教"。强调教师的专业训练，是教育思想和人才培养发展的内在要求与重大进步，也是实践师德教育、教学理论、教学技能三位一体教学指导思想的重要举措。

人们经常用匠心独运、炉火纯青等语词，表达教师精湛教学技艺和高超的教学水平。孔子言"志于道，据于德，依于仁，游于艺"，它启示教师要在教学中将高尚的师德、对教育的理解和精湛的技艺相融合。"教学技能是教育科学理论与教学实践效果之间的中介，一个缺乏基本教学技能的教师，无论掌握多么丰富的教育科学理论和高深的专业知识，也不能实施有效的教学。"[1]正因如此，从20世纪60年代开始，世界上许多国家开始研究教师教育的理论与实践。美国率先运用微格教学的方式来研究教师的教学技能。其后，英国同样运用微格教学训练教师技能，实验结果集成为《微格

---

[1]　刘珊珊：《工匠精神：教师教学技能的灵魂》，载《长江师范学院学报》，2017（12）。

教学讨论》。苏联着重于教师的职业训练，成立于 1919 年的波尔塔瓦国家师范学院，将教学与教学技艺融为一体，设置了专业课程。我国关于教师技能的探讨与开发起步较晚，除了传统的"三字一话"训练，对于教师专业技能系统的研究与训练发端于 20 世纪 90 年代以后。

2011 年，教育部出台《教师教育课程标准（试行）》，要求高等师范院校在培养教师的过程中，"创新教师培养模式，强化实践环节，加强师德修养和教育教学能力训练，着力培养师范生的社会责任感、创新精神和实践能力"。"中学职前教师教育课程目标与课程设置"从"教育信念与责任"、"教育知识与能力"、"教育实践与体验"3 个方面构架目标领域。其中"教育知识与能力"领域，要求通过教师教育课程的学习，职前中学教师"具有理解学生的知识与技能"、"具有教育学生的知识和能力"和"具有发展自我的知识与能力"，并对具体要达到的目标作清晰的阐述，作为高等师范院校培养中学教师的基本依据。2012 年，中华人民共和国教育部发布《中学教师专业标准（试行）》，从 4 大理念、3 个维度、14 个领域和 63 条基本要求，规范了教师作为专业人员的基本标准，使得教师培养和专业发展有据可依、有章可循。在中学教师专业标准中，将"专业能力"划分为教学设计、教学实施、班级管理与教育活动、教育教学评价、沟通与合作、反思与发展 6 个领域。在教师专业能力的 6 个领域中，处处体现教师精益求精的工匠精神和敬业奉献的师者仁心。2018 年，中共中央、国务院发布《关于全面深化新时代教师队伍建设改革的意见》，指出："教师承担着传播知识、传播思想、传播真理的历史使命，肩负着塑造灵魂、塑造生命、塑造人的时代重任，是教育发展的第一资源，是国家富强、民族振兴、人民幸福的重要基石。"在职前教师培养方面，要求"根据基础教育改革发展需要，以实践为导向优化教师教育课程体系，强化'钢笔字、毛笔字、粉笔字和普通话'等教学基本功和教学技能训练，师范生教育实践不少于半年。"在职后的发展中，"开展中小学教师全员培训，促进教师终身学习和专业发展"，推动教师教育职前职后一体化，为造就骨干教师、卓越教师和教育家型教师奠定基础。

第二节　教学技能的定义

何谓教学技能？至今尚未有一个明确的定论，但对技能的界定总是与知识、能力相关联。纵观学者的定义，基本上分为 2 类：一类深受行为主义的影响，另一类则是借鉴了认知理论。

美国学者莫里逊在 20 世纪提出，教学技能是"为了达到教学上某些规定的目标所采取的一种极为常用的、一般认为是有效果的教学活动方式。"①此观点侧重于教学活动，深受行为主义学习理论的影响。我国部分学者认同悉尼大学克里夫·特尼所提"基本课堂技能是在课堂教学中教师的一系列教学行为"，如陈旭远教授认为"教师的课堂教学技能是在课堂教学中，依据教学理论，运用专业知识，为顺利完成教学任务并能促进学生发展而采取的一系列教学行为方式"②。

20 世纪 50 年代前后，心理学研究开始从行为主义向认知主义转变，而致力于教育学科学化的教育学家和心理学家对之前的教育理论重新认识。认知主义心理学家重新定义了知识的概念，并对知识进行了较为详细的划分。他们认为知识有狭义与广义之分，狭义的知识即指知识的贮存和提取，而广义的知识除了知识的贮存和提取外，还包括知识的运用。③ 部分心理学家又将知识划分为 3 类：一是陈述性知识（declarative knowledge），主要涉及"是什么"的知识；二是程序性知识（procedural knowledge），是指个体在无意识条件下完成某项活动的程序或知识，涉及"怎样做"的知识；三是策略性知识（strategic knowledge），是指个体在某种情境中对任务的认识、对方法的选择以及对过程的调控，是一种监控系统。在认知心理学的影响下，对于教学技能的定义逐渐从行为主义取向转向认知主义。如胡淑珍教授认为："教学技能是指教师运用已有的教学理论知识，通过练习而形成的稳固的复杂的教学动作系统。它既包括在教学理论基础上，按照一定方式进行反复练习或由于模仿而形成的初级教学技能，也包括在教学理论基础上按一定方式经多次练习，使教学活动方式的基本成分达到自动化水平的高级教学技能即教学技巧。"④

今天，知识、技能、能力、智能、智慧等诸多概念的界限逐渐打破，专家学者开始从全脑认知、混沌理论的角度出发，重新认识教学技能的相关问题。据此，我们认同荀渊教授对于教学技能的定义，即"教师的教学技能是由可观察的、可操作的、可测量的各种外显性的行为表现构成，同时

① ［日］井上光洋：《教师的实践能力与课堂教学》，载《高等教育·中日教师交流专辑》，北京，首都师范大学出版社，1998。

② 陈旭远：《教学技能》，3 页，北京，北京师范大学出版社，2015。

③ 皮连生：《智慧心理学》，40 页，北京，人民教育出版社，1996。

④ 胡淑珍、胡清薇：《教学技能观的辨析与思考》，载《课程·教材·教法》，2002(2)。

又是由教师既有的认知结构对知识的理解、对教学情境的把握、对教学行为的选择等认知活动构成的一个复杂的心理过程。"①

第三节　教学技能的分类

基于对教师素养及教学技能不同的认识视角，学者们对教学技能的分类也不尽相同。下面介绍几种主要的分类观点。

一、从构成课堂教学能力要素的角度划分

此类划分办法紧扣教师的课堂教学。美国斯坦福大学的艾伦和瑞安从构成课堂教学技能的要素中抽取出 14 种要素，设定为普通教学技能：(1)刺激多样化；(2)导入；(3)总结；(4)非言语性启发；(5)强调学生参与；(6)流畅提问；(7)探索性提问；(8)高水平提问；(9)分散性提问；(10)确认、辨析专注行为；(11)图解的范例应用；(12)运用材料；(13)有计划的重复；(14)交流的完整性。在这 14 种要素中，其中有 4 种是关于提问的，反映出他们对启发性教学的重视程度。我国学者范建中、高惠仙主编的《微格教学教程》中，基于职前教师培养，将教师基本教学技能分为：导入技能、提问技能、板书技能、讲解技能、教学语言技能、演示技能、变化技能、反馈和强化技能、结课技能、课堂教学组织技能、组织探究式学习技能、多媒体辅助教学技能。② 从这类分类中能够清晰地看出，教学技能主要指教师的课堂教学技能。

二、从教学技巧角度的划分

如果将教师的教学技能看成是教学能力的操作层面，则教学技能很大程度上等同于教学技巧。澳大利亚学者特尼等人指出，教师的教学技巧包含以下方面：(1)动力技巧：包括加强学生的行为，多样刺激、入门、鼓励学生参与、接受并支持学生感受、表达温暖热情以及认识并满足学生的需求。(2)讲授与交流的技巧：包括解释、戏剧化、阅读，使用视听辅助教学

---

① 荀渊：《教学技能研究》，载《上海教育科研》，2004(8)。

② 参见范建中、高惠仙：《微格教学教程》，北京，北京师范大学出版社，2010。

工具，鼓励学生反馈、澄清、表情、速度以及有计划地重复。（3）提问技巧：包括反复、集中与指导、引导，高难问题、歧异性与多样性问题以及激发学生主动性。（4）小组个人辅导技巧：如组织小型小组工作，培养独立学习能力、咨询、鼓励合作活动及学生间的相互作用。（5）培养学生思考技巧：如鼓励探索性学习、指导发明、制定概念。使用刺激手法，使用角色和游戏刺激思维，培养学生解决问题的能力，鼓励学生进行评价与判断并培养其批判性思维。（6）评估技巧：包括认识与评价学生进步，确定学习困难，提出补救方法，鼓励自我评估及组织评估讨论。（7）课堂管理与纪律：包括认识专心与不专心行为，监督课堂小组工作，鼓励以任务为目标的行为，给予指导并解决多重问题。中华人民共和国教育部师范教育司组织编写的《教师专业化的理论与实践》中，将教师的技能从技巧和能力2个方面进行分析，认为教师的教学技巧包含：（1）导入的技巧；（2）强化的技巧；（3）变化刺激的技巧；（4）发问的技巧；（5）分组活动的技巧；（6）教学媒体运用的技巧；（7）沟通与表达的技巧；（8）结束的技巧；（9）补救教学的技巧。并将教师的教学能力分为教学设计能力、教学实施能力和学业检查与评价的能力3个方面。① 单纯从教学技巧的角度看，这两种分类依然是从课堂教学实施的层面进行划分。

三、超越课堂的教学技能的分类

作为教师教学的基本素养之一，教师的教学技能不仅仅局限于教学实施层面，且技能始终与认知、情感等相伴，而教学又是一个非常复杂的系统，故须从教师教学的技能群的角度，认识教师专业素养的整体性和复杂性。因此，国内部分学者逐渐将教师的教学技能以课堂为中心进行延展。如张铁牛把教学技能分为课前、课堂和课后教学技能3大类，然后设定为20项基本技能，分为：课前教学技能（确定教学目标、了解学生、分析处理教材、选择教学媒体、选择教学方法，进行教学设计）；课堂教学技能（导入、讲解、提问、演示、板书、强化、变化、应变、结束）；课后教学技能（复习、辅导、指导课外活动、教学测评和教学研究技能）。② 胡淑珍主编的

① 教育部师范教育司组织编写：《教师专业化的理论与实践》，北京，人民教育出版社，2003。

② 张铁牛：《教学技能研究的理论探讨》，载《教育科学》，1997(2)。

《教学技能》中将教学技能分为 11 类：教学设计技能、导入技能、讲授技能、课堂提问技能、板书技能、课堂体态语技能、课堂纪律管理技能、成就测评与评价技能、学法指导技能、指导学科课外活动技能、教学研究技能。① 张占亮主编的《师范生教育教学技能训练教程》将教学技能分为 4 部分：第一部分为教学设计，第二部分为怎样进行备课、试教、评课与说课，第三部分为课堂教学基本技能，第四部分为班主任及班级管理工作。② 陈旭远主编的《教学技能》中，将其划分为备课、新课导入、学习方式、讲授技能、提问技能、学习策略、教师的体态语(声情并茂的语言)、板书、课堂教学管理、反馈与评价、作业、结课、教学反思以及最后一部分说课、听课与评课。③ 尽管分类各不相同，但都是将教师的教学技能从课堂延展到课前和课后，从教师教学技能群的角度认识教师的技能素养。

四、历史教师的教学技能及其分类

前 3 种是从一般意义上对教师的教学技能进行划分，并无学科的区分。历史教师的教学技能是以前 3 种分类作为理论基础，加上历史学科能力而形成的更为精细的历史学科教学技能分类。叶小兵、姬秉新、李稚勇合编的《历史教育学》中认为，历史教师在有了相当的专业知识素养之后，还应大量学习、掌握、探索、改革并创新各种在历史教学中必须用到的专门技能，如教学设计与教案写作能力、口头语言表达能力、板书设计与书写能力、运用各种教学方式方法的能力、制作各种直观教具的能力、编制教学课件与演示的能力、操作现代化教学手段的能力，以及设计组织参与式教学活动的能力等，并认为语言表达能力、板书设计与书写能力和选用各种教学方法的能力是历史教师最基本的教学技能素养。④ 何成刚等编著的《历史课堂教学技能训练》从课前、课中和课后 3 个方面，阐述了历史教师课堂教学的基本技能，如课前包括了解读课标的技能、处理教材的技能、教学设计的技能；课中包括板书与讲授、情境创设、提问与讨论、影视教学等技能；

---

① 胡淑珍主编：《教学技能》，5 页，长沙，湖南师范大学出版社，2016。
② 参见张占亮：《师范生教育教学技能训练教程》，北京，高等教育出版社，2012。
③ 陈旭远：《教学技能》，5 页，北京，北京师范大学出版社，2015。
④ 叶小兵、姬秉新、李稚勇：《历史教育学》，244～250 页，北京，高等教育出版社，2004。

课后包括历史学习评价及历史教师的教学研究技能。[①] 于友西、赵亚夫主编的《中学历史教学法》关于历史教师的技能主要从历史课堂教学方法的角度，阐述了历史教师应当具备的教学技艺：课堂导入的技艺、板书设计的技艺、课堂提问的技艺、史事过渡的技艺、概念阐释的技艺、教学语言的技艺、运用教具的技艺、课堂总结的技艺。除了教学技艺之外，从历史教师的基本素质的角度，阐述了历史教师应当具备的能力素质。[②] 从历史教育学相关著作中能够看出，关于历史教师教学技能的论述，已经从技能群的角度，阐述历史教师的教学技能，且打破了知识、技能及能力等的界限，整体性地思考历史教师的专业技能问题。

五、本教材的分类办法

本教材秉持终身学习的理念，从促进教师职前职后一体化发展的角度，结合《教师教育课程标准（试行）》和《中学教师专业标准（试行）》，在借鉴前人成果的基础上，采用职前教师专业技能训练和职后教师专业技能发展相结合的形式，构建本教材的教学技能维度与内容。在内容上，将历史教师的教学技能分为教学设计技能、教学实施技能、教学组织技能、教学评价技能 4 个维度，每个维度包含 4～6 项技能，共计 21 项技能，从而构建历史教师的教学技能群。

与现有同类教材相比，本书的技能最全面、理念最先进，其中课标解读、教材分析、史料选取和运用、合作学习、历史学科思维培育、观课评课、模拟讲课 7 项技能均属首次总结。课标解读和教材分析技能有助于教师深刻领会和贯彻课标要求，全面深入的分析教材，从而提高教学设计的质量；以小组讨论为基础的合作学习，可以培养学生的多种能力和品格，是核心素养时代的必然要求；历史学科思维培育技能，直接呼应了历史学科核心素养如何落地的问题；史料选取和运用技能，则与史料实证核心素养全面接轨；模拟讲课技能着眼于师范生应对教师资格证考试和教师编制考试面试；观课评课技能为教师进行教学观摩和评价，提供了可操作的具体

---

① 参见何成刚、陈亚东、夏辉辉：《历史课堂教学技能训练》，上海，华东师范大学出版社，2008。

② 参见于友西、赵亚夫：《中学历史教学法（第 4 版）》，北京，高等教育出版社，2017。

方法和路径。

第四节　教学技能训练的基本途径

教师教学技能的形成与发展，既与教师个体的自然禀赋有关，也与教师在职前和职后的训练密切相关。尤其是在教师高度专业化的今天，职前的系统训练和职后不断的培训变得更加重要。从职前教师培养方面看，微格教学、模拟课堂、教育见习、教育实习是教师教学技能训练的主要方式；从职后教师的发展来说，实践与反思、听说评议等教学研究活动以及教师培训等，是推动教师教学技能发展的重要途径。

一、微格教学

微格教学（Microteaching）也称为微型教学，发端于 1963 年美国斯坦福大学教育系。微格教学是训练师范生和在职教师掌握教学技能的一种方法。"是建立在视听技术基础上，以受训者掌握某一特定教学技能为目标，以微型班为教学对象，通过微型课的练习来形成教学技能的训练系统。"[1]微格教学自 20 世纪 70 年代末传入我国以来，对我国教师的培养与培训尤其是教师教学技能的提升产生了深远影响。今天，微格教学已经普遍运用在高师院校职前教师的教学技能训练。

微格教学一般采用小组合作模拟授课的方式进行，依据教学技能的类别，以 5～15 分钟的相对完整的教学内容进行录课，以视频的方式记录授课者的课堂教学语言与行为，课后由教师、同伴、小组等根据录像回放，依据有效教学的标准共同进行分析和评议，以便下次改进提升。由实践来看，大部分的微格教学集中在需要综合运用多项技能的说课和模拟讲课技能训练。其他分项技能，则大多在普通教室进行模拟实践。

二、模拟课堂实践

在职前历史教师的培养中，高等师范院校一般都开设"历史课程标准与教材研究"、"历史教学设计"、"历史教学技能训练"等理论与实践相结合的

---

① 胡淑珍主编：《教学技能》，6 页，长沙，湖南师范大学出版社，2016。

教师教育类课程，系统规范地强化历史师范生的专业认识，锻炼历史教学技能。学生在相关课程的学习中，不仅学习历史教学设计、教学实施、教学评价等方面的理论、方法与技能，还有大量的模拟课堂实践，例如，撰写教学设计，课时教材分析，模拟导入、过渡、结课等，相关教师会进行点评。通过循环进行的大量模拟课堂实践，可以为师范生教育实习奠定良好的基础。

三、教育见习与教育实习

在职前教师的培养过程中，教育见习是师范生架构理论知识与实践知识的桥梁，是师范生在积累了一定的本体性知识和条件性知识的基础上，进行验证学习进而获取实践性知识的一个环节。通过现场观摩、调查、体验唤醒师范生的实践意识，了解教育对象的特点，明确基础教育的学科教育教学现状，进一步明确教师职业特性。在职前教师的教育见习过程中，作为观察或学习对象的教师对见习教师的教学技能的形成具有重要的参考意义。见习教师根据自己的课堂观察、与教师的访谈等了解教师授课的基本理念与方法，并理解教师授课的语言与行为背后的逻辑，为自己教学技能的提升提供有益的借鉴。

教育实习是师范院校高年级学生到初等或中等学校进行教育和教学专业训练的一种实践形式，也是提升职前教师教学技能最重要的实践。实习生在具体的教学情境中，在指导教师的指导下，将专业知识综合运用于教育和教学实践，以培养和锻炼教育教学能力，巩固专业思想，促进准教师角色转变。教育部颁布的《教师教育课程标准（试行）》关于"中学职前教师教育课程目标与课程设置"中，在"教育实践与体验"目标领域对教育实习作出了明确的要求。2018 年，中共中央、国务院关于《全面深化新时代教师队伍建设改革的意见》中，要求师范生教育实践不少于半年，充分说明教育见习和教育实习对于高质量教师培养的重大意义。

四、反思性实践

教师的工作具有强烈的反思性。教师的反思性实践，是职后教师教学技能提升的重要途径。美国学者波斯纳曾提出"实践＋反思＝成长"的专业发展公式，意指教师需要时刻反思自己教育教学中的各项工作，锤炼教学技能，凝练教学经验，增进教育教学智慧。作为反思性实践者，"教师需要能够主动思考自己的行动及其情境并作出理性的决定，能够自觉意识并质疑自身乃至社会关于教育的前提假设与价值偏好，及时反思并调整自己的教育行为，从而不断丰富自身的实践性知识、努力提升实践品质。"[①]教师的实践性反思，在日常的教育教学活动中，体现在2个层面：一是教师的自我反思，即对自己各种教育教学活动中的成败得失、经验教训的积累和总结，进而强化或改善自己的教学行为。二是教师在学习共同体开展的日常集体研课磨课、听说评议等教研活动中的群体反思。对历史教师而言，个体自我反思和学习共同体群体反思，对教师的教学技能成长与发展具有同等重要的意义。

学习反思

1. 什么是教学技能？

2. 基于课堂教学的教学技能如何分类？试简述其中一个观点。

3. 历史教师的教学技能群分为哪几个维度？

4. 教师教学技能形成和发展的基本途径有哪些？

拓展阅读

1. 胡淑珍. 教学技能[M]. 长沙：湖南师范大学出版社，2016.

2. 于友西，赵亚夫. 中学历史教学法（第4版）[M]. 北京：高等教育出版社，2017.

3. 何成刚，陈亚东，夏辉辉. 历史课堂教学技能训练[M]. 上海：华东师范大学出版社，2008.

4. 教育部师范教育司. 教师专业化的理论与实践[M]. 北京：人民教育出版社，2003.

5. 肖海雁，韦义平. 师范生教学技能训练探新[J]. 教育理论与实践，2005(5).

6. 吴春林. 新课程理念下教师教学技能的发展[J]. 当代教育科学，2005(2).

7. 袁从秀. "三层四位一体"的教学技能——结合"历史教育专业本科学

---

① 参见王艳玲：《培养"反思性实践者"的教师教育课程》，华东师范大学博士学位论文，2008。

生教学技能竞赛"[J]. 历史教学，2013(22).

8. 袁亚丽. 浅析提高历史专业师范生教学技能的有效途径[J]. 历史教学，2015(10).

《教师教育课程标准(试行)》中关于中学职前教师教育课程目标

第一编　教学设计技能

引　言

　　"凡事预则立，不预则废"。教学设计技能是教师对教学对象、教学目标、教学内容、教学方法等诸要素分析的基础上，系统规划课堂教学的能力之一，是教师专业化的重要体现。教师的教学设计技能主要体现在学情分析、课标分析、教材解读、目标制定和教学设计的文本撰写 5 个方面。在以学生发展为本、基于学生学习的教学设计理念下，教师首先要具备学情分析的技能，明了"为谁而教"；对课程标准和教科书研判和解读，才能判明"教什么"，这需要教师具备课标解读、教科书解读的技能；作为一项有目的的培养人的活动，须制定科学适宜的教学目标，故教师需具备教学目标的制定技能；为了使教学更具有操作性，须将教学系统诸要素的分析结果和过程设计以文字的形式表达出来，即教学设计文本的撰写技能。教师的教学设计水平直接影响学生学习的结果，提高教师的教学设计技能，是历史课堂有效教学的前提和保证。

第一章　学情分析技能

内容提要

　　学情分析是教师为学而教的逻辑起点，是有效教学的内在要求。历史教师的学情分析，在维度上需要作已有状态、潜在状态和差异状态的区分，在内容上需要作知识、能力、方法、兴趣、态度和情感等方面的全面了解。学情分析的常用方法有课堂观察、课堂提问、问卷调查、测验、资料分析和经验总结法。在学情分析的过程中，需要将长时段与短时段相结合、经验判断与技术分析相结合，避免学情分析的显性缺失和隐性缺失。

第一节　学情分析的内涵与价值

一、学情分析的内涵

　　学情分析也称为学习者分析，是指教师通过特定方法，对学习者的智力因素、非智力因素等方面的已有状态、潜在状态和差异状态的诊断与评估。根据组织层级，学情分析可以分为学校学情分析、年级学情分析和班级学情分析；根据教学容量，学情分析可以分为全书学情分析、单元学情分析和课时学情分析。本章所说的学情分析，主要指教师的课时学情分析。学情分析的目的是为教师的教学组织与实施提供准确的信息和依据，是因材施教、为学而教的逻辑起点。苏联心理学家维果茨基认为，教学要想对儿童的发展发挥主导和促进作用，就必须走在儿童发展的前面。为此，教师必须首先确立儿童发展的 2 种水平：一是儿童已经达到的发展水平，二是儿童可能达到的发展水平。已经达到的水平和可能达到的发展水平之间的差距，维果茨基将其称之为最近发展区。为了使学生达到可能达到的发展水平，教师就必须了解学生已经达到的发展水平，进行学情分析。

二、学情分析的价值

加涅、布里格斯等人认为"教学可以被看成是一系列精心安排的外部事件，这些经过设计的外部事件是为了支持内部的学习过程"。历史课堂教学的学情分析是教师进行针对性教学设计、追求更有价值、更有意义的历史教学的先决条件之一。正如有学者指出的那样，"离开了学生的原有知识，教学设计、教学方法就无所谓好坏"①。对学生已有的历史知识、能力、态度等方面的把握，有助于教师充分了解学生的学习情况，有针对性地确定教学目标、教学重难点以及选择教学方法并开展教学。

学情分析是教师进行教学研究的起点。认识学情分析的价值、掌握学情分析的方法是教师作为专业人员必修的功课，精准的学情分析能够让教师最大限度地获得教学愉悦感和成就感，提升教师对教育价值和意义的理解，促进教师对自身专业的认识，推动自身的专业发展。

学情分析能够为教师的教学活动调节提供基本的信息反馈。在教师教学的过程中，教师需要通过观察、问答等多种手段，及时发现学生的学习准备情况，以及对教学内容的兴趣、知识基础与学习难点等，调整教学内容，以达到教学效果的最优化。

第二节　学情分析的维度与内容

学生情况的复杂性决定了学情分析的复杂性。要使得学情分析落到实处，必须厘清学情的维度与内容。美国学者 P. L. 史密斯(Patricia L. Smith)和 T. J. 雷根（Tillman J. Ragan）对学情分析的维度与内容作了非常细致的划分：(1)认知特点，包括学生特定的先行知识、一般能力、特殊能力、发展水平、语言发展水平、阅读水平、认知加工的风格、认知和学习策略等；(2)生理特征；(3)情感特征，包括兴趣、动机、学习动机、对学科内容的态度、学习态度、对特殊形式媒体的感知和经验、学业自我概念、焦虑水平、信念和对成功的归因等；(4)社会性特征，包括同伴关系、对权威的态度、合作或竞争的倾向、道德水平、社会经济背景、种族/民族背景，从属

---

① 邵燕楠、黄燕宁：《学情分析：教学研究的重要生长点》，载《中国教育学刊》，2013(2)。

关系和榜样等。① 在方法论层面，提出要注重学生已知和未知的分析，还应当关注学生的能知、想知和需知。② 不仅要关注学生的学习经验，还要关注学生的生活经验。③ 何成刚等认为，学生历史学习起点分析主要包括了解学生的知识基础、生活经验，了解学生的兴趣点，运用学生的情感资源；了解学生历史思维结构的发展状况。④ 这些研究成果都为我们认识学情、分析学情提供了可靠的理论依据。

一、学情分析的维度

就个人的智能而言，心理学家霍华德·加德纳将人的智能分为语言、数理逻辑、空间、身体—运动、音乐等9种。但在目前人才批量生产的班级授课制度下，学情分析不可能进行逐个的分析，只能按照不同学生表现出来的不同学习倾向进行大致的类别分析。为了进一步解决学情分析上的难度，有学者就教师的教学任务与教学角色，区分了学情分析的2个方面："一个是学生情况，一个是学生的学习情况。第一种解读方式包括学生成长、发展的方方面面，如身体、心理、智力情感态度等；第二种解读方式只关注与学习某一些知识和技能相关的学生情况……第一种解读方式更适合于学期学情分析和班主任工作的学情分析，第二种解读方式则更适合科任教师对课时学情、单元学情的分析。"⑤在历史教学中，教师作学情分析主要是学生的学习情况。在维度上，教师需要对学生作已有状态、潜在状态和差异状态的区分；在内容上，需要作知识、能力、方法、兴趣、态度和情感等方面的区别。如表1.1所示：

①　参见［美］P. L. 史密斯、T. J. 雷根：《教学设计（第3版）》，庞维国等译，上海，华东师范大学出版社，2008。

②　陈瑶：《学情分析研究综述》，载《当代教育理论与实践》，2014(6)。

③　吴银银：《高中生物课堂教学设计的学情分析：价值内涵和方法》，载《教育探索》，2011(2)。

④　何成刚、陈亚东、夏辉辉：《历史课堂教学技能训练》，17～24页，上海，华东师范大学出版社，2008。

⑤　邵燕楠、黄燕宁：《学情分析：教学研究的重要生长点》，载《中国教育学刊》，2013(2)。

表 1.1 学情分析的维度与内容简表

内容＼维度	已有状态	潜在状态	差异状态
知识			
能力			
方法			
兴趣、态度、情感			

二、学情分析的内容

在历史教学设计的过程中，学情分析的主要内容包括知识、能力、方法以及兴趣、情感和态度等方面。不同的内容在分析的过程中可采用不同的方法。

（一）学生知识基础分析

从教学设计的基本理念出发，学生已有的知识基础是实现有效教学的基本保证。基于学生的知识基础的教学设计，有教师曾这样说：学生已知的不教，学生自己能学会的不教，教了学生也不懂的暂时不教。故教师在进行学情分析时，首先要对学生已有的知识基础作基本的了解。从初高中历史课程的设置来看，初中的历史学习为高中历史学习奠定基本的知识基础，课程设置应当与学生历史学习的认知逻辑保持一致。对于初中学生来说，掌握中外历史的基本知识，"知道重要的历史事件、历史人物和历史现象，知道人类文明的主要成果，初步掌握历史发展的基本线索"①，是初中历史教学的重点内容之一。对于高中历史而言，2017 年版高中历史课程标准中能够看到，"高中历史课程在结构设计与内容编排上，既注意到与义务教育历史课程的衔接与沟通，又注意到两者的区别，显示出高中历史课程与义务教育历史课程的不同，使学生在义务教育的基础上进一步掌握历史

---

① 中华人民共和国教育部制定：《义务教育历史课程标准（2011 年版）》，5 页，北京，北京师范大学出版社，2012。

知识和技能，拓宽历史视野，强化历史思维，确立正确的历史观念"①。从课程内容设计与编排的角度看，考虑到了历史基础知识学习中的学段的特征和认知的层递性。高中教师在作学情分析时，需要了解初中历史课程的基本内容，了解初中阶段学生学习的应然标准，在此基础上，从学生实际学习的情况出发，运用多种方法判断学生基础知识掌握情况。

（二）学生能力基础分析

能力是成功地完成某种活动所必需的个性心理特征。学生所具有的能力可以分为一般能力和特殊能力。在历史学习过程中，学生应当具有的能力在课程标准中亦有相应的表述。如对于初中生而言，学完初中历史课程之后，在能力方面应当达到如下标准："了解历史的时序，初步学会在具体的时空条件下对历史事物进行考察，从历史发展的进程中认识历史人物、历史事件的地位和作用"，"了解多种历史呈现方式，包括文献材料、图片、图表、实物、遗址、遗迹、影像、口述以及历史文学作品等，提高历史的阅读能力和观察能力，形成符合当时历史条件的一定的历史情景想象"，"初步学会从多种渠道获取历史信息，了解以历史材料为依据来解释历史的重要性；初步形成重证据的历史意识和处理历史信息的能力，逐步提高对历史的理解能力，初步学会分析和解决历史问题"，"学会用口头、书面等方式陈述历史，提高表达与交流的能力"。② 义务教育阶段历史课程标准中的能力要求可以概括为时序思维能力、历史阅读和观察能力、历史想象力、历史理解与解释能力、历史表达与交流能力。在 2017 年版普通高中历史课程标准中，对学生的能力从历史学科核心素养即唯物史观、时空观念、史料实证、历史解释和家国情怀 5 个方面进行阐释。课程标准从整体性的角度对学生的历史学习能力提出了总的要求。

（三）学生学习方法分析

"工欲善其事，必先利其器"，学生是否掌握了必要的学习方法，关系着教师课堂教学的效率和成败，故对学生学习方法掌握情况的分析是学情

---

① 中华人民共和国教育部制定：《普通高中历史课程标准（2017 年版）》，10 页，北京，人民教育出版社，2018。

② 中华人民共和国教育部制定：《义务教育历史课程标准（2011 年版）》，5～6 页，北京，北京师范大学出版社，2012。

分析的重要内容。在义务教育历史课程标准(2011年版)中，对学生历史学习方法有非常具体的要求："逐步掌握学习历史的一些基本方法，包括计算历史年代的方法、阅读教科书及有关历史读物的方法、识别和运用历史地图和图表的方法、查找和收集历史信息的途径和方法、运用材料具体分析历史问题的方法等"，"初步掌握解释历史问题的方法，力求在表达自己的见解时能够言而有据，推论得当；学会与教师、同学共同对历史问题进行探究与讨论，能够积极汲取他人的正确见解，善于与他人合作，交流学习心得和经验"。这些具体的方法都需要教师能够进行细致的分析，方能够在教学中给予学生具体的指导。

(四)学习者非认知因素分析

学习者的非认知因素包括态度、情感、兴趣、意志、性格等，对历史学习的效率、水平、品质等起到非常重要的制约作用。如关于学生历史学习的兴趣，有无兴趣与兴趣高低都直接影响到教师对教学内容的处理。人们常说"兴趣是最好的老师"，而现实中经常存在"喜欢历史"而"不喜欢历史课"的尴尬。如何让学生"喜欢历史"且"喜欢历史课"，势必要求教师能够在学情分析中寻找学生的兴趣点。此外，学生对待历史课程的态度、情感等非智力因素，对学生的学业成就与水平起到非常重要的影响。

第三节　学情分析的策略和方法

一、学情分析的策略

学情分析表达了有效教学的理想诉求，在具体操作中，需要采取长时段与短时段相结合、经验判断与技术分析相结合的策略。

(一)长时段与短时段相结合

从长时段进行学情分析，主要是指从学生所处学段的认知因素和非认知因素做整体的分析。这种分析和判定有助于教师从宏观上把握学生的发展路径，从而确定每一个学段的教学目标和教学策略。短时段的学情分析，主要指教师从单元或专题、课时等方面，通过观察、访谈、测试、问卷等方法，对学生知识、能力、方法等已知和未知、能知和需知等作出合理的分析，为教师提供课时教学的基本信息。基于学段的长时段学情分析和基于单元或专题、课时的短时段学情分析，两者相辅相成，互为基础和前提，并在教学中不断调整，以适应学生各方面的发展。

在长时段的学情分析中，已有的教育学、心理学的研究成果不可忽视。如皮亚杰将儿童认知的发展分为 4 个阶段：感知运动阶段、前运算阶段、具体运算阶段和形式运算阶段。每一个阶段都有其认知特点，在思考模式上有质的不同，对认识儿童的整体性发展，具有普遍的指导意义。同时，当代中小学生的发展也具有时代特征，如：生理成熟期提前；思维活跃，但学习兴趣不高；价值观念的多元化，具有较高的职业理想和务实的人生观；自我意识增强，具有一定的社会交往能力；心理问题增多等。[①] 这些心理学、教育学的研究成果是教师进行学情分析必不可少的知识基础。

(二)经验判断与技术分析相结合

经验判断是在信息数据不充分以及有些因素难以量化的情况下进行的预测，具有简便易行，直接可靠、快速经济等特点。尤其是教学任务繁重的教师，凭借直觉的经验判断往往能够节省大量的时间，将主要的精力集中在教学内容的处理层面，最大限度地实现课堂教学的文化传承与创造的价值。

但经验判断的局限性在于对复杂的数量变动关系单凭人脑记忆和判断，容易出现疏漏和失误。同时，对信息的分析不够精确，容易受教师已有的心理、情绪、知识结构、个人素质等因素的影响，学情判断会产生主观片面性。因此，技术分析则显得必要而紧迫。一般而言，对于严谨的学情分析包含了观察、测验、问卷调查、访谈等多种形式。

二、学情分析的主要方法

课堂教学既有预设也有生成，决定了教学的复杂性特征。学情分析既包含了教师在教学设计时对学生的判断，也包含教师在课堂教学中的发现。教学的复杂性特征，要求教师能够在教学设计时做到相对准确的预判，即"凡事预则立，不预则废"，故在教学设计时教师的判断是学情分析的重点。要做到相对准确的预判，需要教师采用相对科学的方法。

---

① 全国十二所重点师范大学联合编写：《教育学基础》，131～132 页，北京，教育科学出版社，2002。

（一）课堂观察

课堂观察是教师在自然的教学情境下，有目的、有计划地观察并记录学生个体的语言和行为，进而判断其学习心理过程的基本方法，是教师获得学情的基本手段。教师可以通过课堂观察了解学生的学习习惯、学习方式、思维特点和认知倾向。

人们常用"察言观色"来获得客体的基本状况，同样，教师在教学的过程中，通过观察学生在学习中的言行与神情等基本状态，了解学生的知识获得、能力发展情况，从学生的反应判断学生对学习的兴趣、态度等，进而调整教学内容，为以后的教学设计提供基本的依据。一般而言，教师对学情的观察分为对个体观察和对群体观察。对个体观察的目的在于以点带面或有重点地了解个别学生对历史课程学习的兴趣、态度、知识掌握等，对班级群体观察的目的在于重点了解班级的课堂气氛、班级风貌以及学生整体的认知水平。

（二）课堂提问

课堂提问既是教师进行启发式教学、评估和检测学习结果的重要手段，也是教师为进行下一步教学设计而获知学生学习情况的基本方法。教师可以通过课堂提问的方法，以点带面地了解学生历史知识、能力、情感、态度等方面的基本情况，有针对性地设计教学任务的难度、深度与广度。通常，教师的课堂教学提问可依据不同的问题类型，对学生的学习情况做出判断：

表 1.2　不同问题类型及其学情判断功能

问题类型	提问功能	提问举例
回忆型问题	基础史实的掌握情况	说出秦灭六国的次序。 《南京条约》的主要内容有哪些？
理解型问题	历史概念的理解，比较历史事物的异同，分析历史事件的特点等	比较君主立宪制、民主共和制的异同； 结合相关史实说明民族资产阶级的特点与局限性。
应用型问题	历史学科学习方法的掌握情况	将公元 2018 年换算为干支纪年。 运用经济基础决定上层建筑、生产力决定生产关系等观点，说明英国"光荣革命"的必然性。

续表

问题类型	提问功能	提问举例
分析型问题	历史人物、历史事件、历史现象之间的关系的理解；对历史与现实关系及其意义的建构	结合近代中国民主革命的发展历程，分析中国革命的必然道路，解释"没有共产党就没有新中国"。
评价型问题	对历史人物、历史事件评价方法的掌握，以及是否作出恰当的评判	结合具体的史实，评价李鸿章在近代中国历史上的地位和影响。

（三）问卷调查法

问卷调查是通过教师为了提前获知学生对即将学习内容的了解程度，由学生填写问题表格，教师获得学情的一种较为科学的方式。通过问卷调查获得基本数据并进行量的描述和分析，教师可以获得大面积的学生对相应问题的回答情况，为即将开展的教学设计提供有力的帮助。以问卷调查的方式作学情分析，一般用于难度较大、学习内容跨学科性较强、课时容量大的教学活动中，便于教师在教学中通过大面积数据反映的情况，进行内容的取舍与设计。采用问卷调查进行学情分析，教师在制作问卷时需要有较强的目的性，尽量简洁、明了，便于统计和分析；问卷调查的对象应当具有典型性和代表性；在问题的设计上，封闭性问题和开放性问题相结合，便于学生作答，并能够反映学生真实的学习情况。

苏向荣、王丽《"近代以来世界科学的发展历程"学情分析问卷》

（四）测验法

测验法是教师为了了解学生关于具体内容的掌握情况，编制有针对性的试题，学生作答后依据一定的标准进行量化和质性分析，并作出判断的一种学情分析的方法。这一方法在学案导学教学模式中比较常见。教师依据教学的需要，编制导学案，根据学生在导学案的作答情况，对学生知识记忆、理解、分析、比较、综合、应用能力等方面的发展水平作出基本判断，进而有针对性地进行教学设计。

（五）资料分析法

资料分析法是教师依据学生的学习资料进行质性和量化分析的基础上作出学情判断的一种方法。通常，学生的学习资料有2种：一种是学生的历史作业，另一种是学生的历史试卷。历史作业是学生在课前、课中和课后进行历史知识学习与巩固、历史学科能力强化与提升、历史思维拓展与训练的基本手段，也是教师了解学生历史课堂学习情况、反馈课堂教学效果、改进教学策略的重要依据。试卷是对学生阶段性学习成果的检测、巩固、强化与学习效果反馈的有效措施。对于教师了解学生的知识掌握和能力培养情况具有非常重要的作用。教师可以通过学生历史作业反馈出来的信息，了解学生历史学习的基本情况，为历史教学设计提供基本依据。

（六）经验总结法

"经验总结法是在非人为控制的自然状态下，对客观存在的教育经验进行分析和概括，从而揭示教育现象的本质与规律的研究方法。"①洛厄尔·坎贝尔曾说："一根经验的荆棘抵得上忠告的茫茫荒原。"在教育教学实践中，教师通常是在自己的教育教学经验的基础上做出普遍意义上的学情判断，审慎的、准确的判断能够为教师的教学设计提供有益的帮助和最基本的凭据。

第四节　学情分析中的常见问题

在日常教师的教学工作中，学情分析存在的常见主要问题有：一是学情分析的显性缺失，即教学设计中没有学情分析；二是学情分析的隐性缺失，即看似有学情分析，但学情分析流于表面；三是学情分析技术与方法单一，分析片面。

---

① 王守恒主编：《教育科学研究方法基础》，141页，合肥，安徽师范大学出版社，2002。

一、学情分析的显性缺失

学情分析的显性缺失主要是指教师在教学设计时，几乎完全从主观意愿出发设计教学内容，教学的目的是完成教学任务，学生沦为配合教师完成教学方案演出的配角。主要原因有：

一是对学情分析的价值认识淡漠。我国重教轻学的教学传统，忽视了学生的主体性特性和自我的意义生成性。学生被当作一个有待加工、被动塑造的对象甚至容器，教学的主要任务是学生学习成人化的知识，完成人的社会性建构。反映在日常的教学中，就是教师注重教学任务的完成和自身知识的展示，而忽视对学生已知、未知、能知、想知和需知相结合的学情判断，没有将学生的学习和发展建立在已有的认知经验和生活经验的基础上，没有从完整意义上的人的角度思考教与学的问题。正如在日常观课后与教师访谈时听到的，"讲好就行了，管那么多没用"，"只要把内容讲精彩，学生肯定喜欢学"。及至课程改革，教师专业性的要求以及学生主体地位的确立和教学设计格式上的规范，学情分析成为教案写作、教学设计必做的功课，故而采取一定对策予以应付检查。至于写成什么样子，除了教学的有心者外，其他人不去深究。

二是对学情分析的内涵不明晰，方法没掌握，即对学情分析应当分析什么、如何分析缺乏清晰的认知。对于从事多年教学工作的经验型教师和专家型教师而言，他们尚可以通过丰富的教学经验做出基本符合教学实际的学情判断，但对于新手型教师而言，他们处于围绕教科书知识建立自己的教学知识体系阶段，更多地关注如何在课堂上纯熟地运用学科知识，以树立自己的教学权威，在教学中忽略学生的因素成为常见的现象。面对学生情况的复杂性、多变性，教师更愿意从常理进行推断，也时常从普遍的、宏观的角度进行混沌的、模糊的表述，并不从学生已有的知识、已具备的能力、学习方法、学习态度、学习动机等维度作透彻的分析和清晰的判别。与精细的分析相比，直觉判断来得更为直接、简单和便捷。学情认识上的模模糊糊，导致了学情分析上的马马虎虎，这是多年教学传统的惯性所致，也是教师专业化程度欠缺的表现。

二、学情分析的隐性缺失

学情分析的隐性缺失主要表现为 2 个方面：

一是采取"拿来主义"的办法，照搬照抄。在教学设计的文本中，看似有学情分析的部分，但仔细阅读后发现，学情分析是从教学参考用书、网上搬运而来，与学生的实际情况相去甚远。这与教师对学情分析的重要性的认识有很大关系。

二是学情分析大而空泛，缺乏针对性。如"通过高一上学期的学习，学生已经基本有了一定的知识储备和自主学习能力，因此一些基本的知识可以通过课前预习解决，而且高一学生的思维方式由具体思维向抽象思维过渡，在教学过程中培养学生逻辑思维能力的同时，还要注重历史学习的主动性，以激发学生学习历史的兴趣"。如果没有人告诉读者，丝毫看不出这是关于《罗斯福新政》一课的学情分析。这种学情分析仅仅是套用了一般意义上的学生情况，没有说明学生关于《罗斯福新政》的史实基础，对学生的能力方面判断也缺乏针对性，判断的准确性值得怀疑。一旦缺乏技术分析的经验判断在教学实践中得到正向验证，将强化教师基于经验的判断自信，个中隐含的判断失误将带来教学失败的风险。

三、方法单一，分析片面

学情分析是教师运用多种方法和手段对学生历史学习情况作出的综合判断。但在教师的学情分析中，常见的一种情况是教师采用单一的方法进行学情分析，如仅采用课堂观察或经验总计的方法判断学生的历史学习的状态，最终获得的结果呈现出片面性，难以为教师的教学设计提供有效的"情报"。而学生的学习情况又非常复杂，故需要教师采用科学的、行之有效的方式对学生学习历史科目时的"学情"进行抽丝剥茧，作出合理而行之有效的分析。因为真的"学情"至少需要满足两个条件："首先，它对教学效果的影响是经过科学论证的；其次，存在科学有效的教学手段可以弥补它对教学产生的影响。"[1]为此，教师需要采用多种学情分析的方法，作出全面而准确的分析。

---

① 谢晨、胡惠闵：《学情分析中的"学情"理解》，载《全球教育展望》，2015(2)。

学习反思

1. 简述学情分析的内涵、维度与内容。

2. 学情分析的主要方法有哪些?

3. 选择初高中一课时的内容,选择适当的学情分析方法,尝试进行一课时的学情分析。

拓展阅读

1. [美]P. L. 史密斯、T. J. 雷根,著,庞维国,主译. 教学设计(第 3 版)[M]. 上海:华东师范大学出版社,2008.

2. [美]理查德·I. 阿伦兹,著,丛立新,主译. 学会教学[M]. 北京:中国人民大学出版社,2016.

3. 何成刚,陈亚东,夏辉辉. 历史课堂教学技能训练[M]. 上海:华东师范大学出版社,2008.

4. 薛伟强,范红军,陈志刚. 中学历史课程与教学概论[M]. 北京:北京师范大学出版社,2018.

5. 钱军先. 学情分析:有效教学的核心和关键[J]. 教育研究与评论,2009(8).

6. 安桂清. 论学情分析与教学过程的整合[J]. 现代教育科学,2013(11).

7. 谢晨,胡惠闵. 学情分析中的"学情"理解[J]. 全球教育展望,2015(2).

8. 马思腾,褚宏启. 基于学生核心素养发展的学情分析[J]. 现代教育管理,2019(5).

9. 薛伟强. 历史教学学情分析的现状、问题与优化——以《战后资本主义世界经济体系的形成》一课为例[J]. 教学月刊:中学版(教学参考),2020(Z1).

第二章　课标解读技能

内容提要

中学历史课程标准是国家管理中学历史课程与教学的指导性文本，它决定了中学历史课程与教学的方向，具有多方面的功能。课标解读的维度主要基于课标的框架结构。课程标准解读技能的操作要领主要面向中学历史课堂教学实践，坚持活学活用、理论和实践的统一。课标解读的常见问题有忽视课标解读、历史学科核心素养解读的碎片化、轻视历史课程内容的宏观解读、历史课程内容解读的浅显化等。

第一节　课标解读技能的内涵与功能

一、课标解读技能的内涵

（一）中学历史课程标准的内涵

中学历史课程标准是国家管理和评价历史课程的基础，是历史教材编写、课程实施和课程评价的基本依据。中学历史课程标准体现了国家对中学生发展历史学科核心素养的基本要求，规定中学历史课程的性质、目标、结构、内容，提出历史教学、评价与考试、教材编写和课程资源等方面的建议。

理解中学历史课程标准要注意以下几点：

1. 中学历史课程标准的国家意志性

中学历史课程标准是由中华人民共和国教育部制定和颁布的，代表着国家对中学历史课程与教学的基本要求，具有鲜明的国家意志性。例如，课程标准中明确要求贯彻习近平新时代中国特色社会主义思想、立德树人的根本任务、社会主义核心价值观、历史学科核心素养内容。

2. 中学历史课程标准的层次性

普通中学历史课程标准包括义务教育历史课程标准和普通高中历史课

程标准。目前，初中历史课程标准是《义务教育历史课程标准(2011年版)》，高中历史课程标准是《普通高中历史课程标准(2017年版)》。初中历史课程标准和高中历史课程标准分属不同学段，两个学段的课程标准呈现出内容上的层递性。

3. 中学历史课程标准的弹性

中学历史课程标准不仅是对教师历史教学内容的规定，更是对中学生历史学习结果的行为描述。但是，这些教学内容规定和学习行为要求都是最基本亦即最低要求，并不是最高要求。因此，中学历史课程标准富有弹性，这就为中学历史教师的创造性教学提供了制度的保障和广阔的空间。

(二)中学历史课程标准解读技能的内涵

中学历史课程标准解读技能是指教师对中学历史课程标准的理解和应用能力。

1. 中学历史课程标准的理解能力

中学历史课程标准的理解能力是指明了中学历史课程标准的内在逻辑结构和历史课程内容的实质，包括综合理解能力和专题理解能力。

中学历史课程标准体现了跨学科的综合性。要全面而深入理解中学历史课程标准，不仅需要具备扎实的历史学科知识，而且需要具备课程论、教学论、学习心理学、传媒学、教育技术学等相关的学科知识。

对中学历史课程标准的理解需要借助课程标准解读等相关成果作为基础。目前，初中历史课程标准的权威理解成果是由教育部基础教育课程教材专家工作委员会组织编写的《〈义务教育历史课程标准(2011年版)〉解读》，高中历史课程标准的权威理解成果是由教育部基础教育课程教材专家工作委员会组织编写的《〈普通高中历史课程标准(2017年版)〉解读》。

2. 中学历史课程标准的应用能力

中学历史课程标准的应用能力是指独立使用中学历史课程标准的能力，包括综合应用能力和专题应用能力。

中学历史课程标准的应用能力需要以中学历史课程标准的理解能力为基础，否则，中学历史课程标准的应用能力就会沦为"贴标签"能力。大多数历史教师在上课和说课时都有展示"课标要求"环节，但是，鲜有历史教师能够对"课标要求"进行较为深入的解读。

中学历史课程标准的应用能力需要贯穿于真实而生动的历史教学实践的全过程，包括历史教学设计、历史课堂教学、历史课外活动和历史教学研究等环节。

中学历史课程标准的应用能力要体现原则性与灵活性相结合的原则，在坚持中学历史课程标准的底线要求的基础上，要善于结合具体历史教学实践进行富有课程创生意义的教学创造，以促进中学历史课程标准的完善。

二、课标解读技能的功能

中学历史课程标准是国家管理中学历史课程与教学的指导性文本，中学历史课程标准的解读技能决定着中学历史课程与教学的方向，具有多方面的功能。

（一）明辨历史教育价值导向

中学历史课程标准体现了国家对历史教育育人价值的鲜明导向，主要包括社会主义核心价值观、中华优秀传统文化、爱国主义和国际视野等。

（二）把握历史课程与教学目标

历史学科核心素养是新时代中学历史课程与教学目标，它是中国学生发展核心素养在中学历史课程与教学上的学科化，也是知识与能力、过程与方法、情感态度价值观三维历史课程与教学目标的集中体现。历史学科核心素养对于历史教科书编写、历史教学设计、历史教学实施与历史教学评价都具有目标导向，教师需具备良好的课标解读技能，才能把握历史课程与教学的目标。

（三）明晰历史课程与教学内容

中学历史课程标准的主体是"课程内容"。"课程内容"并不等同于具体教学内容，而是通过课程内容对学生学习行为结果的最基本要求，这就为历史教师基于课程内容的教学内容的创新提供了广阔的空间，也为课程内容的改进提供第一手的教学内容实践。因此，历史课程内容与教学内容的互动创造性导向是非常明确的。

（四）厘清历史课程与教学评价的导向

一直以来，历史课程与教学的"教"与"考"的分离现象突出，基于课程标准的教学属于基础教育部门管理，而中考和高考则属于考试中心管理，两者缺乏沟通和交流，造成重考纲轻课标的痼疾。《普通高中历史课程标准（2017 年版）》首次把高考命题依据确定为课程标准，编制学业质量标准，不再另行颁布高考大纲。教师对课程标准加强了课标的评价和考试的导向功能。

第二节 课标解读的维度与方法

课标解读的维度主要基于《义务教育历史课程标准（2011 年版）》和《普通高中历史课程标准（2017 年版）》的框架结构。

一、课标解读的维度

中学历史课程标准的结构是多层次的，课标解读的维度也是多角度的。

（一）中学历史课程的性质

中学历史课程属于基础人文学科课程，承担着提高现代公民历史素养的重要作用。初中历史课程具有原教性质，是学生第一次系统地学习历史课程，侧重普及历史常识；高中历史课程具有鲜明的历史学专业倾向，是在初中历史课程基础上的进一步拓宽和拓深。

（二）中学历史课程的理念

中学历史课程要坚持立德树人的根本理念，坚持正确的政治思想导向和价值判断，以培育和提高中学生的历史学科素养特别是历史学科核心素养为课程目标，贯彻以学生发展为本的理念，践行自主、合作、探究式学习。

（三）中学历史课程目标

在整合知识与能力、过程与方法、情感态度价值观三维课程目标的基础上，确定历史学科核心素养的课程目标。"学科核心素养是学科育人价值的集中体现，是学生通过学科学习而逐步形成的正确价值观念、必备品格和关键能力。"[①]历史学科核心素养包括唯物史观、时空观念、史料实证、历

---

① 中华人民共和国教育部制定：《普通高中历史课程标准（2017 年版）》，4 页，北京，人民教育出版社，2018。

史解释、家国情怀 5 个方面。

（四）中学历史课程结构

初中历史课程属于必修课程。高中历史课程由必修、选择性必修和选修 3 类课程构成。

（五）中学历史课程内容

初中历史课程内容采取通史的组合方式，具体呈现方式是"点—线"结合，"点"是具体生动的历史事实，"线"是历史发展的基本线索。高中历史课程内容采取通史与专题史相结合的组合方式，必修课程内容采取通史方式，选择性必修课程内容和选修课程内容采取专题史方式。

（六）中学历史课程实施

中学历史课程实施包括基于历史教科书编写的历史课程资源的开发与利用，历史教学活动的设计与实施。初中历史课程实施要突出基于兴趣导向的探究式教学过程，高中历史课程实施要立足基于史料研习的探究式教学活动。

（七）中学历史课程评价

中学历史课程评价主要是对学生历史学科核心素养达成度的价值判断，它以历史学科核心素养为纲，以学业质量水平为依据，秉持多维度评价，注重诊断性评价、形成性评价与终结性评价相结合。

二、课标解读的方法

中学历史课程标准是中学历史课程与教学的指导性文本，它不是对中学历史课程与教学的指令性具体规定，而是为中学历史课程与教学活动提供创生性的原动力，要使用好中学历史课程标准，需要注意一些基本方法。

（一）参考中学历史课程标准解读的权威文本

目前，以"历史课程标准解读"命名的课标解读书籍很多，编写水平参差不齐，权威解读文本当属由教育部基础教育课程教材专家工作委员会组织编写的解读文本。尤其是新手老师，切不可自行解读。当然，权威解读文本也并非十全十美，使用时必须有所鉴别，但这需要相当的功力。

（二）深入理解中学历史课程标准的文本实质

中学历史课程标准的"课程内容"表述弹性极大，历史教师不能仅仅停留在历史事实层面，要通过历史事实来洞悉历史演变的实质。

【案例 2.1】

"课程内容"的实质理解

《义务教育历史课程标准（2011 年版）》的"课程内容"、"史前时期"要求："了解半坡居民、河姆渡居民的生活和原始农业的产生。知道考古发现是了解史前社会历史的重要依据。"

对于这一课程内容的表面理解就是仅仅停留在对半坡居民和河姆渡居民的历史事实的了解上，或者把这段课程内容照搬到教学设计和教学课件中，缺乏对课程内容的深入理解。

要把握这段课程内容的实质，需要聚焦中国原始农业产生这一历史实质问题，包括农作物培育、种植、储藏、加工，定居与家畜饲养，村社群居生活，半坡旱地农业与河姆渡水田农业的差异。把握了这些历史实质，也就能够把半坡居民生活和河姆渡居民生活的相关具体历史事实有机地联系在一起。

（三）一体化运用中学历史课程标准

中学历史课程与教学是一个整体系统，涉及教、学、评、考等各个子系统，因此，中学历史课程标准的使用也要坚持一体化理念，真正做到基于课程标准的历史教学。

第三节　课标解读的操作要领

中学历史课程标准解读技能的操作要领主要面向中学历史课堂教学实践，坚持活学活用、理论和实践的统一。

一、课程性质与课程理念解读技能

(一)理解课程性质

中学历史课程属于基础课程,具有思想性、基础性、人文性和综合性等特性。那么,在这些特性中,哪一项特性才是中学历史课程的根本性质呢?

"历史课程是人文社会科学中的一门基础课程。"[①]所谓人文学科,一般关注的是人的思想和观念。作为人文学科的历史课程,主要关注的是历史时空中人的思想和观念。科林伍德认为:"历史的过程不是单纯事件的过程而是行动的过程,它有一个由思想的过程所构成的内在方面;而历史学家所要寻找的正是这些思想过程。一切历史都是思想史。"[②]因此,中学历史课程的根本性质是人文性,人文性的实质是触摸历史人物的思想,从这个意义上讲,中学历史课程也是历史思想课程。

(二)掌握课程理念

以《普通高中历史课程标准(2017年版)》为例,高中历史课程理念包括以立德树人为历史课程的根本任务、坚持正确的思想导向和价值判断、以培养和提高学生的历史学科核心素养为目标等。[③] 在这些课程理念中,哪一项课程理念才是根本理念呢?

在传统历史课程下,历史课程内容体系照搬大学的历史课程内容体系,成人化倾向非常明显。21世纪以来,历史课程改革的根本理念是立德树人,就是培养具有历史人文素养的现代公民,其核心是历史思维能力的培养,而不是历史学的专业训练。

二、学科核心素养与课程目标解读

中华人民共和国成立以来,中学历史课程目标经历了"双基"课程目标、

---

① 中华人民共和国教育部制定:《义务教育历史课程标准(2011年版)》,1页,北京,北京师范大学出版社,2012。

② [英]科林伍德:《历史的观念》,何兆武译,305页,北京,商务印书馆,1997。

③ 中华人民共和国教育部制定:《普通高中历史课程标准(2017年版)》,2页,北京,人民教育出版社,2018。

"三大任务"、三维目标和"历史学科核心素养"课程目标的 3 次转变。

（一）历史学科核心素养的整体解读

《普通高中历史课程标准（2017 年版）》对于 5 项历史学科核心素养之间的关系进行了阐述：唯物史观是理论保证；时空观念是学科本质的体现；史料实证是必要途径；历史解释是对思维能力的要求；家国情怀是价值追求的目标。基于此，我们要进一步尝试对历史学科核心素养的整体解读。

历史学科核心素养的母体是历史学。历史学主要包括 2 个层次：第一个层次是对于历史事实的考证；第二个层次是对既定的历史事实的认识。对于中学历史课程而言，课程标准中的"课程内容"也包括 2 个层次：第一个层次是基础历史事实，这些历史事实都是经过历史学家考证过的，无需教师和学生再次考证；第二个层次是对于基础历史事实的认识。从历史思维能力的角度来看，历史认识的价值显然要高于历史事实的诵记。因此，历史学科核心素养的整体性主要体现在对于历史事实的认识。

（二）历史学科核心素养与课程目标的关系

历史学科核心素养是历史课程目标制定的依据，但是，历史课程目标的制定不能简单移植 5 项历史学科核心素养，而要结合学情和具体课程内容，在历史学科核心素养的基础上制定五位一体的综合历史课程目标。

【案例 2.2】

基于历史学科核心素养的综合历史课程目标

课程主题：探寻资本主义制度确立的思想文化渊源

课程目标

1. 能够按照时间顺序和空间要素，建构文艺复兴、宗教改革、启蒙运动之间的相互关联。

2. 依据可靠史料认识西方人文主义是欧洲资本主义制度确立的思想渊源。

3. 理解西方人文主义的发展与资本主义制度确立之间的因果关系，对此作出历史唯物主义的解释，学会把握社会发展的历史脉络。[1]

---

[1] 中华人民共和国教育部制定：《普通高中历史课程标准（2017 年版）》，21 页，北京，人民教育出版社，2018。

三、课程内容解读

中学历史课程内容解读着眼于宏观解读，着重把握历史分期、历史线索和阶段特征。

(一)初中历史课程内容的 6 大学习板块

1. 中国古代史。包括史前时期、夏商周时期、秦汉时期、三国两晋南北朝时期、隋唐时期、宋元时期和明清时期(至鸦片战争前)。

2. 中国近代史。自 1840 年鸦片战争到 1949 年中华人民共和国成立，历经晚清时期和中华民国时期。

3. 中国现代史。始于中华人民共和国的成立，经过了巩固过渡时期、探索时期和改革开放新时期。

4. 世界古代史。从早期人类出现到 15 世纪末期，大体经历了原始社会、奴隶社会和封建社会。

5. 世界近代史。大约自 16 世纪初至 19 世纪末，是资本主义兴起、革命、改革、扩张的时期，也是世界从分散走向整体的时期，还是工人运动、社会主义运动、民族解放运动蓬勃发展的时期。

6. 世界现代史。自 20 世纪初至今，世界整体发展呈现出既相互依存又相互竞争的复杂局面。

(二)高中历史课程内容的专题设计

1. 必修课程《中外历史纲要》包括 24 个专题：早期中华文明，春秋战国时期的政治、社会及思想变动，秦汉大一统国家的建立与巩固，三国两晋南北朝的民族交融与隋唐大一统的发展，辽宋夏金多民族政权并立与元朝的统一，明至清中叶中国版图的奠定、封建专制的发展与社会变动，晚清时期的内忧外患与救亡图存，辛亥革命与中华民国的建立，中国共产党的成立与新民主主义革命兴起，中华民族的抗日战争，人民解放战争，中华人民共和国的成立及向社会主义过渡，社会主义建设道路的探索，改革开放新时期与中国特色社会主义进入新时代；古代文明的产生与发展，中古世界的多元面貌，全球联系的建立，西方人文主义的发展与资本主义制度的确立，改变世界面貌的工业革命，马克思主义的诞生，世界殖民体系的形成与亚非拉民族独立运动，世界大战、十月革命与国际秩序的演变，冷战与 20 世纪下半期世界的新变化，当代世界的发展特点和主要趋势。

2. 选择性必修课程的专题设计。《国家制度与社会治理》由 6 个专题组成，《经济与社会生活》由 6 个专题组成，《文化交流与传播》由 7 个专题组成。

3. 选修课程的专题设计。《史学入门》与《史料研读》均由 7 个专题组成。

四、学业质量标准解读

中华人民共和国成立以来，学业质量标准首次纳入 2017 年版高中历史课程标准，代表了国家对历史教育质量的要求。历史学科学业质量标准与历史学科核心素养关系密切，学业质量标准是学生在历史学业中所应达到的核心素养的表现预期。

"历史学科核心素养水平划分"是"历史学科学业质量水平划分"的依据，"历史学科学业质量水平划分"是"历史学科核心素养水平划分"的具体化。例如，"时空观念"水平 1 中要求"能够辨识历史叙述中不同的时间表达方式"，学业质量水平 1 则将其细化为"能够了解所学内容的历史分期方式，理解历史时期是按时序划分的"。

五、课程实施解读

中学历史课程的实施要贯彻历史学科核心素养立意的一体化，树立以部编历史教材为基础的教材观和课程资源观；教学设计和教学活动要基于儿童的历史学习心理；教学评价以多元评价为原则，考试命题要以历史学科学业质量标准为指导。

第四节　常见问题

一、忽视课标解读

忽视历史课程标准的现象非常普遍，有些教师没有历史课程标准，有些教师将历史课程标准作为摆设，有些教师"贴标签"式地使用历史课程标准。究其原因，"重教科书轻课标"的观念根深蒂固，其实质是忽视课标解读，缺乏课标解读的基本技能。

二、历史学科核心素养解读的碎片化

新时代中学历史课程改革明确以历史学科核心素养为纲,历史学科核心素养由 5 项核心素养构成,每一项核心素养划分为 4 个水平层级,又细化为更为具体和可测量的 4 级学业质量水平。对此,历史教师往往会陷入对历史学科核心素养的碎片化解读,从而忽视对历史学科核心素养的整体认知。

三、轻视历史课程内容的宏观解读

对于历史课程标准中的"课程内容",历史教师一般会重视其中的历史事实,即历史知识点,轻视"课程内容"的导语部分,从而缺乏对于历史课程内容的宏观把握。因此,初中历史教师要重视 6 大学习板块前的板块导语,高中历史教师要重视课程模块中的"内容要求"、"教学提示"、"学业要求",还要尽可能借鉴历史学的主流研究成果。以下就初中和高中分别举例说明。

【案例 2.3】

初中历史课程内容的宏观解读误区与纠误示例

(1)课标的"课程内容"要求

"了解宋元时期的都市生活和宋词、元曲的流行。"[①]

(2)部编版《中国历史》七年级下册的教科书主要内容

课题名称:宋元时期的都市和文化

子目:繁华的都市生活;宋词、元曲;司马光与《资治通鉴》。

(3)宏观解读的误区

一般而言,初中历史教师倾向机械地照搬课标与教科书的宏观表述,把都市生活归为一类,具体包括商业、娱乐和节日;把宋词、元曲与《资治通鉴》归为一类,即文化。这样,都市生活与文化就成为并列分立的教学内容。

---

① 中华人民共和国教育部制定:《义务教育历史课程标准(2011 年版)》,14 页,北京,北京师范大学出版社,2012。

这种宏观理解存在着明显的误区,一是都市生活与文化的并列分立关系不利于本课教学立意的聚焦;二是都市生活中的商业内容明显与前面"宋代经济的发展"一课存在重复。

(4)宏观解读的纠误

从历史学的角度来看,生活史的本质就是文化。因此,都市生活完全可以纳入文化。这样,本课的宏观解读可以表述为:宋元时期的都市文化。

【案例2.4】

高中历史课程内容的宏观解读误区与纠误示例

(1)课标的"内容要求"

"通过了解石器时代中国境内有代表性的文化遗存,认识它们与中华文明起源的关系。"[①]

(2)部编版《中外历史纲要》(上)的教科书主要内容

中华文明的起源:旧石器时代的元谋人和北京人;新石器时代的仰韶文化、大汶口文化、河姆渡文化、龙山文化、红山文化和良渚文化。

(3)宏观解读的误区

通常来看,一是容易混淆当代中国与早期中国;二是不解"中华"之意;三是难以准确把握中华文明起源的主要历史特点。

(4)宏观解读的纠误

借鉴苏秉琦的"满天星斗说"和费孝通的"中华文明多元一体说"的研究成果,结合石器时代众多代表性的文化遗存,我们对中华文明起源的宏观解读可以把握4点:第一,中华文明的起源是较早的;第二,中华文明的起源是多元的;第三,中华文明的起源是以中原先进农耕文明为核心的;第四,中华文明的起源趋势是走向以中原为核心的一体。要言之,中华文明起源是以中原农耕文明为核心的多元一体格局。

四、历史课程内容解读的浅显化

历史课程标准的"课程内容"是由一系列基础历史事实构成的,限于课

---

① 中华人民共和国教育部制定:《普通高中历史课程标准(2017年版)》,13页,北京,人民教育出版社,2018。

标的性质和定位，这些历史事实的表述都非常简单、概括和笼统，目的是引导历史教师以此为起点对课程内容进行研究。但是，由于历史教师普遍缺乏历史课程内容研究的能力、时间和方法，也无从收集和鉴别历史课程资源，他们对于历史课程具体内容的解读往往流于浅显化和点状化，经不起深度追问。因此，历史教师要善于利用历史学的最新共识性成果去深度理解历史课程内容。

学习反思

1. 如何整体理解历史学科核心素养？

2. 比较高中历史学科核心素养水平划分与学业质量水平划分的异同。

3. 尝试对高中《中外历史纲要》课程中的某一专题内容进行史学解读。

拓展阅读

1. 中华人民共和国教育部. 义务教育历史课程标准(2011年版)[S]. 北京：北京师范大学出版社，2012.

2. 中华人民共和国教育部. 普通高中历史课程标准(2017年版)[S]. 北京：人民教育出版社，2018.

3. 教育部基础教育课程教材专家工作委员会. 义务教育历史课程标准(2011年版)解读[M]. 北京：北京师范大学出版社，2012.

4. 教育部基础教育课程教材专家工作委员会. 普通高中历史课程标准(2017年版)解读[M]. 北京：高等教育出版社，2018.

5. 范红军. 历史课程本体论研究[M]. 石家庄：河北人民出版社，2009.

范红军《单一的"三权分立"还是全面的分权制衡？》

第三章　教材分析技能

内容提要

　　历史教材分析技能是在课标解读的基础上对历史教材的结构与内容进行多角度、多层次的分析理解能力。教材分析有利于对历史教材进行宏观、中观和微观的把握。教材分析的维度主要依据教材的基本结构，教材分析技能的操作要领紧扣教材的具体结构。教材版本以部编教材为准。教材分析的常见问题有忽视教材目录的分析、轻视教材单元导语的分析、教材内容分析技能的表面化等。

第一节　教材分析技能的内涵与功能

　　教材有广义和狭义之分。广义的历史教材是指一切历史教学材料，包括历史教科书、教师教学用书、历史地图册等；狭义的历史教材是指历史教科书，历史教科书是最主要、最基本的教材。本章采用狭义教材的说法。2017 年，为了加强教材管理工作，成立国家教材委员会。目前，教育部统编的中学历史教科书已经全面投入使用。

一、教材分析技能的内涵

　　中学历史教材分析技能就是对中学历史教材的结构和内容进行宏观、中观和微观的理解能力。
　　(1)中学历史教材分析的对象是中学历史教材的结构和内容。
　　(2)中学历史教材分析的目的是合理理解中学历史教材。
　　(3)中学历史教材分析的层级有宏观分析、中观分析与微观分析。

二、教材分析技能的功能

(一)有助于历史教师微观把握具体历史教学内容

历史教材内容是对历史课程标准"课程内容"的具体展开,也是历史课堂教学内容的基础,教材分析技能的首要任务就是确定历史基础知识,把握具体的历史教学内容。

(二)有助于历史教师中观把握结构性历史教学内容

在具体的历史基础知识的基础上,历史教师要善于运用历史认知结构化理论,采取古今联系、中外关联等具体历史思维方法,对具体历史基础知识进行穿线结网式的结构化构建,加强历史基础知识之间的内在联系。

(三)有助于历史教师宏观把握历史发展趋势

结构化历史基础知识具有一定的超历史稳定性,它不但源自过去,也在现实生活中或隐或现,还会对我们洞悉未来提供历史启示。例如,对于世界发展中国家而言,现代化就是它们无法回避的历史发展趋势。

第二节 教材分析的维度与方法

一、教材分析的维度

教材分析的维度主要依据教材的基本结构。

(一)课文系统

课文系统主要由课题名称、子目名称和课文构成,是基础历史知识的系统概述,也是教师教授和学生学习的主体内容。

【案例 3.1】

部编七年级《百家争鸣》的课文系统纲要

课题名称:百家争鸣

子目名称:老子;孔子和儒家学说;百家争鸣。

（二）课文辅助系统

课文辅助系统是依附于课文系统的教材组成部分，主要由课文前设、课文旁设与课文后设构成。课文前设是指课文前面的导言或导语；课文旁设主要包括历史纵横、人物扫描、问题思考、学习聚焦、学思之窗、史料阅读等栏目，也包括历史地图、历史图片、历史表格、历史表解、历史示意图、课文注释等；课文后设主要包括课后活动、问题探究、学习拓展等。课文辅助系统是教师引导学生学习活动的有效教学资源。

【案例 3.2】

部编七年级《百家争鸣》的课文辅助系统

材料研读：

富贵不能淫，贫贱不能移，威武不能屈，此之谓大丈夫。

——《孟子·滕文公下》

你认为孟子的这段话体现了什么思想？

二、教材分析技能的方法

（一）课文系统的分析方法

课文系统是历史教学的基本内容，分析方法主要是历史学分析法和历史教学分析法。历史学分析法要侧重本课的基本史实、历史线索、历史学最新成果以及历史思想；历史教学分析法则侧重本课的课题名称、子目数量与名称、重点与难点子目、子目下的基本历史知识点，最后形成一个较为合理的教学内容提纲。

（二）课文辅助系统的分析方法

课文辅助系统是教师引导学生学习活动的重要资源，分析方法主要采用学习心理学方法与学法指导法。学习心理学方法侧重研究教材辅助系统与中学生历史学习心理的匹配度，作为学法指导的依据；学法指导法侧重利用课文辅助系统组织有效的中学生历史学习活动。

第三节 教材分析的操作要领

教材分析技能的操作要领紧扣教材的具体结构，教材版本以部编教材为准。

一、教材体例的分析

（一）初中中外史的分编

部编版初中历史教材采取《中国历史》与《世界历史》分编的体例，割裂了中国史与世界史的联系，特别是中国近现代史与世界近现代史之间的内在历史联系，这就需要弥补教材体例的不足，自觉加强中国史与世界史的呼应与联系。例如，中国史的抗日战争与世界史的第二次世界大战之间就存在着紧密的历史联系。

（二）高中中外史的实质分编与专题史的分立

部编版高中历史教材的《中外历史纲要》从形式上采取中外合编的体例，但实质上仍是中外历史分编，上册是中国史内容，下册是世界史内容。因此，高中《中外历史纲要》的教材分析仍然需要注意中国史与世界史的联系。

部编版高中历史教材《国家制度与社会治理》《经济与社会生活》《文化交流与传播》采取的是政治史、经济史与文化史的分编。所以，在分析这3本教材时，需要加强政治史、经济史与文化史的相互渗透和融通。

二、教材单元的分析

部编版初中历史教材和高中历史教材都是由单元和课时内容构成的。单元内容包括单元名称、课时内容、单元导语等。

（一）单元名称的分析

部编版《中国历史》七年级上册第二单元的名称是"夏商周时期：早期国家与社会变革"。分析此名称，一要明确早期国家是指夏商周；二要说明周朝分西周与东周，东周又包括春秋与战国，这里的"社会变革"讲的是春秋战国的社会变革；三要解释早期国家的概念，历史学界对此有不同说法，部族国家联盟的说法较有代表性。

（二）单元目录的分析

【案例 3.3】

部编《中国历史》七年级上册第二单元目录

第二单元　夏商周时期：早期国家与社会变革

第 4 课　夏商周的更替

第 5 课　青铜器与甲骨文

第 6 课　动荡的春秋时期

第 7 课　战国时期的社会变化

第 8 课　百家争鸣

分析此单元目录，要对这些课时内容进行分类，第 4 课与第 5 课主要叙述的是夏商西周的政治与文化；第 6、第 7、第 8 课主要叙述的是东周即春秋战国时期的社会变化，包括经济、政治、制度、文化等。

（三）单元导语的分析

【案例 3.4】

部编《中国历史》七年级上册第二单元导语

夏朝是中国历史上第一个王朝。夏朝是奴隶社会，它开创的王位世袭制，为以后历代王朝所因袭。随后的商朝，创造了以青铜器、甲骨文为特征的文明成就。到了西周时期，统治者实行分封制，通过各级贵族维系国家的统治。而在春秋战国时期，各诸侯国之间的争斗日益激烈，周天子的统治权威衰落，整个社会处于动荡与巨变之中，兼并战争、制度变革和思想学术的繁荣，成为这一时期的主要特征。

单元导语分析：第一，夏朝是不是奴隶社会，这在历史学界争议较大。第二，早期国家的历史特征：夏朝的王位世袭制，商朝的文明成就，西周的贵族政治。第三，春秋战国时期的历史特征：兼并战争、制度变革、思想学术繁荣。这里的制度变革可以具体理解为从贵族制到官僚制，从地方分权制到中央集权制。

三、教材课题名称与子目的分析

（一）课题名称的分析

部编版《中国历史》八年级上册第 14 课的名称是"新文化运动"，指向性具体、明确，无需更改。值得思考的是，"新文化运动"中的"文化"是指什么？"新文化"是指什么？与"新文化"相对应的"旧文化"又是指什么？一般而言，文化是指人类所创造的精神文明成果。这里的新文化特指西方资产阶级文化。与西方资产阶级新文化相对应的是中国传统的封建旧文化。

（二）子目的分析

部编版《中国历史》八年级上册第 14 课"新文化运动"设计了 2 个子目：新文化运动的兴起，新文化运动的内容与意义。

1. 基于历史学的子目逻辑关系分析

从历史学的逻辑来看，"新文化运动的兴起"与"新文化运动的内容与意义"并不一致，应该把"新文化运动的兴起"子目名称调整为"新文化运动的背景"；把"新文化运动的内容与意义"子目拆分为"新文化运动的内容"与"新文化运动的意义"。

"新文化运动"一课调整后的子目逻辑关系：新文化运动的背景，新文化运动的内容，新文化运动的意义。

2. 基于儿童历史学习心理的子目逻辑关系

新文化运动的历史学子目逻辑关系带有明显的成人化色彩，而初中生还是未成年人，他们对于学术化的历史学逻辑关系不感兴趣，因此，历史教师需要把历史学的子目逻辑关系转化为儿童的历史学习逻辑关系，以最大限度地符合历史学习心理。在"新文化运动"一课中，《新青年》杂志和胡适都是可以触摸的具象化的历史，能够调动初中生的历史学习兴趣。下面，以《新青年》杂志来串联新文化运动的背景、内容和意义：

(1)《青年杂志》的创刊(新文化运动的背景);

(2)《新青年》的迁址(新文化运动的内容);

(3)《新青年》的引领(新文化运动的意义)。

四、课文系统的分析技能

课文系统的分析技能主要立足于历史教材内容的构建。

(一)课文系统的段落分析

部编版《中国历史》八年级上册第 14 课"新文化运动"的课文系统分析。

课文第 1 段分析:此段主要叙述了新文化运动的背景,一是中华民国的政治混乱;二是先进知识分子的作用。需要补充和延伸的是:先进知识分子是一批什么样的人?先进知识分子的具体作用是什么?通读课文,先进知识分子主要是一批留学生;他们的具体作用是从国外带回来了先进的西方资产阶级文化。

课文第 3 段分析:此段叙述了新文化运动的内容之一:旧道德。旧道德的集中体现就是封建礼教。这种叙述比较抽象,历史教师首先要补充《狂人日记》的具体内容;其次还需要从旧道德联系到新道德,结合"相关史事"栏目把新道德的具体体现即男女平等讲出来。

课文第 4 段分析:此段叙述了新文化运动的内容之一:民主与科学。简单、笼统。教师首先要点出西方资产阶级民主与科学思想、精神;其次,要注意民主与科学的相互依存关系;最后,要点出与民主、科学相对立的旧文化——专制与迷信,以加深对教学重点内容即民主与科学的历史认识。

课文第 5 段分析:此段叙述了新文化运动的内容之一:提倡新文学,反对旧文学。概括性强。历史教师需要补充简短而典型的新文学与旧文学的作品米具体举证。

课文第 6 段分析:此段叙述了新文化运动的意义,包括积极意义与消极意义,比较辩证和全面,但教师仍然需要在新文化运动与五四运动之间建立具体的历史联系,需要进一步把新文化运动的片面性具体化。

（二）课文系统的整体分析

【案例 3.5】

部编八年级第 12 课"新文化运动"的课文提纲

新文化运动

一、《青年杂志》的创刊（新文化运动的背景）

1. 中华民国的政治混乱

2. 留学生引入西方新文化

二、《新青年》的迁址（新文化运动的内容）（重点）

1. 提倡民主与科学，反对专制与迷信。陈独秀

2. 提倡新道德，反对旧道德。鲁迅

3. 提倡新文学，反对旧文学。胡适

三、《新青年》的引领（新文化运动的意义）

1. 积极意义：思想解放运动

2. 消极意义：片面性

五、课文辅助系统的分析

课文辅助系统的分析主要立足于初中生的历史学习活动。

（一）课时导语的分析

【案例 3.6】

部编《中国历史》八年级"新文化运动"导语

从 1915 年开始，一场新文化运动在中国大地上应运而生，这场运动是如何发生的？它的主要内容和意义是什么？

导语分析：此导语通过 2 个历史问题，激发初中生对于新文化运动的背景、内容和意义的学习欲望，起到了历史问题导学的作用。

（二）图片分析

1. 历史人物照片。"新文化运动"一课选择了 4 幅历史人物的照片，分别是陈独秀、蔡元培、鲁迅、胡适。这些照片真实、直观，能够吸引学生的学习注意力。历史教师在分析这些历史照片时，不宜面面俱到地介绍这些历史人物的生平经历，而要选择与新文化运动有紧密联系的历史人物侧面予以描述。例如，陈独秀是新文化运动的旗手；蔡元培以"思想自由"成为北大之父；鲁迅是新文学的健将；胡适是西方"自由、民主"的服膺者。

2.《青年杂志》封面的图片。"新文化运动"一课选择了《青年杂志》封面的图片。《青年杂志》后改为《新青年》，刊载了大量宣传新文化的文章，是新文化运动的主要阵地，也是初中生能够感知新文化运动整个历史过程的一条鲜明的历史线索。许多历史教师以《新青年》上的重要文章为明线来带出新文化运动的内容，渗透着"论从史出"、"史由证来"的历史学习方法。

但是，历史教材没有关于《青年杂志》封面的介绍，大多数历史教师也很少引导学生去观察和解读其历史含义，致使《青年杂志》封面的图片没有起到辅助新文化运动教学的作用。以下对《青年杂志》封面进行简单分析。《青年杂志》的封面信息包括 3 部分：封面上面部分的法语词汇 La jeunesse 是汉语"青年"的意思，法语词汇之下是一排青年学生在平等、热烈地交流和学习；封面中间部分自左至右分别是刊名"青年杂志"、美国钢铁大王卡内基的头像和"第一卷第一号"的卷号数；封面下面部分是"上海群益书社"。《青年杂志》的封面信息主要传递出如下历史信息：第一，这个封面是《青年杂志》的创刊号封面，具有开启新文化运动的标志性历史意义；第二，封面上面部分和中间部分的信息表明，陈独秀希望中国的青年学生能够学习法国的民主、平等、自由等近代启蒙思想，学习美国"钢铁大王"卡内基的独立思考、积极进取、坚韧不拔的励志实干精神，以新文化和新思想来积极改造中国社会；第三，封面下面部分标明了杂志的出版地和出版机构，表明上海是新文化运动的发源地。

（三）"相关史事"栏目的分析

【案例3.7】

部编《中国历史》八年级"新文化运动"的"相关史事"

新文化运动提倡男女平等，个性解放。大学是否应该开放女禁，成为当时社会普遍关注的问题。蔡元培、胡适等人都赞成开放女禁，很多女性也积极争取接受高等教育的权利。1920年春，北京大学首次招收9名女生入学旁听，开创了中国国立大学男女同校的先例。

"相关史事"栏目的分析：这段"相关史事"是新文化运动"新道德"内容的具体补充，主要历史观点是"新道德"提倡男女平等，个性解放，并以北京大学首次开放女禁的历史事实予以佐证，从而与中国传统封建礼教的男尊女卑、"夫为妻纲"形成了鲜明的对比，有助于学生具体理解新文化运动的内容。

（四）"人物扫描"栏目的分析

【案例3.8】

部编《中国历史》八年级"新文化运动"的"人物扫描"

蔡元培，浙江绍兴人，中国近代著名革命家和教育家。蔡元培在1916年出任北京大学校长之后，着力营造"兼容并包"和"思想自由"的学术研究氛围，聘请了一大批具有新思想的学者到北京大学任教，使得北京大学不仅成为人才鼎盛、学术兴旺的全国最高学府，也成为新文化运动的大本营。

"人物扫描"栏目的分析：这段"人物扫描"重点介绍了新文化运动的代表人物蔡元培的"兼容并包"和"思想自由"的办学思想使得北京大学成为新文化运动的中心，突出了蔡元培践行思想自由的历史侧面。但是，忽视了蔡元培办学思想的渊源，需要补充蔡元培多次留学欧洲，借鉴德国大学精神的历史事实。

（五）"问题思考"栏目的分析

【案例 3. 9】

部编《中国历史》八年级"新文化运动"的"问题思考"

你对新文化运动中猛烈抨击以孔子为代表的儒家传统道德这件事怎么看？

"问题思考"栏目的分析：（1）问题紧扣新文化运动的具体史实，避免学生空发议论。（2）问题紧扣历史教学重点内容，能够突出教学重点。（3）问题的思维冲突明显，有助于引发学生的讨论和争论。（4）问题与学生的现实社会生活联系紧密。例如，孔子学院的建立，国学热的持续。（5）问题的思考、讨论、争论和解决有助于学生辩证、全面地认识历史。当然，关于此问题的情境材料，教材只是呈现了抨击旧道德的信息，没有提供维护儒家传统道德的信息，需要历史教师适当补充。

（六）"课后活动"栏目的分析

【案例 3. 10】

部编《中国历史》八年级"新文化运动"的"课后活动"

在中国近代化进程中，不同阶级、阶层的代表人物先后提出了自强求富、君主立宪、民主共和、民主与科学等口号和主张，体现了时代的变化与发展。结合本课内容，请你谈谈民主与科学口号的进步意义。

"课后活动"栏目的分析：本栏目有助于引导学生及时复习、巩固和应用所学历史知识，活动形式灵活多样。"新文化运动"的课后活动是一个综合性很强的探究题，主要考查学生的历史解释能力，难度较大，是否适合初中生的历史学情值得思考。从本课课后活动的数量和层次来看，本课只有一个课后活动题，而且难度偏大，历史教师可以适度补充一些题型和题目，以丰富课后活动的层次性。

（七）"知识拓展"栏目的分析

"新文化运动"一课的"知识拓展"是"新文化运动时期的白话文"，这是对新文化运动内容"新文学"的知识拓展，不但扩大了学生的历史知识视野，也进一步深化了教学重点内容。

（八）课文注释的分析

课文注释是对课文内容的进一步解释，有利于学生理解课文内容。"新文化运动"一课的课文注释有 2 条：一是解释了《青年杂志》后来改名为《新青年》，二是解释了"德先生"和"赛先生"说法的由来。

第四节　常见问题

一、忽视教材目录的分析

历史教材目录不仅是历史教材内容的纲要，也是引导学生认识历史的路径，因此，目录往往被置于教材的前面。但是，历史教师普遍忽视目录，主要原因在于目录分析技能的欠缺。分析历史教材目录要注意以下几点：一是分析单元与单元之间的内在联系；二是分析单元与课之间的内在联系；三是分析课与课之间的内在联系。

二、轻视教材单元导语的分析

单元导语是教材单元内容的高度概括，是教师引导学生学习的提要，有助于师生把握单元以及课时教学的核心内容。但是，面对高度概括和抽象的单元导语，历史教师往往因难以驾驭而轻视。分析和运用单元导语可以尝试从 2 个方面入手：一是在单元学习之初运用单元导语来引导学生兴趣，定位单元学习内容，明了单元学习的核心内容与问题；二是在单元学习之后运用单元导语来串联课时内容，提升课时内容的学习深度和高度。

三、教材内容分析技能的表面化

教材内容分析技能的表面化主要表现在 2 个方面：一是照本宣科，照搬历史教材课时内容的已知结构，包括标题、子目和具体历史内容；二是照搬网上的课时教学课件和教学设计。历史教师要提高教材的分析技能，首先，要破除"教教材"观念，树立"用教材教"的理念，在立足教材和吃透教材的基础上，要敢于超越教材、创新教材，在教材已知结构的基础上，构建教材的未知结构。其次，历史教师要加强自身的历史学专业素养，养成历史学阅读的良好职业习惯，用自己博通而专精的历史学专业素养去审视和运用历史教材，把历史教材内容的分析不断推向新的高度、深度和境界。

学习反思

1. 概述历史教材的结构。

2. 以现行初中或高中历史教材某课为例，尝试进行课文系统的分析。

3. 以现行初中或高中历史教材某课为例，尝试进行课文辅助系统的分析。

拓展阅读

1. 部编版义务教育教科书《中国历史》和《世界历史》.

2. 部编版普通高中教科书《中外历史纲要》、《国家制度与社会治理》、《经济与社会生活》、《文化交流与传播》.

3. 任世江. 初中历史课程"点—线解析"[M]. 北京：北京师范大学出版社，2018.

4. 范红军，杜文星. 新文化运动一课的背景与教学支点研究[J]. 历史教学（上半月刊），2018(5).

范红军《试论中学历史教科书编写中的已知结构和未知结构》

第四章　教学目标制定技能

内容提要

历史教学目标是教师依据历史课程标准的要求，在学生学习相应内容之后所达到的预期结果的具体设定。合理、规范的目标设计是历史教师必备的一项基本技能。教学目标具有导向、整合、激励和评价的功能。历史教师在设定教学目标时，需要综合分析历史教育目标、历史课程目标、模块教学目标和单元教学目标，理清课时教学目标的方向与定位，采用行为目标的表述方式表达学生的学习结果，保证目标的可测量性。具体制定教学目标时须精心研读课程标准与教科书，使目标的各维度之间有机关联，聚焦核心目标，为课堂教学的生成创设空间。

第一节　历史教学目标的基本功能

现代教学设计认为，教学设计的起点应该是教学目标的设计。苏联教育家巴班斯基认为，实现教学最优化的第一个办法或第一位工作，就是制定恰当的教学目标或教学任务。一个可操作、可测量、有效益的教学目标，是实现学生在课堂中思维发展的逻辑基础。教师能否设计恰当的教学目标，直接影响课堂教学的质量和效益，关涉着学生学习的效果。具体来讲，历史教学目标是教师依据历史课程标准的要求，在学生学习之后所达到的预期结果的具体设定。规范地进行目标设计，是历史教师必备的一项技能。历史教学目标对于历史教学设计及教学活动具有核心作用，具体而言具有如下功能。

一、导向功能

历史教学目标是历史教学活动的基本出发点，也是历史课堂教学最终的归宿。它表达了教学设计所期望的教学结果和学生的最终行为，决定着整个教学过程的方向。在课堂教学中，当课堂教学活动与教师教学设计的初衷发生偏离时，教师可依据课堂教学目标对活动进行调节和矫正，使教学活动在实践中能够在预定的轨道上运行。

二、整合功能

历史教学目标是历史教学系统内各个组成要素的联结点和灵魂，对其他要素起到统帅、支配和协调的作用，所有的历史教学活动都是为实现既定的历史教学目标而展开。教学目标能够将中学生在知识、能力、方法、情感、态度等方面需要达到的状态整合在教学活动中，为教师整体把握课堂教学奠定基础。

三、激励功能

历史教学目标最终体现出的是学生的历史学习目标，并以学生最终的历史学习结果的方式呈现，故教学目标体现出对学生学习的基本期望。课堂教学中展现出的历史教学目标能够激发学生对新的学习任务的期望和学习欲望，调动学生学习的积极性和主动性，并通过教学过程中的评价和反馈及时对学生的学习动机和学习效果进行强化。

四、评价功能

教师在教学过程中，依据学生的学习表现，对教学效果进行评价，以验证课堂教学是否达到了教学目标。在这个过程中，教师可以基于目标检测学生的学习结果，并评判学生历史学习水平的差异，为下一步的教学提供基本的参考。

第二节　历史教育教学目标的层级

在历史教育教学活动中，从历史课程设置到历史课堂教学，都围绕着目标来展开。各个层级的目标整合在一起，构成中学历史教育的目标系统：

历史教育目标

↓

历史课程目标

↓

模块教学目标

↓

单元教学目标

↓

课时教学目标

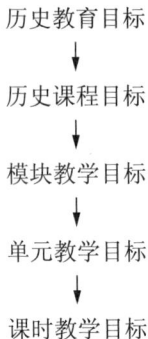

图 4.1　中学历史教育目标层级结构图

历史教育目标服从于基础教育目标和我国的教育总目的。《中华人民共和国教育法》明确指出：在我国"教育必须为社会主义现代化建设服务，必须与生产劳动相结合，培养德、智、体等方面全面发展的社会主义事业的建设者和接班人"。这是对我国各级各类教育的一般要求。2016 年，教育部发布的《中国学生发展核心素养》以培养"全面发展的人"为核心，分为文化基础、自主发展、社会参与 3 个方面，综合表现为人文底蕴、科学精神、学会学习、健康生活、责任担当、实践创新 6 大素养，具体细化为国家认同等18 个基本要点，进一步明确了学生应具备的、能够适应终身发展和社会发展需要的正确价值观、必备品格和关键能力，为我国基础教育人才培养指明了新的方向。

一、历史教育目标

历史教育目标具有高度的抽象性和统领性。"中学历史教育目标的实质，简言之，是通过中学历史课程力图促进学生在其主动发展中最终达到国家所期望的要求和水准。"[①]历史教育目标需要回答的是学生通过学习历史，在各项素质方面能够获得什么样的发展。对此，有学者认为，"其目标应该包括具备基本而重要的历史知识和培养学生自身探索历史问题的初步思维能力。若要更进一步地明确指出历史教育的目标，我们可以单举培养

---

① 　叶小兵、姬秉新、李稚勇：《历史教育学》，22 页，北京，高等教育出版社，2004。

历史思维能力一项"①。庞卓恒教授认为："历史教育的根本目的，是培育学生的科学的历史观，也就是培育学生具备科学地鉴往知来的文化素质和能力；对于中学生来说，当然只能是促进他们初步具备这方面的素质和能力。"②在21世纪高中历史新课程改革的过程中，关于历史教育目标问题，陈其先生指出，历史教育具有独特的育人目标，具体有三：一是铸造"以爱国主义为核心的民族精神"；二是培养正确的历史观；三是训练科学的方法论。③

二、历史课程目标

历史课程目标是历史教育目标在初中和高中学段的具体化，是指学生学习完历史课程之后在知识、能力、方法、情感、态度及价值观等方面需要达到的水平和要求。21世纪初基础教育课程改革以来，以知识与能力、过程与方法、情感态度价值观3个维度，构建了初高中历史课程目标的基本框架。中国学生发展核心素养提出之后，历史学科核心素养确定为5个维度：唯物史观、时空观念、史料实证、历史解释和家国情怀。历史学科核心素养作为学科育人的终极指向，"是学生在学习历史知识的过程中逐步形成、在解决真实情境中的问题时所表现出来的具有历史学科特征的正确价值观念、必备品格与关键能力，是历史学科育人价值的概括性、专业化表述和集中体现"④，并在2017年版高中历史课程标准中最终得以确定。

三、模块教学目标

模块教学目标是指学生学完相应的模块应达到的要求和水平。不同的模块具有不同的教学目标。如，学完《中外历史纲要》模块后，"学生能够了解中国和世界上重要的历史事件、历史人物、历史现象等发生或存在的时

---

① 许松源：《历史教育目标三问》，载《清华历史教学》，2003(14)。

② 庞卓恒：《历史教育的根本目的是培育科学的历史观》，载《历史教学(高校版)》，2003(1)。

③ 陈其：《明确中国高中历史教育的核心目标》，载《课程·教材·教法》，2008(6)。

④ 徐蓝：《基于历史学科核心素养的课程结构与内容设计——2017年版〈普通高中历史课程标准〉解读》，载《人民教育》，2018(8)。

间和地点、原因和结果(唯物史观、时空观念、历史解释);能够知道历史
遗迹、考古发现、从古代到现代的各种文献是了解历史发展的重要证据,
并能够开始使用资料作为证据检验自己对历史问题的解答(唯物史观、史料
实证、历史解释);能够初步对中国历史和世界历史的发展建立多方面联
系,以此解释历史,并能够对同类的历史事物进行比较、概括和综合(唯物
史观、历史解释);能够掌握随着生产方式的变革所引起的世界历史从古到
今、从分散到整体、从低级到高级的发展总趋势(唯物史观);能够初步具
备用历史眼光分析现实问题的能力(历史解释);感悟人类文明的多元性、
共容性和不平衡性,具有民族自信心;能够以开放的心态,认识到世界各
地区、各民族共同推动了人类文明的进步,初步具有世界意识(唯物史观、
时空观念、家国情怀)。"①模块教学目标具有宏观性和明确的指向性,是将
类属的历史事件进行合理编排,承载具体的历史价值观念,并通过单元与
课时具体呈现。

四、单元教学目标

在中学历史课程中,模块之下设置单元或专题。历史学科的单元或专
题是将若干分散孤立的事实,依据特定观念与逻辑建构而成的相对集中的
问题,方便学生开展历史学习的知识组织形式。目前,在初中历史课程中,
学习内容以时序为线索,不同时段的内容有机组织,构成单元;以 2003 年
版《普通高中历史课程标准(实验)》为指导的高中历史课程,按照历史知识
的特定逻辑、核心概念等,建构起不同的专题;2017 年版《普通高中历史课
程标准》设置了必修、选择性必修和选修 3 类课程,也有明显的单元划分和
专题模块。故每个单元或者每个专题都有相应的单元目标或专题目标。

五、课时教学目标

单元或专题之下,以课为单位组织历史知识。每节课都应该且必须具
有明确的课时教学目标。2001 年基础教育课程改革以来,三维目标的表述
结构既是历史课程目标的基本维度,也成为广大教师进行课时教学目标表

---

① 中华人民共和国教育部制定:《普通高中历史课程标准(2017 年版)》,21~22
页,北京,人民教育出版社,2018。

述的基本样式。自历史学科核心素养提出之后，历史课时教学目标的表述框架逐渐发生变化，由三维目标向五维目标过渡，以突出历史学科核心素养的培养。《普通高中历史课程标准(2017年版)》指出："教师应从发展学生核心素养的角度制定教学目标，将核心素养的培养作为教学的出发点和落脚点。教师要认真研读高中历史课程标准，把握高中历史课程的目标，要认识到学生历史学科核心素养的发展是一个持续提升的过程。教师在教学过程中，不仅要从整体上设计模块的教学目标，而且要依据课程标准具体设计学习主题的教学目标和课时的教学目标，以使教学的全过程能够紧密围绕学科核心素养的培养，达到学业质量的要求。"[①]课时教学目标的制定是教师日常教学中重要的工作之一，也是本节阐述的重点内容。

如在《罗斯福新政》一课的教学中，以三维目标为结构，教学目标表述为：

知识与能力：通过本课的学习，了解罗斯福新政的背景和主要内容，分析罗斯福新政的主要特点，认识罗斯福新政在资本主义自我调节机制中的作用，培养辩证思维和创新思维能力。

过程与方法：学生通过新政前后变化的文字史料、图片史料的阅读与分析，小组合作交流探讨的罗斯福新政影响，进一步提升论从史出、史由证来的证据意识。

情感态度与价值观：通过对罗斯福这一历史伟人的学习，感受乐观豁达、自强不息的进取精神；认识经济危机是资本主义的顽疾和国家对经济干预的意义。

在历史学科核心素养的框架下，该课的教学目标可以表述为：

1. 运用生产力决定生产关系、经济基础决定上层建筑等唯物史观的主要观点分析和认识罗斯福新政发生的背景及其改革的实质(唯物史观、时空观念、历史解释)；

2. 通过罗斯福炉边谈话、新政措施与实践等具体史料，了解罗斯福新政的内容，分析罗斯福新政的历史意义，提升史料实证素养(史料实证)；

---

① 中华人民共和国教育部制定：《普通高中历史课程标准(2017年版)》，46页，北京，人民教育出版社，2018。

3. 理解金本位、国家垄断资本主义等重要的历史概念，从资本主义世界发展整体历程的角度分析和认识罗斯福新政的影响（唯物史观、历史解释）；

4. 感受特殊历史时期特定历史事件（经济危机）当中历史人物（罗斯福）的个人魅力和历史使命，养成勇于承担责任和使命，变革社会的意识；认识经济危机是资本主义的顽疾和国家对经济干预的重大意义（唯物史观、时空观念）。

第三节　历史教学目标的要素分析

在教学设计的过程中，教师如何进行教学目标的表述，不仅是一个理论上的问题，也是一个技术性问题。它要求教师不仅具有良好的理论基础，也要求教师具有正确的目标表述能力。正确地表述目标，首先要知晓目标表述应该具备的基本要素。

1962 年，马杰(R. F. Marger)根据行为主义心理学提出行为目标的理论与技术。该理论认为，教学目标应当以行为目标作为教学目标的表述方式。马杰认为，一个教学目标的表述包括 4 个要素，分别是主体(audience)、行为(behavior)、条件(condition)和程度(degree)。取这 4 个要素英文单词的首字母，将这一方法简称为"行为目标表述的 ABCD 法"。

一、主体(audience)

教学设计的一个基本特点是"以学生为本"，在教学中表现为"以学生发展为本"。因此，在教学目标表述时，行为主体自然是学生，而不是老师，教学目标检验的是学生的结果是否达到，而不是评价教师有没有完成某一项工作。因此，教学目标的陈述必须从学生的角度出发，陈述行为结果的典型特征，行为的主体必须是学生。

二、行为(behavior)

对大多数教师而言，判断学生历史学习结果的依据是学生的历史学习行为，即依据行为来推测学生的思维。因此，历史教学目标需要用行为动词作为基本的符号，表达学生学习的基本结果。准确表达学生历史学习的结果，要求教师首先了解历史教学目标表述中常用的行为动词，并熟知其代表的思维含义及学习的层级，然后才能较为清晰地确定学生通过学习哪些历史知识达到哪个层级的目标。

在教育目标研究领域，美国心理学家布鲁姆及其团队研究出版了风靡全球的《教育目标分类学》。教育目标分类学将人的发展领域分为认知领域、情感领域和动作技能领域，深入分析了教学目标的层次与行为动词之间的对应关系。此外，美国心理学家加涅对学习结果的分类也值得借鉴和参考。结合布鲁姆教育目标分类学和加涅学习结果分类，可以将三维目标、行为水平层次及行为动词的对应关系作如下归类。

表 4.1　学习结果分类与三维目标、行为水平层次及行为动词对照表

学习结果类别	三维目标分类	行为水平层次	行为动词
言语信息	知识	了解	说出、描述、列举、举例、简述、识记、记忆、复述……
		理解	辨认、区别、比较、解释、阐述、说明、归纳、判断、收集、整理、预测……
		应用	运用、应用、评价、计算、辩护、质疑、撰写、解决、修改、拟定、检验、计划……
动作技能	技能	模仿	模仿、再现、例证、临摹、重复、尝试……
		操作	测量、测定、操作、制作、查阅、计算、验证……
智慧技能		迁移	联系、转换、灵活运用、举一反三、触类旁通……
认知策略	过程与方法	经历	经历、尝试、参观、体验……
		感知	领会、解释、说明、认识……
		探究	运用、掌握、能、会……
态度	情感态度与价值观	体验	参加、参与、寻找、尝试、交流、考察、接触、体验、观察、探究……
		反应	认同、拒绝、接受、反对、讨厌、关心、关注、怀疑、摒弃……
		领悟	形成、养成、热爱、树立、建立、追求、坚持……

依据表 4.1，就可以较为清晰地了解和掌握历史教学目标表述中具体的行为动词所代表的思维含义及其行为水平。

三、条件（condition）

条件表示学习者完成规定行为时所处的情境或影响学生产生学习结果的特定的限制或范围，也说明在评价学习者的学习结果时应该在哪种情况下进行。

四、程度（degree）

课程内容标准所指向的表现程度通常是指学生通过一段时间的学习后所产生的行为变化的最低表现水准或学习水平，用以评价学习表现或学习结果所达到的程度。除了行为动词体现出的程度差异外，还需要从其他角度对学习结果的最低程度作出基本的限定。如：

学生通过分析西周后期社会状况的相关史料，较为全面地归纳分封制崩溃的主要原因。

上述教学目标的设计中，主体是"学生"（可省略），行为有"分析"、"归纳"，条件为"西周后期社会状况的相关史料"，表现程度为"较为全面"。这样表述结果，能够明确学生学习后应该掌握到何种程度，增强了课堂教学的可操作性，也为学习结果的测量提供了依据。

第四节　历史教学目标制定的操作要领

在历史教学目标制定的过程中，需要把握课程标准的要求、掌握学生学习的认知起点、理清历史教科书中的知识结构与线索，对可用的教学资源做充分的评估，在此基础上，按照目标表述的基本维度和方式，合理确定教学目标。

一、研读课程标准，明确教学底线

在初高中历史课程标准中，对学生需要掌握的历史内容及其学科素养作出了基本的限定，为历史课堂教学划定了底线。教师在进行教学设计时，需要充分研读历史课程标准，宏观上理解历史课程标准在课时—单元（专题）—模块的关系，微观上处理好课程标准对课时内容的基本限定。如《义务教育历史课程标准（2011 年版）》中，中国古代史模块按照时间序列，以特定的历史时段组织课程内容，划分为史前时期、夏商周时期、秦汉时期、三国两晋南北朝时期、隋唐时期、宋元时期和明清时期。第一个单元为史前时期，课程标准要求如下：

知道北京人的特征，了解北京人发现的意义。知道化石是研究人类起源的主要依据。

了解半坡居民、河姆渡居民的生活和原始农业的产生。知道考古发现是了解史前社会历史的重要依据。

知道皇帝、炎帝的传说故事，了解传说与神话中的历史信息。

如果不认真研读课程标准，仅仅依据历史教科书或者个人经验，很可能将这一单元的教学目标局限在"知道北京人的特征，了解北京人发现的意义"、"了解半坡居民、河姆渡居民的生活和原始农业的产生"、"知道皇帝、炎帝的传说故事"3 个方面，而忽略了"知道化石是研究人类起源的主要依据"、"知道考古发现是了解史前社会历史的重要依据"等对历史学习起到关键的奠基性的内容，致使"标准"的效用没有得到发挥，也无法与考古学的常识建立联系，影响学生的历史理解。

二、精读历史教科书，确定教学重心和核心目标

历史教学目标的设计与历史教学的内容密不可分。在中学历史教学目标设计的过程中，教师需要结合课程标准，研读历史教科书的内容，明确教学内容包含的基本史实、基本结论和概念，充分挖掘历史线索，建构历史教学的脉络和体系，以确定课堂教学的重点和核心目标。如部编版初中历史教科书七年级上册第二单元第 4 课"早期国家的产生和发展"，从教科书的内容看，包含了夏、商、周 3 个朝代的历史，有教师结合课程标准经过研读后，首先提出 4 个基本的问题：（1）由夏王朝统治的早期国家是如何产生的？（2）夏、商、周 3 个历史朝代如何变迁和更迭的？原因是什么？（3）西周的分封制对后来的历史发展产生了什么影响？（4）教科书为何在夏、商、周三代历史内容之后，没有按照时序编排春秋战国时期的历史内容，而插入

了青铜器和甲骨文？这是在教师研读历史教科书、制定教学目标时需要回答的几个问题，实际上涉及本课教学中的诸多核心概念和教学重心。从教学内容上分析，学生首先需要知道什么是国家，国家的构成要素有哪些，这些属于前置概念。三代的变迁更迭及西周的分封制，属于教学的主要内容。至于三代之后并没有从时序上安排春秋战国的内容，而安排了青铜器和甲骨文，课程标准主要考虑了历史学科的另一个核心概念——文明。人类早期文明产生的标志主要有城邦和礼制的出现、文字的发明和金属工具的使用。从本单元前两节来看，正与文明产生的标志相对应。在建构课时与单元的关系、回答4个问题的基础上，可以将本节课的教学重点确定为：了解夏、商、周三代更迭过程中中国早期国家的产生及其发展的基本历程，理解西周分封制在国家治理过程中的意义，由此建构起本节课的核心目标。

三、有机整合目标，对应教学内容

历史课堂教学目标的表述无论是以三维目标为框架，还是以历史学科核心素养为基本框架，都需要考虑目标之间的关联性。在三维目标表述框架中，知识与能力、过程与方法、情感态度与价值观三者是一个有机的整体，在表述中不可割裂。通常，历史知识是历史教学的目标，更是学生能力培养、方法训练、情感态度价值观养成的载体。在教学中既不能孤立地讲史实而不关联方法及情感态度价值观，也不能空泛地谈情感、态度与价值观而不关联史实。采用历史学科核心素养的表述方式，也需要考虑目标的整体性，因为"唯物史观是学习和探究历史的核心理论和指导思想；时空观念是了解和理解历史的基础，是历史学科的最基本特征，是认识历史所必备的重要观念；史料实证是学习历史和认识历史所特有的思维品质，是理解和解释历史的关键能力与方法；历史解释是在形成历史理解和认识的基础上叙述历史的能力，是检验学生的历史观和历史知识、能力、方法等方面发展水平的主要指标；家国情怀是学习历史和认识历史在思想、观念、情感、态度等方面的重要体现，是实现历史教育育人功能的重要标志。"[1]因此，教学设计中需要充分考虑教学目标和教学内容之间的一致性，充分挖掘相关史实所隐含的情感态度价值观的内容，与学生的能力培养和方法训练结合起来，使教学目标和教学内容充分对应，浑然一体，为达成有效教

---

① 徐蓝：《谈谈研制高中历史课程标准的一些体会》，载《历史教学》，2016(23)。

学奠定基础。

四、聚焦预设目标，创造生成空间

历史教学目标是教师依据历史课程标准、历史教学内容和学生的历史学习情况设计的，尽管是学生历史学习结果的表达，但不可避免地带有历史教师的主观判断。在历史教学目标的制定过程中，教师不可能完全预设所有学生的所有学习结果，设计的是一个有限的目标，是基本标准。学生在历史学习的过程中，往往会结合已有的知识与经验，在课堂教学中表现出情理之中、预料之外的情况，成为学生在知识与智慧技能等方面发展的生长点，这就是教学中生成的教学目标。"充分的教学预设能为生成学习问题提供宽广的平台与深厚的知识背景，即时的生成又能为预设提供灵动的色彩和跳跃的节奏。"①对这些生成性资源及其目标的把握，有助于教师改进历史教学设计，优化历史教学目标，发展教学智慧，提升教学技艺。

五、历史教学目标应当具有可测量性

历史教学目标的检测，是对历史教学目标是否达成、历史教学策略与教学过程是否有效的价值考量，是对教师的教和学生的学的情况的基本判断，也是"教—学—评"一致性的重要保证。《普通高中历史课程标准（2017年版）》指出："在设计教学目标时，一是要以问题解决的水平程度作为教学目标的核心内容，避免将核心素养的五个方面机械地分离；二是所制定的教学目标要结合教学内容和学生的实际水平，使教学目标具有可操作性，通过教学能够达成；三是教学目标要有可检测性，能够衡量出学生通过学习所表现出来的进步程度。"②教学目标作为教学出发点和归宿，可检测性是一条非常重要的标准，也是教师有效教学的基本准则。故在制定教学目标的过程中，需要教师充分理解行为动词代表的思维含义，准确运用行为动词表达教学目标，能够对学生的学习水平作出准确判断。如"学生能够用自己的语言较为准确地说出分封制和宗法制之间的关系"，考查的是学生对分

---

① 赵亚夫：《历史课堂的有效教学》，28页，北京，北京师范大学出版社，2007。
② 中华人民共和国教育部制定：《普通高中历史课程标准（2017年版）》，46页，北京，人民教育出版社，2018。

封制和宗法制关系的理解，因为"理解"的内隐性，需要在目标表述时用外显的行为表达，而"说出"表明的是行为，如果不能较为准确地说出，就说明学生在理解方面尚有不足。

第五节　常见问题

一、表述失当，操作性不强

教学目标设计不仅要求教师能够充分认识目标的价值，而且需要教师掌握基本的目标表达技能；不仅需要教师对课程标准和教学内容深入理解，对教学策略与方法娴熟运用，而且需要对学情作精准把握。因为学生历史思维的发展具有层递性，教学即学生原有水平的基础上进一步提升，也就是"教育即生长"在教学活动中的反映。如有教师在人教版必修三《中国传统文化主流思想的演变》一课中，对学情作了如下表述："高中生学习的自觉性有所提高，加上传统文化对学生从小潜移默化的影响，本课内容的学习难度不大"。基于这样的判断，对"知识与能力"目标作了如下设计：

知道诸子百家，认识春秋战国时期"百家争鸣"局面形成的重要意义；了解儒家学派的思想家孔子、孟子和荀子的主要观点，分析儒家思想形成的原因，总结儒家思想的形成过程，探寻儒家思想的深远影响；了解老子、庄子、墨子、韩非子及其流派的思想和主张。

从教师的目标表述看，教师在"知识与能力"目标的表述中，存在如下不足：表述时几乎对"百家争鸣"时期各流派的观点都要做介绍，未能清晰地表达本节课的核心内容；未能对"能力"目标采用外显的行为动词表达学习结果，如运用了难以测量的"分析"、"总结"、"探寻"等行为动词；缺乏对历史学科能力或历史学科核心素养的基本认知，未能明确表达出本节课通过什么样的内容培养什么样的能力；对学生学习基础的了解不足，在学生关于"百家争鸣"相关知识基础的认识上，教师仅仅作了模糊的判断，未能深入分析学生已经学过什么，学到了什么样的程度，不能对教学目标设计提供准确的学生已有知识、能力及情感等方面的判断。

二、照抄照搬，拿来主义

在日常教学中，教师手头的教学参考用书和互联网上的教学资源为教师提供了极为丰富的参考资料。于是在教学设计中，很多教师不仅照抄别人的教学资料，也照搬别人的教学目标。没有将教师的教和学生的学结合起来，违背了课堂教学中"想教的内容与实际教学的内容保持一致"的教学逻辑，致使教学的目的性不强。目标的达成度是衡量课堂教学有效性的标准之一，如果目标并非自己根据相关实际制定，教学中就难以保证"教—学—评"的一致性。这种"拿来主义"的办法，不仅是对教师个人教学能力发展的戕害，也无法保证学生学习的针对性和有效性。

三、目标过多，核心目标缺失

任何课堂教学的目标都是一个有限目标，是对课堂教学所能达到的基本状态的设定。在具体的实践过程中，经常出现目标设定过多、教学任务无法完成、教学目标无法达成的问题。究其原因，主要是教师课堂教学核心目标确定存在问题。"核心目标是在历史学科课程目标指导下，结合本课教学内容，根据学校的实际教学条件，依据学生的具体状况，本着'以学生的健康发展为本'的原则而制定的本章节必须达到且有可行性的结果预期。"①核心目标确定与历史教学界长期以来倡导的"一课一中心"密切相关。在核心目标确定的过程中，须认真研读课程标准，从宏观上把握模块、专题的目标，在内容取舍的基础上，确定课时的主要目标，奠定课堂教学的灵魂。

学习反思

1. 阐述教学目标的基本功能。

2. 依据历史教学目标表述的 4 个要素，结合课程标准和具体的一课时的内容，根据历史学科核心素养的 5 个维度，设计一课时的课堂教学目标。

---

① 刘汝明：《历史课堂教学核心目标的思考》，载《历史教学》，2004(9)。

拓展阅读

1. 叶小兵，姬秉新，李稚勇．历史教育学［M］．北京：高等教育出版社，2004．

2. 赵亚夫．历史课堂的有效教学［M］．北京：北京师范大学出版社，2007．

3. 何成刚，陈亚东，夏辉辉．历史课堂教学技能训练［M］．上海：华东师范大学出版社，2008．

4. 郑林．历史课程教材教法研究［M］．北京：社会科学文献出版社，2018．

5. 薛伟强，范红军，陈志刚．中学历史课程与教学概论［M］．北京：北京师范大学出版社，2018．

6. 李小红．初中历史课堂"一课一中心"的实践与思考［J］．中学历史教学参考，2018(10)．

7. 刘汝明．历史课堂教学核心目标的思考［J］．历史教学，2004(9)．

8. 赵亚夫．历史教学目标刍议三：怎样确定课堂教学目标［J］．历史教学，2007(7)．

9. 赵亚夫．历史教学目标的意义与编制［J］．教育学报，2013(6)．

10. 陈志刚，翟霄宇．多角度认识教学目标——基于标准的历史教学设计的要求［J］．历史教学，2013(8)．

苏向荣、赵海生《基于历史学科核心素养的
"罗斯福新政"教学目标设计》

第五章　教学设计文本撰写技能

内容提要

　　教学设计文本撰写是教学设计不可或缺的环节，是将之前教学设计的各项准备工作落实成文字成果的最重要的技能。教学设计的文本撰写不仅可以将各项准备落实成文字，还可以将其组成一个整体进行全方位的审视，发现各项之间的关联。在教学设计文本撰写中写什么、怎么写，事关教学设计的整体质量。作为一名历史教师，只有掌握了教学设计文本撰写技能，才能在历史教学中更得心应手、更顺畅地完成教学设计任务。

第一节　教学设计文本写作的内容与方法

一、教学设计文本写作的内容

　　根据教学设计的环节，教学设计文本写作的内容包括以下几个方面：课标分析、教材分析、学情分析、教学目标、教学重难点、教学方法、教学过程、教学反思。除教学反思外，其他各项都是在教学实施之前完成的。

　　课程标准是国家的指导性文件，不仅规定了初高中历史课程的性质、设计理念、实施建议等，还详细规定了每一节历史课的教学内容，并规定了学生对这些学习内容应达到程度，对每一位历史教师的教学和学生的学习都有指导作用。所以，历史教学设计首先要撰写每节历史课对应的课程标准规定的内容标准的分析。历史教材是历史课程标准中内容标准的具体化，将课程标准中的内容标准细化为一节一节的历史学习内容，因此，要在课程标准分析的指导下，撰写教材分析。学生既是教师的教学对象，也是学习的主体，他们在上每节历史课之前并非对教学内容一无所知，也并非所有的学生对所有的历史学习内容感兴趣。在教学之前能掌握学生的学情，会使教师的教学更有针对性，因此，学情分析的撰写也很重要。在完成课程目标分析、教材分析和学情分析撰写的基础上，就要撰写符合课程标准要求、切合教学内容并针对学生学情的教学目标分析。为帮助教师更加明确、有效地实现教学目标，还要撰写每节历史课的重难点分析，以及突出重点、突破难点的教学方法的分析。教学过程设计是教学设计的重中之重，是对一节完整历史课的教学活动的设计，撰写教学过程分析就是将一节完整历史课的教学活动及其设计意图用文本展现出来。

上述文本撰写是在教学活动实施之前完成的，是对课堂教学的事先构想。在教学实施之后，还应该进行课堂教学的反思，找出存在的问题，改进教学设计，提高教学质量。

二、教学设计文本写作的方法

教学设计文本写作的方法主要有 2 种，即表格式写作法和叙述式写作法。

（一）表格式写作方法

顾名思义，教学设计的表格式写作法就是在表格中呈现教学设计的各项内容。教学设计的表格如下所示：

课　题		课　时	
教学对象		课　时	
课标分析	1. 内容标准的规定：		
	2. 对课标相关内容的分析：		
教材分析	1. 本课主要内容：		
	2. 本课在单元中的地位：		
	3. 本课在教科书中的地位：		
	4. 本课的教学立意：		

续表

学情分析	1. 知识方面： 2. 能力方面： 3. 情意方面：		
教学目标	1. 知识与能力： 2. 过程与方法： 3. 情感态度与价值观：		
教学重难点	教学重点：		
	教学难点：		
教学方法：	教师教法：		
	学生学法：		
教学过程			
教学环节	教师活动	学生活动	设计意图
环节一			
环节二			
环节三			
……			
板书设计			
教学反思			

　　使用教学设计表格撰写教学设计的文本表达清晰，使人一目了然。

（二）叙述式写作方法

　　教学设计的叙述式写作法就是用叙述的方式呈现教学设计的各项内容。这种写作方式的运用非常灵活，教学设计者可以根据自己的设计水平和特色，将内容融会贯通，形成不同设计项目浑然一体的教学设计。如《以史为鉴，向海图强——从太平洋战争探中国海洋经略》，便是典型性的叙述式教学设计。

【案例 5. 1】

《以史为鉴，向海图强——从太平洋战争探中国海洋经略》教学设计

山东省青岛第十九中学　王彧

【课程标准】

了解国际反法西斯同盟的建立和各大战场重要战役等史实，认识反法西斯国家是怎样通向胜利之门的。

【教材分析】

本课节选自岳麓版选修三《战争与和平》第三单元第 11 课《战争的扩大与转折》，是综合探究课。《战争的扩大与转折》一课涉及内容庞杂，包括莫斯科保卫战、珍珠港事件、反法西斯同盟、斯大林格勒战役、中途岛海战和阿拉曼战役等。珍珠港事件引爆了太平洋战争。美国卷入第二次世界大战并促成了反法西斯同盟的成立。在中途岛一役中日本折损大量优秀飞行员和 4 艘航空母舰，丧失了战场的制空权和制海权，太平洋战争由此发生转折。自此，日本失去了战略进攻能力，反法西斯战争即将迎来胜利的曙光，太平洋战争的战略意义和后续影响也与中国息息相关，更是对当今海洋战略的研究与实施起到了重要的借鉴意义。因此，本课截取"太平洋战场的扩大与转折"进行翔实的史料分析和综合探究，凝练出"以史为鉴，向海图强"的主题，使学生认识到和平与发展的重要意义，从而坚定发展海洋强国战略的信心。

【设计思路】

以核心素养为指导。本课侧重于带领学生通过史料剖析日本如何转型成为陆海复合型国家，但一步步走向毁灭的史实，提高学生史料实证和历史解释的素养。同时，结合海军 70 年大阅兵的时事热点，勾勒出从太平洋战争到当代海洋建设、从近代有海无防到时下强国强军的双向时空框架，感悟祖国走向海洋强国的必要性。再结合青岛海洋特色和自身感受，深化和平崛起方能保卫家国和构建人类命运共同体的认同，提升家国情怀，扩展国际视野。

【学情分析】

本课授课对象是高二学生，他们的理性思维尚待提高。通过初中历史的学习和影视资料等，他们较为熟悉太平洋战争的爆发与转折——珍珠港事件和中途岛战役，但是知识结构零散，需要通过史料的深度挖掘和系统梳理进行反思总结。所以，本课可以放手发动学生，通过对史料的收集整

理进行自主学习，掌握基本史实并面向全班同学进行课堂展示。同学们对这一时期的战略战术很感兴趣，可以通过沙盘还原现场，模拟战争过程，以更好地激发学生们的学习内驱力，体会到综合国力、人才技术在战争中的重要性。由于学生知识的广度和深度还不够，在理解日本为何走上侵略扩张的发展路线以及海洋战略对当代中华民族伟大复兴的启示上有一定困难，故要通过国际关系史的相关理论补充视角，提升理性思维和分析能力。

适逢海军建军 70 周年阅兵在本地举行，这极大地提高了本课的吸引力，促使"以史为鉴，向海图强——从太平洋战争探中国海洋经略"主题的升华。

【教学目标】

1. 了解太平洋战争的爆发和转折，掌握珍珠港事件、反法西斯同盟建立、中途岛战役等基本史实；理解战争的扩大最终促成了国际反法西斯同盟的建立。

2. 能够多渠道收集和梳理史料，运用辩证唯物主义观点解决问题；学会在特定的时空下分析和评价历史，培养历史解释、史料实证、唯物史观、时空观念等核心素养。

3. 联系时政，感悟和平来之不易，提升家国情怀。通过战例分析，使学生认识到只有发展壮大方能捍卫和平，强调和平与发展是时代的主题，激发学生的责任感和使命感，提升学习动力。

【教学重难点】

教学重点：珍珠港事件、反法西斯同盟的建立、中途岛海战。

教学难点：日本的国家发展路线，中国的海洋战略。

【教学方法】

讲授法、史料分析法、归纳比较法、情境创设法、合作探究法等。

【教学过程】

导入新课：

1. 以 70 周年海军大阅兵为引，展示《向海图强》视频剪辑

在短片中我们看到的是人民海军的新跨越。我们看到了"飞豹"、歼 10、歼 11，歼 15，捍卫海空，国之利剑；掠海攻坚，雷霆一击；猛龙出击，制敌千里；

浪里飞鲨，亮剑沧海……泱泱神州，滟滟大洋，走向深蓝，向海图强！在祖国海洋战略推进的背景之下，我们不妨将眼光定位于"二战"时期的太平洋战场，以史为鉴，深度感悟。因此，我们选取选修三《战争与和平》第三单元第 11 课《战争的扩大与转折》，以太平洋战争为视角展开今天

的学习。

[设计意图]用学生喜闻乐见的视频形式尤其是身边发生的新闻事件导入，不仅可以渲染课堂气氛，增强直观性，还拉近历史和学生的距离，在学习伊始激扬出学生的家国意识，铺垫主题。

2. 结构点拨

本节课分为3个部分：第一章广角俯瞰，先了解国际关系中对于国家类型的解释和分类，为下面的学习做好铺垫；第二章聚焦实战，通过珍珠港事件和中途岛海战的深度探究明确综合国力的重要性，以及日本走向陆海复合型国家的失败所在；第三章展望思索，从太平洋战争和近代中国海防双向印证当代祖国加强海洋战略、和平崛起的必要性。

[设计意图]引导学生注意时空观念在历史学习中的作用，从横向和纵向上把握知识主干，明确本节课的内容。

第一章：广角俯瞰

在学习新课之前，我们先高屋建瓴，补充新知。相信同学们或多或少地看过《大国崛起》，大家是否知道，根据自然环境和外交手段，在国际关系学中将国家发展归纳为3类。下面老师说关键词，请大家试着选出对应的类型以及典型代表：

经济方式以农畜业为主，内聚力强，保守而霸权——大陆型（俄国）。

经济方式以商业为主，外向性强，注重多元贸易和多边外交——海洋型（英国、美国）。

濒临开放性海洋且背靠较少陆地的国家，双向扩张——陆海复合型（法国、德国）。

学生在讨论和回顾中生成答案：土地广袤的俄罗斯民族，通过沙皇的改革和强大的军事力量扩张成为地跨欧亚美三大洲的近代陆权帝国。[①] 英国是同学们非常熟悉的海权强国，其"大陆均势"手段运用得炉火纯青。对美国的国家类型，有些同学可能有疑问，教师通过引导学生回顾美国"光荣孤立"的外交政策，理解为什么美国陆地面积广达却属于海洋型强国。至于陆海复合型国家，正如外交学家吴征宇概括，具有以下几个明显特点：一是

---

① 施展：《枢纽：3000年的中国》，342页，桂林，广西师范大学出版社，2018。

战略选择上的两难；二是双重易受伤害性；三是服务于国家战略目标的资源分配容易分散。① 了解其特点后，我们不难分析出几个典型代表：通过路易十四的强大王权和拿破仑的赫赫军功逐渐崛起的法国，以及经过德皇威廉二世和希特勒的军事扩张咄咄逼人的德国。至于日本是什么类型呢？不要着急，我们不妨留一个伏笔，在后面的学习中寻找答案。

[设计意图]开篇明确概念，提升思考维度，加强历史解释核心素养的培养。同时，以设悬念的方式引出日本的发展路线，通过这一反例埋下本课线索——发展海洋战略，向海图强的伏笔，这为之后深化主题做好全局准备。

【合作探究一】阅读下面两则材料，回答以下问题：

材料一：1940 年 8 月近卫内阁决定的《基本国策纲要》正式提出，建立以"皇国为核心，以日、'满'、华的强固结合为基础的大东亚新秩序"。

——宇都宫谦：《大东亚共荣圈南方大观》

材料二："大东亚共荣圈"是日本在侵华战争和国际形势变化中建立起来的侵略扩张理念，它希望日本把东亚的霸权秩序扩展到东南亚及西南太平洋地区，建立以日本为主宰的庞大殖民帝国。

——臧运祜：《近代日本亚太政策的演变》

1. 明治维新时代的日本天皇选择了哪条国家发展路线来争夺世界霸权？日本的假想敌会有哪些国家？

2.1905 年前后，日本采取了哪些对外政策？

引导学生回答出日本在明治维新后选择走海洋型国家路线，假想敌是清王朝和沙俄。继而通过回顾必修一的已知知识，梳理日本继而发动了甲午中日战争和日俄战争，日本取胜，成为亚洲强国。清末和北洋时期的中国没有强大的中央政府，日本的战略完全可以效仿英国在欧洲实行的大陆均势政策，走海洋发展路线，作为一种超然势力影响中国局势，借"光荣孤立"强化国力。然而我们都知道，日本并没有沿着海洋路线继续走下去，这个野心膨胀的东亚岛国没有遏制住对陆地的渴望，从而发动了九一八事件，成为第二次世界大战的亚洲策源地，走上了法西斯的不归之路。师生一起梳理日本走上侵略扩张之后的路线。

---

① 吴征宇：《海权与陆海复合型强国的思考与探讨》，载《世界经济与政治》，2012 (2)。

```
                        日本的侵略扩张
        ┌───────────────┼───────────────────┐
       中国             东南亚               美国
     ┌────┴────┐     ┌─────┴─────┐    ┌────┬────┬────┬────┐
   九一八  全面侵华   英属        美属  珍珠港 珊瑚岛 中途岛 瓜岛
                      │          │
               香港、马来亚、缅甸、  菲律宾
               印度尼西亚等
```

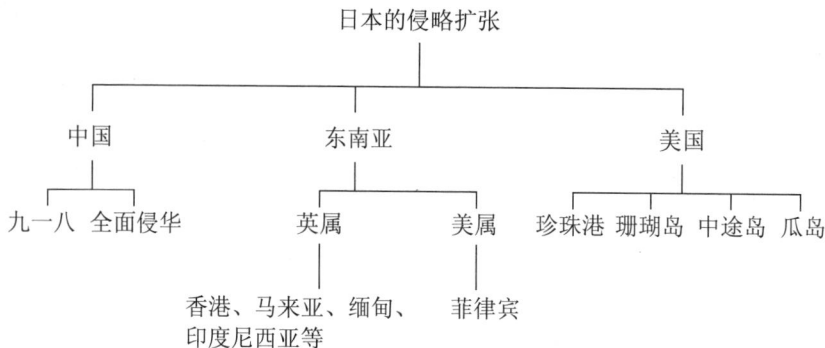

[设计意图]教师通过情境创设，引导学生结合已知史实构架时空坐标，梳理出日本近代的外交策略，明确其国家发展路线的转折所在，拓宽视野、提升思维含量。

第二章：聚焦实战

日本按照既定方针发动了对美国太平洋海军舰队基地——珍珠港的偷袭，日美之战即将打响，进入镜头一：珍珠突袭。在课下，大家都收集了多元化史料提前预习，下面有请我们第一小组的同学为大家讲解珍珠港事件的始末，掌声欢迎我们的战争讲解员！

学生以PPT讲解珍珠港事件的原因、过程、战损和影响，约5分钟。

[设计意图]明确相关历史事件，强化学生收集和使用史料的能力，突出学生的主体地位，调动其学习积极性。

教师请讲解员分享他收集史料的渠道和方法，适时进行学法指导。

在信息浩瀚的今天，资料不完全等于史料。以战争为例，在收集史料时除了历史论著、文章等第二手史料外，千万不要忘记第一手史料，如官方政策、档案、各类公文甚至私人记录，以及实物史料，比如考古遗存、碑文、战争废墟、武器残骸。目前还有一种史料也颇受重视，即口述史料。在本课中，战争亲历者的回忆录和口述录音就显得弥足珍贵。总之，大家在多收集史料的同时，一定要以唯物史观和辩证法分析史料，大胆质疑，小心求证，从而自信地做到论从史出，史料实证。

[设计意图]从实际出发，加强学法指导，强化学生收集和使用史料的能力和史料实证的素养。

（一）珍珠港事件——太平洋战争的爆发

1. 原因

根据所学和同学的介绍，概括珍珠港事件爆发的原因：

根本原因：日本的扩张政策及美日争夺亚太地区的必然结果。

客观因素：岛国，资源贫乏，国内市场狭小等经济发展因素的制约。

直接原因：美英对日实行的贸易禁运的打击。

外部动因：德国在欧洲战场上的攻势，客观上助长了日本的侵略。

［设计意图］训练学生提取、概括材料的能力，强化唯物史观的培养。

2. 思考珍珠港事件会引发哪些连锁反应。

A. 珍珠港事件后罗斯福在国会发表演说 　　　　B. 反法西斯联盟正式形成

3. 请梳理美国从中立走向反法西斯联盟的进程，并总结反法西斯联盟的重要意义。

进程：① 1939 年，美国新《中立法》——重大转变

② 1941 年，美国通过《租借法》——经济基础

③ 苏德战争后，美英《大西洋宪章》——政治基础

④ 1942 年元旦，26 国签署《联合国家宣言》——建立标志

意义：团结了不同社会制度和宗教信仰的国家，增强了反法西斯力量，扭转了国际力量对比，鼓舞了各国人民的斗志，奠定了战胜法西斯的基础。

［设计意图］加强唯物史观和时空观的素养，提高学生梳理概括材料的能力。结合教师的讲解和层层设问，理解珍珠港事件对于第二次世界大战的特殊意义。

【合作探究二】阅读下面材料，回答以下问题：

材料一：丘吉尔：美国好像是"一只巨大的锅炉。一经在它下面生起火来，它就能够产生无穷的力量"。当我去睡觉的时候心中充满了并且洋溢着感情与感想，所以睡了一个得到拯救而心怀感激的人所睡的觉。

——丘吉尔《第二次世界大战回忆录》

材料二：当它(珍珠港事件)终于到来时，蒋介石自是难以抑制其心间的喜悦。

——齐锡生《剑拔弩张的盟友》

材料三：山本五十六："我们不过是唤醒了一个沉睡的巨人！"

——刘芳《美国简史》

请结合材料和所学知识回答：

1. 在美国下面生起火来是指什么事件？丘吉尔、戴高乐、蒋介石与山本五十六为什么有不同的反应？

2. 有人认为日本偷袭珍珠港是战术上的胜利、战略上的失误，你同意这种观点吗？

概念解读：战略指军事上指挥全局的计划和战略，战术是进行战斗的原则、手段和方法，是战略一部分，服从于战略。例如，在战争中要达到的目的就属于战略范畴，为达到这个目的所使用的具体手段则属于战术范畴。

参考答案：

1. 珍珠港事件。美国的参战不仅缓解了欧洲战场中英法两国的沉重压力，也缓解了中国战场的压力，鼓舞了士气和信心，所以英、法等国领导人们欣喜若狂。美国卷入战争，改变了第二次世界大战的实力对比，日本方面忧心忡忡。

2. 同意。

战术上的胜利是：日本以微小的代价重创美国太平洋舰队。

战略上的失误：

(1)增强反法西斯力量。珍珠港事件把美国卷入了大战，加强了对手的力量，为日本法西斯失败埋下祸根。

(2)推动反法西斯联盟的形成，是反法西斯战争取得最后胜利的决定因素之一。

(3)华盛顿体系彻底瓦解。

[设计意图]加强历史解释和史料实证的素养，培养学生分析史料，从中获取有效信息的能力，培养学生横向和纵向分析问题的能力。

珍珠港事件不仅使美国这个庞然大物卷入第二次世界大战，更是促成了反法西斯同盟的最终形成，日本可谓是得不偿失。那么，日本的好运还会继续下去吗？进入第二个镜头：中途岛激战。

（二）中途岛海战——太平洋战场的转折

中途岛海战的背景和过程，请同学们根据预习成果简要概括。

1. 背景

（1）美国太平洋舰队的航空母舰仍对日本构成威胁；

（2）日本野心膨胀，期望诱出美国舰队加以歼灭。

2. 概况

（1）学生 PPT 展示中途岛的位置、地貌、战地、战役中双方投入的军力对比、日美海军各自的统帅、战前军事情报解读等。

［设计意图］学生在课前收集整理相关史料，强化其历史学习的能力和语言表达的能力，加强史料实证和时空素养。

中途岛海战是世界海战史上的经典案例，其曲折和精妙之处至今为人津津乐道。这不仅是海军史上以少胜多的著名战役，更是目前唯一一次航母战斗群之间的作战，对当今各国的海防建设都有重要参考意义。第二小组的同学在课下作了大量的史料分析，力图为大家呈现出中途岛一役的精彩。请同学们带着问题仔细聆听，欢迎我们的战争讲解员！

（2）学生配合 PPT，利用电子白板的沙盘模拟，还原中途岛海战的作战路线和战术分析，约 10 分钟。

［设计意图］通过新颖的教育技术手段，清晰生动地体现中途岛海战的战略战术和作战细节，帮助学生更好地体会综合国力、科学技术的重要性，这也是展现学生学习能力和表达风采的亮点所在。史论结合，深化对当今对自身的启示，真正做到以史为鉴。

【合作探究三】美胜日败的原因有哪些？以史为鉴，请同学们谈谈自己对我国海防建设有何认识。

模拟现场让学生作为军事评论员，利用所学知识和课外资料分别评析美胜日败的原因，教师汇总展示。

（1）美国：美国破译了日军密码，了解了日本的作战计划，集中有限兵力，伺机外故；综合国力强人等。日本：非正义战争；战术陈旧，特混舰队担负攻击中途岛和引诱美军舰队的双重任务，错失战机；国力对比悬殊等。

（2）战争是个"熔炉"，燃烧的不仅仅是资源、金钱，更是人才和综合国力。针对以上的战例分析，让学生感悟到发展经济，提高综合国力，强化科技兴国、人才强国战略，方能有强大的实力捍卫和平，保卫家国亲友。得道者多助，失道者寡助，我们发展海洋强国是践行为中国人民谋幸福，为中华民族谋复兴的使命，充分发扬有担当的大国形象。

[设计意图]通过角色扮演和情境代入引发共情,以研讨和对比的方式提高学生分析、评述历史事件的能力,更好地理解战争胜利的关键因素。以史为鉴,联系当下,让学生深入体会到大国的责任与担当,提升家国情怀,扩大国际视野。

日本开始丧失太平洋战场的战略主动权,太平洋战争出现转折。

中途岛海战和之后的瓜岛战役大大折损了日军的有生力量,共同构成了太平洋战役的转折点,也是第二次世界大战的转折点之一。此后,美军以中途岛为跳板,逐步收复南太平洋,直逼日本本土,战争胜利的曙光即将到来!让我们将太平洋战争的史实略加小结。

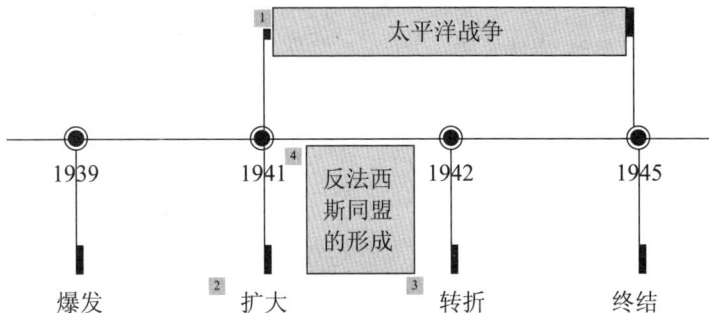

[设计意图]以历史时空观为基础及时小结,提升学生的思考维度和视野广度,加深对太平洋战争的巩固记忆。

第三章:展望思索

通过以下 3 个层层深入的问题,推导出中国加强海洋战略以及和平崛起的必要性。

1. 以史为鉴可以知兴替,请指出近代日本的国家发展经历了怎样的变化。

学生总结出明治维新后日本选择了海洋型发展模式,并取得了一定成就,但是 20 世纪之后,其军国主义日益强化,没能遏制住对陆地的渴求,出台了"大陆政策",悍然发动对外战争,最终自取灭亡。以史为鉴,我们应该立足国情,坚守大国责任,和平崛起。

2. 以史为鉴可以明得失,回看中国近代海防状况,你有何启示?

学生推导出有海无防、闭关锁国、海禁等,危险从海上来,一次次不平等条约将中国带向亡国灭种的危局之中。在第二次世界大战之际,日本海军已拥有各类舰艇 380 余艘,总吨位近 140 万吨,几可与美、英、法比肩。而中国海军共有各种舰艇 120 余艘,绝大部分为艇,总吨位仅 6 万吨左右，忽视海防之痛可见一斑。面对如此悬殊的实力，中国海军决然投入了抗击日军侵略的作战，真正是以血肉之躯御敌。至 1938 年初，中国海军仅存舰艇 34 艘，吨位仅为 1.6 万余吨，还抵不上日本的一艘重巡洋舰。元旦，南京政府下令撤销海军部，成立海军战时总司令部。至次年 6 月，中国海军舰只基本丧失殆尽。……走向深蓝，向海图强，加强海防建设刻不容缓！

3. 以史为鉴可以期未来。结合当今时政新闻，你知道中国在海洋战略下都有哪些大政方针吗？对你而言有何启示？

强军强国、海防建设、武器研制、突破岛链、第一个海外基地吉布提、多元贸易、一带一路、积极解决南海和钓鱼岛问题等。坚定走海洋强国战略，和平崛起，既要保家卫国，也要维护世界和平，做一个有责任的大国。我辈学子立足于青岛这个海洋战略排头兵，扎根于蓝色硅谷的海洋科技氛围中，更应当努力学习，为中华民族伟大复兴积攒能量。

结语：2018 年，在青岛，习近平总书记深情地展望了建设海洋强国的愿景；2019 年，也是在青岛，习近平总书记又高瞻远瞩地提出了构建海洋生命共同体的期许。70 年风雨征程，人民海军在江苏泰州白马庙燃起了火种。（伴随音乐和动画滚轴）从第一艘潜艇下水，第一艘护航舰出海，第一艘航母"辽宁号"诞生，万吨级驱逐舰驶出军港……从亚丁湾护航，到海军70 周年大阅兵，一代代人民海军用行动实现着向海图强的夙愿，用实力展现出捍卫和平、保卫家国的雄姿！（插视频烘托高潮）中国从一舰一艇走来，以"一带一路"走远，从小到大，从弱到强，昂首阔步驶向远海大洋。我们终将龙入沧海，我们终将逐梦星辰！强军强国，捍卫和平，增进海洋福祉，护航民族复兴。我辈学子当以史明志，为国家立心，为民族铸魂，祈盼祖国日益强大，和平崛起！

[设计意图]层层设问加强运用史实解答问题的能力，延展学生思考问题的广度和深度，梳理知识间的脉络。结合时政，培养学生关心国家发展，增强民族认同感和责任意识，深化家国情怀。引导学生逐步提升认识，鼓励学生在新时代勇敢的承担起历史新使命，不断奋进，激发学习动力。

【设计思想及教学反思】

本节课在"生学为本、合作内化、师教为要、点拨升华"教学原则的引领之下，充分发挥学生学习的主动性。自主学习是关键，学生通过观看微视频和预习导学案的方式提前学习；课堂成为教师立学情重建课堂，学生交流互动、合作展示、思维提升的场所；课后成为学生思维延伸、吸收内化并进行新课自主学习的环节。通过当下时政话题的引入，结合我国国情和青岛的地方特色，能极大调动学生的兴趣，培养家国情怀和历史责任感。本课的不足之处是史料挖掘的深度和广度还不够，需要进一步加强对史料实证的素养的培养。

第二节 教学设计文本撰写的原则与技巧

一、教学设计文本撰写的原则

（一）系统性原则

1932 年，美籍奥地利人、理论生物学家 L. V. 贝塔朗菲（L. von Berta-lanffy)提出了系统论的思想，其核心思想是系统的整体观念，即任何系统都由各个要素组成，要素之间相互关联，构成了一个不可分割的整体，但它不是各个要素的机械组合或简单相加，而是一个有机的整体，它具有各要素在孤立状态下所没有的新功能。同时，系统中各要素也不是孤立地存在着，每个要素在系统中都处于一定的位置上，起着特定的作用。要素是整体中的要素，如果将要素从系统整体中割离出来，它将失去要素的作用。

教学设计由课标分析、教材分析、学情分析、教学目标、教学重难点、教学方法、教学过程、教学反思等各个不同的要素组成。以上各个要素互相联系，组成了教学设计的完整系统。撰写教学设计的文本必须遵循系统性原则，不仅要撰写各个要素的内容，还要注意各个要素之间的关联，将各个要素联系起来作为一个系统来处理，不仅要发挥各个要素各自应有的功能，还要使之构成一个整体发挥出教学设计整体的功能。

（二）科学性原则

科学性原则是指教学设计文本撰写的内容和表述方式必须科学。

首先，教学设计文本撰写要保证内容的科学性。教学设计文本中的历史知识必须是科学准确的，不能出现"张冠李戴"或"关公战秦琼"等历史常识错误。史料在历史教学设计中不可或缺，在撰写教学设计文本时，必须保证选用史料的科学性，既要遵循"孤证不立"的原则，也要避免满堂史料的误区。在此基础上，还要注意对科学史料的科学处理，既不能断章取义，也要注意所选史料内容的难易程度，对于学生难以理解的史料，特别是文言史料要通过适当的解释使学生明白其含义。同时，还要标注史料完整和准确的来源。

其次，"以学生的发展为本"是21世纪基础教育课程改革的重要教学理念，教学设计文本撰写要体现出这一教学理念，通过准确的用词、恰当的表述体现出教学设计者促进学生发展的设计意图。以教学目标的撰写为例，一定要注意教学目标的主体是学生，而不是教师。例如，"通过回味文艺复兴的内容，培养学生的反思交流能力，使其形成价值判断的能力"这样的教学目标表述，在学生之前加上了"培养"、"使"或"让"等动词，实质上体现了教学设计者仍以教师为中心的教学理念，没有尊重学生的主体地位。此外，撰写教学目标时还要注意实现教学目标需要具备的条件借助的手段和应达到的程度，难度适中，具有可操作性。例如："通过教师提供的史料，分析文艺复兴的背景，根据史料认识文艺复兴的意义。"

此外，教学活动是教学设计的重要组成部分。教师是教学活动的设计者、组织者和指导者，学生是教学活动的主体。撰写教学设计中教学活动的文本撰写应体现出学生的活动主体地位和教师的指导作用。因此，教学活动设计的文本撰写中，应将教师的指导活动和学生的参与活动叙述清楚，并写明此活动的设计意图是促进学生哪一方面的发展。例如："该部分以视频、选词等形式的进行教学，目的就是要深入浅出地帮助学生了解中世纪的欧洲，进而使他们认识文艺复兴到底改变了什么。"

（三）逻辑性原则

教学设计各个要素之间有着一定的逻辑关系，撰写教学设计文本时要遵循这个逻辑关系，使各个要素组成一个有机整体，发挥其应有的作用。教学设计是为实现教学目标而作的，教学目标在教学设计中具有重要的导向作用，教学设计中其他要素的撰写必须遵循为实现教学目标服务这一逻辑。

课程标准是教科书的编制和教师教学的重要依据，其中内容标准对每课的主要内容和学生应达到的课程目标都作了明确的说明，是教师进行教学设计时应首先进行分析和撰写的，且对下一步的教材分析具有重要的导向作用。教材内容是课程标准中"内容标准"的具体化，既是教师的教授内容，也是学生的学习内容。每节课的教学内容都不是孤立的，在每一单元、每一册教科书中都有各自的地位与作用。教师的教是为了学生的学，教学设计必须考虑学生对每节历史课的兴趣、知识基础和学习能力，所以，撰写教材分析后，要写清楚每节历史课学生的学情分析。课标分析、教材分析和学情分析都是为制定教学目标服务的，撰写完这3项内容后，才可以根据上述分析撰写教学目标分析。教学方法的选择和教学过程的设计依然服务于教学目标。教学方法的撰写不是随心所欲的，而是教学活动中真正应用的，必须有利于教学目标的实现。

二、教学设计文本撰写的技巧

(一)整体设计文本结构

在正式撰写教学设计文本开始之前，知道教学设计的各个构成要素，并作出教学设计的整体结构。一般来讲，教学设计的文本结构按照顺序，包括以下几个方面：(1)课标分析；(2)教材分析；(3)学情分析；(4)教学目标；(5)教学重难点；(6)教学方法；(7)教学过程；(8)教学反思。

对于新手教师来讲，表格式的教学设计结构更直观、具体、可操作性强，是教学设计整体结构的首选。

(二)分项撰写文本内容

课标分析的撰写，重在表述课标对本课的内容要求和学生掌握程度的要求。课程标准中的内容标准对每节历史课的教学内容和学生应学习的程度作了明确的规定，是指导历史教学的重要依据。在撰写课标分析时，不仅仅是将课程标准中的相关内容展示出来，更重要的是对其规定的教学内容和应达到的教学目标进行分析，找出对本课教学的指导意义。

教材是教师教学和学生学习的重要媒介，是教学活动展开的基础。撰写教材分析要点出每一课的主要内容，分析其在单元和本册书中的地位与作用，与前后课之间的关系，更重要的是要找出本课的"教学立意"，即在分析教科书文本的基础上，确定一节课的主题思想，这个主题思想是学生能够通过这堂课的学习获得的核心概念。[①]

学情分析的撰写，重在撰写学生对本课已有的知识基础、学习能力与学习方法以及兴趣等的已有状态、潜在状态和差异状态。不同学段、不同学年的学生对历史知识的理解和掌握程度不同，不同班级的学生对历史的学习兴趣不同，不同学生的历史学习能力和学习方法也不尽相同。在撰写教学设计的学情分析时，应综合考虑上述问题，尽量将学段、学年、班级和个人因素考虑在内，全面分析所授班级学生对本节课的知识基础、学习

① 聂幼犁：《中学历史课堂教学的立意》，https：//wenku.baidu.com/view/fa935-c6dbe23482fb4da4c87.html，2018-01-25.

能力、学习方法和学习兴趣，明确学生学习的已有状态、潜在状态和差异状态，以为制定合理的教学目标，找出教学难点提供科学依据。

教学目标的撰写，重在表述学生通过本课学习在三维目标和历史学科核心素养方面要达到的程度。21世纪课程改革提出了三维教学目标，2017年教育部正式颁布的各学科课程标准提出了各学科的学科素养。教学目标的撰写既可以从三维教学目标着手，明确学生通过学习在"知识与能力"、"过程与方法"和"情感、态度与价值观"三个维度要达到的程度，也可以基于历史学科核心素养，采用五维撰写方式。撰写教学目标时必须注意体现"以学生发展为本"的教学理念，将学生作为实现教学目标的主体，并详细撰写实现教学目标的情境、手段、条件和程度，使之具有可操作性。

教学重难点的撰写，重在根据上述课标分析、教材分析、学情分析和教学目标分析的基础上，撰写本课的教学重点和教学难点。值得注意的是，教学重点主要是根据课标分析、教材分析和教学目标分析归纳出来的，而教学难点则是教师难教和学生难学的部分，主要是依据学情分析归纳出来的。有时教学重点也是教学难点，但有时教学重点并不一定是教学难点，教学难点也不一定是教学重点。

教学方法的撰写，重在撰写教师的教法和学生的学法的结合。"教学"是既包括教师的教，也包括学生的学。21世纪基础教育课程改革，将"过程与方法"列为三维目标之一，强调学生学习方法的培养。在"以学生发展为本"教学理念指导下，教学方法的撰写就要注重学生学习方法的培养，不仅写明教师的教法，更要写出学生的学法，或者撰写本课的学法指导。

教学过程的撰写，重在每一教学阶段教学活动的设计及其设计意图。历史教学过程是教学设计的重中之重，参照苏联凯洛夫五环节教学模式，课堂教学大体可分为复习旧课、导入新课、讲授新课、课堂小结和练习巩固5个环节。撰写教学过程就要详细撰写每一环节教学活动的设计依据和设计意图，撰写教师、学生、教学内容、教学媒体和资源在教学活动中的地位和作用。最好根据每节课教学内容的多少、难易程度及要使用的教学媒体和资源等因素，列出每一环节的大体时间。导入环节一般在3～5分钟为宜。讲授新课是课堂教学的主体，一般25～30分钟为宜。课堂小结是对每节课的总结提炼，对提升学生的认识有重要作用，一般5分钟较为适宜。巩固练习可以当堂对教师的教学效果和学生的学习效果进行评价，有利于教师和学生及时获得自己教学和学习反馈，找出存在的问题进行补充和完善。

教学反思的撰写，重点在于经过一次教学之后，对本课教学设计的优点与缺陷的反思，并及时更正改善，不断总结出教学设计的经验与教训，作为提高后续教学设计的基础。

（三）综合评价文本质量

撰写完教学设计的各项要素之后，将其作为一个整体进行总体审视，既保证各要素的内容完整准确，也要保证各要素之间有密切的联系，逻辑统一，共同组成一个有机整体。

对于最初的教学设计成稿，要自己先按照教学设计的内容与教研室或其他同事通过说课或演示课的形式进行切磋交流，听取他人的意见，进行修改完善。

第三节　常见问题

一、没有撰写文本或过于简略，操作性不强

教学设计是教师精心设计的教学计划，需要运用系统论的观点和方法，分析学习者的特征和学习需要、学习任务、教学材料、教学活动等诸多教学要素，以达到优化教学效果和促进学生发展的目的。但是，在实际的历史教学中，有些教师对教学设计的重视不够，认为自己教了多年的历史课，能出口成章、滔滔不绝，不愿意撰写教学设计；或者即使有教学设计，也十分简略，操作性不强。这导致教师在历史课堂教学中随心所欲，毫无计划可言，影响学生的学习与发展。

二、文本过于烦琐，缺少灵活性和开放性

尽管在设计教学过程时，教师已对课标、教材和学情等教学因素作了充分的分析，但是在实际的教学过程中，教师难免会遇到意想不到的情况，比如学生对某一历史知识的理解与教师的预想大相径庭，脱离了教师的教学设计。所以，教学设计在本质上讲是对一堂历史课的教学规划，应该具有开放性和生成性。但是，有些教师将其作为课堂教学的剧本，对教学活动的撰写非常烦琐，不容许有半点偏差，导致缺乏灵活性和开放性。

三、文本撰写逻辑混乱，前后不一致

在教学设计中，各个教学要素都是为实现课堂教学目标服务的，所以，各个教学要素之间有一定逻辑关系，共同组成了一个有机整体。但是，在教学设计撰写中，有些教师忽视了各个教学要素之间的有机联系，出现逻辑混乱、前后不一的情况。例如，对教学活动和教学方法的撰写与后面对教学重难点的撰写不一致，出现设计的教学活动和使用的教学方法既不能突出重点，也不能突破难点，不利于实现教学设计中的教学目标。有时，还会出现教学完成后的教学评价脱离教学设计中的既定教学目标的情况。

学习反思

1. 你认为历史教学设计对历史教学效果有哪些影响？

2. 你认为历史教学设计的文本撰写与教学设计各项要素的分析是什么关系？应如何合理处理？

3. 你认为表格式教学设计和叙述式教学设计各自的优势是什么？如何进行两者的转换？请将教材中《民国时期民族工业的曲折发展》教学设计转化为表格式。

拓展阅读

1. 袁从秀. 中学历史教学设计与案例研究［M］. 北京：科学出版社，2013.

2. 何成刚，赵剑峰，柯志强. 以历史解释为核心的教学设计——以"早期国家的产生与发展"为例［J］. 中学历史教学参考，2018(6).

3. 徐命超. 读人·读数·读图——《民国时期民族工业的曲折发展》教学设计［J］. 历史教学(中学版)，2015(7).

4. 王德民，李应平. 指向历史核心素养的教学目标设计［J］. 历史教学问题，2019(4).

5. 邓家勇. 核心素养视角下高中历史教学设计思考［J］. 中学历史教学参考，2019(3).

苏向荣、韩海燕《"开辟新航路"教学设计》

第二编　教学实施技能

引　言

　　教学实施是对课前教学设计进行检验的"战场"，历史教师的课堂教学技能决定了教学设计的实施效果。本编详述历史课堂教学实施的6种基本技能：教师首先应该具备丰富的教学语言技能（包括教学口语、形体语和书面语），良好的导入是一节课最好的开端，娴熟的讲授对于历史知识的学习必不可少，巧妙的过渡可使不同的教学内容和教学环节如行云流水般顺畅，不同类型和功能的提问对于学生历史思维能力的培养至关重要，精彩的结课除了系统总结梳理之外还可以锦上添花。6种基本技能前后联系，融为一体，共同组成了一节完整的历史课。

第六章　教学语言技能

内容提要

　　教学语言是教师进行课堂教学最重要的工具，不仅可以"教书"，还可以"育人"，并维护和管理课堂教学秩序。根据表达方式的不同，教师的教学语言可以分为 3 种，即教学口语、教学形体语和教学书面语。3 种教学语言内涵、特征各不相同，需要教师在日常教学工作中不断修炼提高，形成自己的教学语言特色。

第一节　教学语言的内涵与功能

一、教学语言的内涵

　　语言是教师课堂教学中最重要的工具，直接影响着课堂教学质量。所谓教学语言，指教师在教育教学工作中使用的各种语言，包括教学口语、教学体态语和教学书面语（主要指板书）。

二、教学语言的功能

　　美国传播学家艾伯特·梅拉比安认为，信息的全部表达＝7％语调＋38％声音＋55％表情，表明信息传播不仅需要口头语言，还特别需要表情等体态语言。在课堂教学中，知识的传播和学生学习情况的掌握，课堂教学秩序的维护与管理，师生之间的情感交流等都离不开教师的教学语言。教师的教学语言具有多种功能，主要包括以下 3 个层面：

　　（一）教学层面

　　著名教育家苏霍姆林斯基说："教师高度的语言修养，在极大的程度上决定着学生在课堂上脑力劳动的效率。"在如今资讯发达的社会，人们可以从多种渠道获得知识。但是，在学校的课堂教学中，教师的语言讲授依然是学生学习知识的重要来源之一。尤其是历史知识具有过去性和抽象性的特点，不利于青少年的学习和掌握，特别需要教师通过讲述和讲解，将抽象的知识具体化、形象化，以便于学生理解。同时，对历史知识进行提炼、总结，将其上升到理论层面，揭示历史发展规律，可帮助学生形成正确的历史认识。学生的学习效果如何也需要通过教师与学生之间的语言交流进行判断，以此为依据来调整自己的教学方法和教学进度。

（二）育人层面

"教书"与"育人"在课堂教学中是不可分的。教师的教学任务并不是单一的知识传播，同时还要与学生进行情感交流，立德树人。教师在课堂教学中的教学语言不仅仅传播知识，反映教师的专业和教学水平，还融入了教师的思想、道德和情操，反映教师的思想情感水平。在教学中，教师不仅用历史知识中的教育成分来教育学生，还要融入思想、道德和情感潜移默化地涵育学生。例如，在讲到《五四运动》这一课时，教师不仅通过讲述五四运动爆发的原因、过程和影响来教育学生为了祖国的独立而不怕牺牲，也要通过教师饱含深情的语言向学生传递在国家危难之时应爱憎分明，应向参与五四运动的青年学生和工人群众学习爱国主义精神和不怕牺牲的奉献精神。

（三）管理层面

课堂教学的顺利进行需要良好的教学秩序。教师的教学语言是维护与管理课堂教学秩序的必要手段。在教学过程中，教师可以通过不同的教学语言暗示、启发、表扬、警告等，来传递学生应该做什么、不应该做什么的信息。例如，教师在讲课过程中发现有学生不专心，偷偷看课外书，教师可以在不干扰正常上课的同时，自然地走到这个学生身边，轻敲桌子给予警告。这样既不打断上课的正常秩序，又对不专心听课的学生起到了警告和制止的作用。

第二节　教学语言的分类与特征

一、教学语言的分类

（一）口头语言

口头语言是以音和义结合而成，以说和听为传播方式的有声语言。在教学中主要是教师的有声教学语言。

（二）形体语言

形体语言，又称肢体语言或身体语言，指通过头、眼、颈、手、肘、臂、身、胯、足等人体部位的协调活动来传达思想，借以表情达意的一种无声语言。

（三）书面语言

书面语言主要是指在课堂教学中，呈现在黑板或教学课件上的文字，包括板书和 PPT 呈现的各种材料。其中板书是最重要的教师书面语言。

二、教学语言的特征

（一）规范性

"学高为师，身正为范"，教师的这种职业特性决定了教师在课堂教学中应时刻注意自己的言行对学生的示范性影响。因此，不论是教师的口头语言，还是形体语言和书面语言，都要符合我国学校教学的相关要求。第一，在教学中必须使用普通话(少数民族语言除外)，在教学管理中要使用文明用语，多鼓励和启发学生思考。第二，教师在课堂教学中的形体语言与日常生活中的身体语言不同，应符合课堂教学需要，符合教师的角色要求。第三，教师的板书，不仅要符合我国汉字书写的标准，还要符合板书的相关规范。

（二）互补性

在历史课堂教学活动中，3 种教学语言相辅相成。由于历史学科知识过去性和抽象性的特点，课堂教学离不开教师的口头讲授。为提高教学效果，讲授的同时还要书写板书。为保证课堂教学的顺利进行，教师需要运用眼神、表情、手势、步伐等维护正常的课堂秩序。

（三）针对性

面对不同年级和学段的学生，教师所使用的教学语言应"因人而异"，具有一定的针对性。初一学生刚刚接触历史课便遇上抽象、难懂的中国古代史，教师应使用具体、形象、生动的教学语言，以激发学生的学习兴趣，达成对历史的初步理解。高中生已经形成了相对完整的历史认识，抽象思维获得了一定发展，有利于对历史事件、历史人物和历史现象进行深层认识，教师应注意教学语言的理论性和思辨性，帮助学生形成对历史全面而深刻的理解。

此外，历史教师的教学口语还应具有历史学科特色，使课堂教学体现出历史感。以时间为例，应尽量使用世纪、年代、朝代、皇帝年号等历史时间概念。

第三节　教学语言修炼的策略与方法

一、口头语言修炼的策略与方法

（一）说好普通话，掌握历史专有名词的正确读音

讲好普通话是我国教师的基本素质之一，教师首先应练就一口标准的普通话。中学历史教科书中有很多专有名词，特别是地名和人名具有独特的读音。为保证课堂口头语言的正确性，教师应在课前使用《汉语大词典》等工具书掌握这些专有名词的正确读音。

（二）把握不同教学内容的语速、语调、语气

历史知识具有浓厚的人文性，不同的教学内容会给学生带来不同的感情体验。为了准确传递教学内容的人文性，教师需要运用不同的语速、语调和语气来传达。例如，讲到我国古代灿烂文明的历史知识时，教师应用缓慢的语速、高亢的音调、自豪的语气，让学生对我国古代辉煌文明感到自豪与骄傲。讲到日本侵略者对我国人民惨无人道的屠杀和掠夺时，教师应用平缓的语速、低沉的语调和悲愤的语气，让学生体会到日本侵略者的

凶残和同胞的悲惨。

（三）在模仿借鉴中逐渐形成自己的教学语言特色

著名艺术家毕加索说过："模仿是人类一切学习的开端，然后才是创新，最后是你的自主。"想成为一名出色的历史教师，应形成自己的教学特色，其中的教学语言特色至关重要。从一名职前教师成长为一名具有自己教学特色的优秀历史教师，需要付出巨大的努力。但是，借鉴前辈的成功经验可以大大提升自我成长的速度。所以，名师的现场授课、教学视频、教学设计或教学课例等都是非常宝贵的资源，新手教师应该认真学习，反复揣摩，先模仿后创新，最后逐渐形成自己特色的教学语言。

二、形体语言修炼的策略与方法

（一）掌握教师形体语言相关知识

鉴于形体语言在信息传递中的重要作用，师范生应主动掌握教师形体语言相关知识。可以在系统学习《身体语言》①的基础上学习《优秀教师的语言艺术》②中专门论述优秀教师体态语言的相关内容。

（二）在实践中形成得体的形体语言

在教学之初，教师的形体语言或多或少带有一定的缺陷或不足，如教师走动过快、小动作频繁等。"不识庐山真面目，只缘身在此山中"，课堂教学中的形体语言要恰当、得体，教师可以向学生和其他教师主动调查咨询，发现并纠正自己形体语言上的不足。为尽快养成恰当的形体语言，要在日常实际教学中不断练习积累，还要观察、模仿、借鉴其他教师的课堂教学，扬长避短。

二、书面语言修炼的策略与方法

（一）练习粉笔字，由正确到优美

提升书面语言，先从练好粉笔字开始。师范生首先要保证不出现错别字和

---

① ［英］博格：《身体语言》，重庆，重庆出版社，2010。
② 倪三好：《优秀教师的语言艺术》，芜湖，安徽师范大学出版社，2013。

笔画错误,在此基础上进一步提升粉笔字的美观性,最后达到书写快速、优美。

(二)了解板书相关知识,通过练习达到精通

1. 掌握板书设计原则

(1)提纲挈领

板书不是所有教学内容的复制,而是对一节课堂教学内容的提炼。因此,进行板书设计首先要能概括本课的主要内容,体现教学重点,反映知识间的内在联系,展现历史发展的演变过程,培养学生的概括能力。

(2)布局合理

课堂教学板书由标题、正板书和副板书3部分组成,以正板书为主,副板书为辅。正板书是对课堂教学内容的提炼,能帮助学生对课堂教学进行归纳总结;副板书主要是学生不熟悉的人名、地名或其他历史专有名词,以帮助学生理解。教师在进行板书设计时,要注意布局合理、条理清楚。教师要先吃透教材内容,把握教学重难点,以确定正、副板书的内容。在此基础上,合理安排正、副板书的位置。一般来讲,标题位于黑板(或白板)的中上位置;正板书在标题左下方,占黑板面积的 2/3,随着教学内容的展开,向右逐渐展开,整堂课保留;副板书在黑板的右侧,占黑板面积的 1/3,随手书写,可以及时擦掉。还有一种布局,正板书在黑板中间,占 2/3;副板书在两边,占 1/3。

2. 熟悉历史课板书类型及特点

历史课板书类型有很多,下面介绍几种常用的形式。

(1)纲要式板书

纲要式板书是按照教学内容和教师的讲授顺序,以纲要的形式书写教学内容知识结构的板书形式。这种板书能突出重点、凸显层次和结构。

【案例 6.1】

岳麓版必修一第 2 课《大一统与秦朝中央集权制度的建立》板书[①]

一、背景

　1. 诸侯争霸

　　(1)背景:礼崩乐坏

　　(2)表现:战争频繁

――――――――――

① 本案例由山东师范大学附属中学田雪莲老师提供。

  2. 秦朝统一

   (1)条件：变法图强

   (2)时间：公元前 221 年

   (3)意义：第一个统一的封建王朝

二、特征：权力高度集中

三、内容：

  1. 皇帝制度

   (1)皇权至上

   (2)"家天下"皇位继承

  2. 中央官制——三公九卿

   (1)分工：丞相、御史大夫、太尉

   (2)特点：配合牵制

  3. 地方体制——郡县制

   (1)目的：控驭疆土

   (2)内容：郡县两级

   (3)特点：官吏中央任免、不能世袭

   (4)作用：加强了中央集权

  4. 选拔考察管理的制度

  5. 秦律：细密严苛

四、影响：

  1. 打破贵族分封

  2. 奠定封建制度基础

  3. 提高行政效率

  4. 对后世影响深远

(2)图示式板书

  图示式板书是将有一定意义的符号、箭头、线条和文字组合在一起的板书形式。这种板书可以将抽象的教学内容直观化，便于学生理解。

【案例 6.2】

  部编历史七年级第 13 课《宋元时期的科技与中外交通》板书①

———————————

  ①　本案例由山东师范大学第二附属中学郭燕飞老师提供。

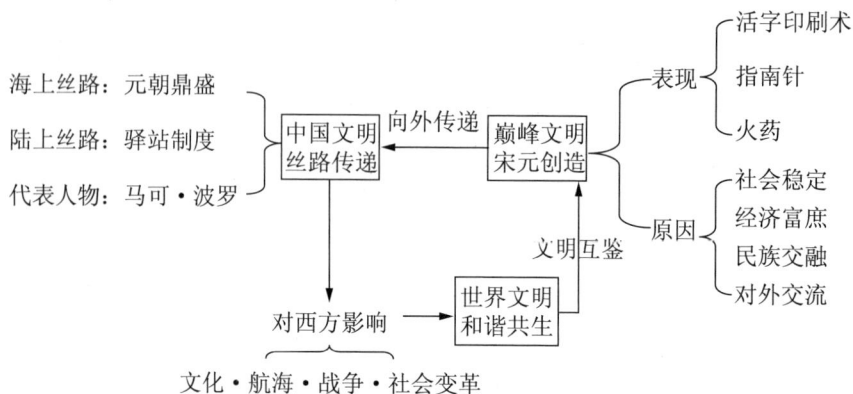

（3）时间轴式板书

时间轴式板书是以时间为主线，将一方面或多方面的历史事件或历史现象串联起来，形成相对完整的历史发展记录体系。这种板书形式有利于帮助学生理清历史事件或历史现象的发展脉络。

【案例 6.3】

岳麓版必修三《近代中国思想解放的潮流(1840—1919)》板书①

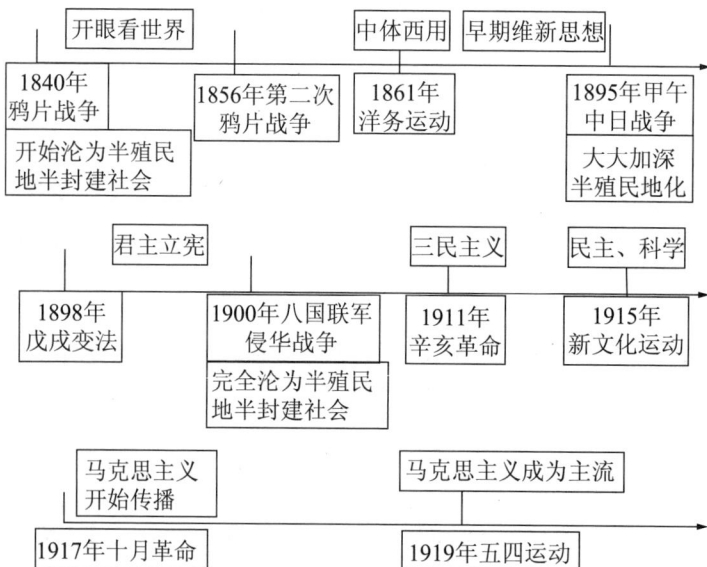

————————

① 本案例由山东省实验中学唐辉老师提供。

近代中国思想解放潮流的特点:

1. 主题:学习西方与救亡图存相结合,体现出反封建反侵略的性质。

2. 内容:由器物到制度再到思想文化,体现出了由浅入深,由表及里逐步深化的特点。

(4)表格式板书

表格式板书将教学内容按照不同项目或类别设计成表格,或教师边讲边填写,或学生用简要词语填写。这种板书尤其适合历史知识的比较。

【案例 6.4】

部编版高中历史《中外历史纲要》第 22 课
《南京国民政府的统治和中国共产党开辟革命新道路》板书①

一、南京国民政府的统治	二、中国共产党开辟革命新道路	
1. 政治:国民党一党专政统治确立	1. 武装反抗之路	南昌起义
		八七会议
		秋收起义
2. 经济:民族工业在夹缝中发展	2. 工农割据之路:农村包围城市,武装夺取政权	
	3. 独立自主之路:红军长征、遵义会议	

(5)问题式板书

问题式板书将教学内容以问题的形式进行板书,通过宏观或微观的设问,书写教学的主要内容及其所包含的详细知识点。这种板书以问题为导向,将复杂的历史知识化繁为简。

【案例 6.5】

部编初中历史八年级第 1 课《鸦片战争》板书②

一、鸦片战争与林则徐禁烟

---

① 本案例由山东师范大学附属中学孟伟老师提供。

② 本案例由山东大学附属中学乔凯老师提供。

1. 鸦片战争爆发前，中英两国的政治、经济、军事、对外关系状况如何？

2. 鸦片战争爆发前，中英两国贸易状况如何？

3. 英国为什么要向中国走私鸦片？

4. 鸦片输入中国带来什么严重危害？

5. 林则徐等人对鸦片输入持何种态度？

二、英国发动侵略战争

1. 如果没有林则徐虎门销烟，英国就不会发动这场战争吗？

2. 鸦片战争经历了怎样的过程？

3. 清军为什么会在战争中失败？

三、《南京条约》的签订

1.《南京条约》包括哪些内容？

2.《南京条约》的签订对中国产生了怎样的影响？

3. 为什么鸦片战争是中国近代史的开端？

3. 练习板书的设计与书写

掌握了历史教学中板书的相关知识后，要尝试练习板书的设计与书写，完成后与名师的同课板书进行比较，找出自己板书的优点与缺陷，找到名师板书的可借鉴之处来改进自己的板书。经过这样不断练习，融各家所长于一身，形成自己的板书特色。

（三）练习制作 PPT，由低效到高效

在多媒体教学设备普及的今天，教学课件（主要是 PPT）已经成为中学课堂教学中不可缺少的工具，承担着展示文字、图画、音频和视频等不同类型教学内容的任务。所以，PPT 也是教师无声的书面语言的一种重要形式，来配合教师的有声讲解。在有限的教学时间里，学生对信息的接收量也是有限的。所以，PPT 上的内容（包括形式和教学内容）应该适当，既与教材内容相辅相成，也与教师的讲解相互配合。否则，太简单会达不到教学要求，太复杂或花哨则喧宾夺主，导致学生注意力的分散。

第四节　常见问题

一、口头语言的常见问题

(一)语音问题

教师口头语言最基本的是语音问题。首先，是普通话不标准或上课使用方言。其次，是读音错误。许多历史专有名词的发音是不常见的，教师若不事先查阅，就会出现读音错误。再次，是语速和语调问题。为了保证课堂教学中每位学生的学习效果，教师讲课的语速应该适中，保持在每分钟150～200字，语调高低适度，具有抑扬顿挫的节奏感。有些教师由于个人讲话习惯或紧张等原因，语速过快或过慢，语调过高或过低，又或者节奏单调而没有抑扬顿挫。最后，是音量问题。不论教室中学生的多少，教师的音量都要保证每个学生能听清楚教师的声音，最简单的判定标准是教室最后一排学生也能听清。

(二)讲课的语言问题

课堂教学，特别是历史课堂教学离不开教师的讲述和讲解。教师生动、有趣的讲述和逻辑清晰、语言简练的讲解，可帮助学生形成合理的历史想象和科学深刻的历史认识。有些教师在讲述时语言缺乏生动性和趣味性，夹杂着学生难以理解的历史专业术语，晦涩难懂，缺少情境的营造，学生难以理解；在讲解时逻辑前后不一，语言拖泥带水，能用一句话解释清楚的却不断地重复解释。有的教师有严重的口头禅，例如一节课上说了上百个无意义的"对不对"、"是不是"等。

(三)管理的语言问题

教师在课堂教学中用口头语言维持课堂教学秩序，应针对中学生自尊心强等心理特点，多使用鼓励和理解的语言，获得学生的真心认同。有些教师语言过于严厉，超过了学生出现问题应有的程度，甚至不尊重学生等。例如，一位同学在上课期间趴在桌子上，教师不分青红皂白就大声斥责，忽视了学生趴在桌上可能有多种原因，比如身体不舒服等。

二、形体语言的常见问题

(一)形体语言单一

形体语言具有重要的传情达意的功能，正如有研究指出，在日常生活中身体语言发出的信息量是口头语言的 5 倍。所以，一堂精彩的课，不仅要求教师"讲"的精彩，还要适当的"动"起来。例如，讲到司母戊大方鼎，教师可以用手比画其长、宽、高，或用身体高度作对照，使学生形成直观的认识。在实际的教学过程中，有的历史教师的形体语言非常单一，就是往桌前一站，两手支在桌上念教案或 PPT，既没有与学生的眼神交流，也没有随讲课内容而不同的面部表情、肢体动作等的变化。教师就像一个播放机，没有发挥形体语言应有的功能。

(二)形体语言过多

教师的形体语言很重要，但是也要适量。若形体语言过多，会分散学生的注意力。例如，一般来讲，教师授课时的活动位置主要在每一位同学都能看得见的讲台上，偶尔也可走到学生中间。有的教师不停地在教室里走来走去，引起学生注意力分散。教学重要之处用手敲一下黑板，可引起学生的重视，但不分轻重不停地敲黑板，导致学生反感和迷惑。

(三)形体语言失当

教师的形体语言对学生具有重要的示范作用，应尽量得体，体现出教师应有的风度和魅力。形体语言失当，会带来不良影响。例如，有的教师倚靠讲桌或黑板，双手交叉抱在胸前或背在身后，给学生一种傲慢的感觉；有的教师脚蹬墙面，或作出不雅手势等。教师还要注意和学生之间的身体距离，特别是异性之间。距离过远，有拒人千里之外的感觉；过于亲近，不利于建立良好的师生关系。

三、书面语言的常见问题

(一)书写错误

在课堂教学过程中，教师书面语言的书写错误有两个，一是书写时机不对，不是随着教学任务的展开逐次板书，而是上课之初就写完，或全部讲完才书写板书，不能与教师的口头语言教学相配合；二是书写时出现文字错误，比如错别字、笔画顺序错误等。

（二）书面语言过于简略与过于繁杂

教学过程中的书面语言，包括板书和 PPT 的内容应根据学生的学习水平、教学内容的多少和难易进行合理设计，既能帮助学生掌握学习内容，又不会增加学生的学习负担。以板书为例，有的教师只撰写本课的课题和子目的标题，对学生的指导意义较低。如果把很多内容都写到板书里，整个黑板密密麻麻，会导致学生分不清主次，既增加学生笔记负担，也影响学习效果。

（三）书面语言设计不当

板书设计中最常见的是正板书与副板书不分，掺杂在一起。不同特点的历史教学内容应尽量使用不同形式的板书，有的教师一概使用纲要式板书，形式过于单一。教学课件一般 15～20 张 PPT 比较合适，有的一节课四五十张，学生根本没有时间理解其内容；低于 10 张则过于简单，很难为课堂教学提供必要的资料。

学习反思

1. 在以往的历史课堂学习中，你遇到的历史教师的教学语言问题有哪些？请列举并提出解决方法。

2. 你认为中学历史教师的教学语言中哪一种语言对历史课堂教学的影响最大？为什么？

3. 你认为应如何合理处理 3 种历史教学语言的关系？

拓展阅读

1. 盛刚，仲燕. 中学历史教师教学语言锤炼初探——读郭富斌老师《寻找中国的 DNA》有感[J]. 中学历史教学参考，2015(2).

2. 苏华南. 初中历史课堂教学语言运用技巧[J]. 教育实践与研究，2016(11).

3. 王刚. 历史教学中的语言艺术[J]. 历史教学问题，2012(10).

4. 冯克云，李惠军. 关注那个不被关注的细节——例谈历史学科课堂教学中文字性语言的设计[J]. 中学历史教学参考，2005(12).

5. 魏晓慧. 高中历史教学板书运用研究[D]. 上海：华中师范大学硕士学位论文，2014.

6. 刘春慧，刘自匪. 板书技能演示技能[M]. 北京：人民教育出版社，2001 年.

7. 倪三好. 优秀教师的语言艺术[M]. 芜湖：安徽师范大学出版社，2013.

陈玉滢《美国内战》教学语言技能视频

第七章　导入技能

内容提要

　　导入是课堂实施的开始，它的成败往往影响整堂课的教学。依据手段不同，导入可以细分为多种类型。每种类型的导入都有其特点和适用范围，在选择和使用时要遵守一定的原则，掌握一定的技巧，这样才能保证导入的有效性。在日常教学中，导入的常见问题有不重视导入，导而不入，形式单一等。

第一节　导入技能的内涵与功能

一、导入的内涵

　　导入，即引导进入，是指教师引导学生进入新知识的学习。新课改后，王宝大较早明确了导入的概念，在《导入技能　结束技能》一书中明确导入是指"在讲解新知或教学活动开始之初，教师有意识、有目的地引导学生进入新的学习时境的一种方式，是课堂教学的启导环节、领起环节。"[①]

　　随着新课改的深入，后来学者又丰富了导入的内涵，比如彭保发认为："导入技能是教师在一个新的教学内容或教学活动开始的时候，运用一定的方式，让学生预见教学目标、教学内容以及教学方式，引导学生做好心理准备和认知准备，进入学习情境而采用的一种教学行为方式。也就是引起学生注意、激发学习兴趣、引起学习动机、明确学习目的和建立知识间联系的教学行为方式。应用于上课之始或开设新学科，进行新单元、新段落的教学过程之中。"[②]

---

① 王宝大等编著：《导入技能　结束技能》，2页，北京，人民教育出版社，2001。
② 彭保发：《微格教学与教学技能》，22页，南京，南京大学出版社，2011。

　　从上述表述中，我们可以理清导入的几个要点：首先，要在新知识或者教学活动开始之初实施；其次，导入活动不是漫无目的的，其唯一目的就是引导学生进入新的学习情境；再次，导入不是任意为之，一定要遵循教学理论和教学原则；最后，导入方式方法不是固定、唯一的，可以根据需要来确定。最后导入的时间应当是简短的。

二、导入的功能

　　导入是课堂教学的第一步，虽然用时不长，但关系着学生的学习状态，其作用至关重要，因此，有人将导入比作运动员运动前的热身准备，它有利于运动员水平更好地发挥。卫建国认为"导入的作用从学生认识的规律来看可以分为再现、联结；从教学任务的完成来看可以分为指向、提示；从学生学习积极性的调动来看可以分为收心、激趣、激情和启思"[①]。我们将从学生、知识、教师3个层面介绍导入的功能。

（一）学生层面

　　1. 集中注意力。"俄国著名教育家乌申斯基把注意形象的比作通向心灵的唯一的门户，知识的阳光只有通过注意这扇门户才能照射进来。"[②]确实，从心理学上来讲，任何心理过程的发生都离不开注意，学生的学习也是如此。注意力是否集中直接影响学习效果，所以导入的首要作用是集中学生注意力。中学生自觉集中注意力的能力还比较弱，上课铃响后，他们可能还沉迷于课间的游戏或者前一节课的知识中，教师在上课伊始就通过导入给学生一定的强烈刺激，让学生从课间活动中把心收回来，尽快把注意力集中到新的学习内容上。这样，教师接下来的讲授才能"照射"进学生的心里，收到事半功倍的效果。

　　2. 激发学习兴趣。苏霍姆林斯基说："如果教师不想办法使学生产生情绪高昂和智力振奋的内心状态就急于传授知识，那么这种知识只能使人产

---

　　①　卫建国、张海珠主编：《教学技能导论》，10页，北京，北京师范大学出版社，2012。

　　②　叶奕乾、祝蓓里：《心理学》，60页，上海，华东师范大学出版社，1996。

生冷漠的态度，使他们不懂感情的大脑极容易变得疲劳。"①如何使学生产生情绪高昂和智力振奋的状态呢？古人云："知之者不如好之者，好之者不如乐之者。"兴趣是最好的老师，也是学生学习的巨大推动力，所以导入的重要功能就是激趣。有效的导入可以成功地激发学生学习的兴趣和求知欲，让他们自觉、主动地学习，迫切地渴望找到答案。

（二）知识层面

1. 实现新旧知识的衔接。建构主义认为，学生对新知识的学习是基于原有的知识经验生成意义、建构理解的过程。也就是说，必须与原有的知识经验发生联系，这种学习才是有意义的。导入可以提供新旧知识的关联点，为学生接下来能动地建构提供帮助。通俗地说，有的学生在学习新知识时会有畏难情绪，教师所常用的复习导入一般选择之前学过的与本节课关系密切的知识进行提问，这有利于学生将原有知识与新知识挂钩，所谓温故而知新，从而较为容易地获得新知识。

2. 呈现本课的主要知识结构。导入有总领的作用，它可以呈现本节课的主要知识结构，对教学内容作总纲式说明，让学生对所学知识有总体性的认识，为后面的深入学习打下基础。有经验的教师会在导入时就考虑为教学目标和重点服务，通过告知学习目标的方式引导学生进行新知识学习；通过定位本节课的重难点引导学生放置着力点，因为一节课 40 分钟，学生的思维不可能一直活跃，必须用学生思维活跃的时间来学习重点内容。在导入时，教师用呈现知识结构的方式帮助学生区分重点和非重点是很有必要的，也是导入的重要功能。

（三）教师层面

1. 沟通师生的情感。一般说来，学生在中学阶段感性是多于理性的，往往会因为喜欢或讨厌一个老师而喜欢或讨厌这门课程。基于此，教师要想让学生喜欢这门课，认真对待这节课，就需要与学生多沟通感情。经验丰富的教师会通过导入与学生交谈沟通，消除学生的紧张心理和对新知识的陌生感，活跃课堂气氛。总之，上课一定要先暖场，哪怕讲讲自己的见闻或者热点新闻，这样会让学生对老师产生亲切感、鲜活感，为上好课打

---

① ［苏联］苏霍姆林斯基：《苏霍姆林斯基选集》，转引自刘素梅主编：《初中教学经典细节及对策》，20 页，长春，东北师范大学出版社，2010。

下基础。

2. 创造氛围与情境。学生进入新知识的学习需要一定的心理准备，而课间学生活动丰富，有时上课铃声响了都未必听见；有时人坐在座位上，心还在课堂外，所以上课之初，教师要通过导入渲染气氛，创造情境，让学生收敛与学习无关的思维，按照教师的引导迅速进入预定的学习轨道，也就是说，恰当的导入可以帮助教师转移学生兴奋点，将注意力指向即将学习的新知识，教师接下来的教学会比较顺利地推进。

3. 表达教学目标。"目的性是人类实践活动的根本特性之一，教学有无明确的目的和学生是否明确目的是衡量教学成功与否的重要标准。"[1]如果学生不知道这节课要做什么，不知道重点在哪里，教师讲一点就听一点，完全被教师牵着鼻子走，学生的学习会比较盲目，认识会比较琐碎。教师在导入时可以用提问题的方式告诉学生本节课我们就要寻找这个问题的答案，或者我们将会学习一种特殊的方法等，使学生对学习目的有明确的了解，学生上课时自然会调整和控制自己的学习行为，着重认真学习与此相关的内容，从而产生良好的学习效果。

总之，优秀的导入可以集中学生注意力，调动学生的学习兴趣，使其很快融入新课的学习；也可以帮助学生建立新旧知识之间的联系，为接下来新知识的学习打好基础；也可以帮助教师创造良好的讲授情境，使学生尽快进入课堂学习的轨道。

第二节　导入技能的分类与特征

一、导入的分类

依据不同的标准，可以对导入进行不同的分类。依据教学内容的范围，导入可以分为课程导入、模块导入、单元导入和课时导入；依据导入目标，导入可以分为知识导入、能力导入、情感导入和兴趣导入；依据导入参与人，导入可以分为教师独导型、师生共导型；依据导入媒介，导入可以分为言语导入、活动导入、材料导入等。我们按照导入特征详解如下：

---

[1]　胡淑珍主编：《教学技能》，58 页，长沙，湖南师范大学出版社，2000。

（一）言语导入

此类导入是以语言运用为主要媒介，教师运用语言有意识、有目的地引导学生进入新的学习时境，主要包括直接导入、标题导入、谈话导入等。

1. 直接导入。直接导入是常态课中教师最常用的方法，教师通过简洁的讲述或者设问，说明教学任务，阐明学习要求，引起学生的注意和重视。这种导入方法直入主题，针对性强，但有可能过于平淡，无法激起学生学习动机和兴趣，教师要谨慎使用。教师在直接导入时，一定要注意语言的精练，并且尽可能的借助一定的直观手段，建议在高年级使用。

2. 标题导入。标题导入在常态课中也非常常见，教师首先板书标题，通过探讨标题内容、内涵等入手，引导学生分析，进入新课。这种方法非常直接，可以快速聚焦，但不容易感染学生。教师在使用标题导入时，一定要善于引导，方能实现顺利过渡。

3. 谈话导入。谈话导入是师生通过谈话的方式进行交流、讨论的一种导入方法。这种导入方法如春风化雨、润物无声，在循循善诱中、在轻松的谈话中调动学生的情感因素，拉近师生的距离，使学生不知不觉中进入新知识的学习轨道。但设计谈话内容不可以天马行空，一定要从学生的实际出发；教师的语言不能过于生硬，要和蔼可亲，让学生愿意参与谈话。

（二）活动导入

此类导入是以活动发生为主要媒介，教师组织特定的活动有意识、有目的地引导学生进入新的学习时境，主要包括游戏导入、表演导入和辩论导入等。

1. 游戏导入。游戏导入是教师通过组织学生做游戏的方式，比如猜谜语、开火车，引导学生进入新课的一种导入方法。喜欢游戏是孩子的天性，所以通过游戏方式导入新课是非常受欢迎的，不管是动手，还是动脑，学生都乐于参加，他们可以在玩中学，在乐中学。但游戏导入有不可控因素，学生可能过于活跃，导致教师难以掌控导入的时间。教师在使用游戏导入时，一定要定好规则，比如我们给每组一次机会等，防止导入脱轨。

2. 表演导入。表演导入是教师通过组织学生表演的方式，引导学生进入新课的一种导入方法。表演导入可以充分满足学生的表演欲，又能引导学生进入教学情境，提高教学效率，非常适合历史课。但表演导入成本比较高，学生需要较长的时间去准备，并有不可控的因素，且适用面比较窄。

在使用表演导入时，教师要提前作周密思虑，妥善安排，让表演的学生和观看的学生都兴致盎然，防止上面演，下面嬉笑。

3. 辩论导入。辩论导入是教师提供两种截然相反、针锋相对的观点，使学生产生思想冲突，引导学生进入新课的一种导入方法。辩论导入可以锻炼学生的思维能力，也可以让学生更全面、更深刻地看清问题，比较适合有争议的历史事件或者人物。但辩论导入的成本也比较高，学生需要提前查阅大量的资料，作充分的准备。在辩论导入时，教师不能只做旁观者，要适时地做引导和维持秩序，防止乱哄哄的听不清，也要防止有学生跟着瞎起哄。

4. 实验导入。实验导入是教师通过直观形象的实验，引导学生思考并进入新课的一种导入方法。实验导入可以锻炼学生观察能力、动手能力，也可以让新知识更加直观、形象，非常适合理科科目，尤其是物理、化学、生物和心理等科目。其实历史课也可以有实验，比如英国增加印花税，殖民地人们的感受是怎样的？有教师就通过实验方法让学生感同身受。虽然历史课使用实验导入的情况非常少见，但也不能完全忽视。

（三）材料导入

此类导入是以材料的使用为主要媒介，教师运用特定的材料有意识、有目的地引导学生进入新的学习时境，主要包括成语故事名言等导入、实物图片视频等导入、经验实例时事等导入等。

1. 成语故事名言等导入。成语故事名言等导入是教师通过展示或者讲解成语故事名言等材料，引导学生进入新课的一种导入方法。故事有丰富的情节，所以我们都爱听故事。在漫漫的历史长河中，故事多到不胜枚举，有悲壮的，有热血的，有凄凉的，有幸福的，有些故事经久流传，变成了成语或者典故，其本身蕴含着丰富的哲理和趣味，用此类材料导入，既可以丰富学生的传统知识，又可以调动学生的兴趣，还可以让学生体悟其中的哲理。但故事不能太长，尽量选择有趣、有悬念的。另外，一定要根据教材内容，选讲有密切关系的故事，且不能仅仅停留在故事上，教师必须引导、分析、连接新知识。

2. 实物图片视频等导入。实物图片视频等导入是教师引导学生观察实物、图片、影视作品等，让学生从中发现问题，从而进入新知识学习的一种导入方法。这种导入方法可以让抽象的知识具体化、形象化，容易引起学生的学习兴趣，也可以培养学生的观察力，丰富学生的想象力，尤其适用于低年级学生。这类导入中一定要有问题，指明学生思考的方向，否则就只是看热闹，起不到实际作用。另外，所用材料必须与新知识密切相关，教师不能只做旁观者，要引导学生进行观察，适时地提出问题，启发学生思考。

3. 经验实例时事等导入。"经验导入是以学生的生活经验和熟悉的某些事物为出发点，通过提问、讲解，引起学生对已有经验的回忆，引导学生发现与该经验密切相关的新课内容的一种导入方式。"[1]课本知识离学生比较远，学生对其缺乏感情基础，教师从生活经验或者学生身边的实例导入，会让学生觉得非常亲切，缩短知识与现实的距离，有利于产生情感的共鸣，有利于知识的迁移。使用这类导入要注意，时事不能虚构，最好是最近的新闻时事。另外，不能是学生太熟悉的，最好是选择那些一知半解的经验或者实例，或者与原来的认识有冲突的，学生会产生迷惑进而产生解决问题的动机。

4. 教科书材料导入。教科书材料导入是教师运用教科书中的史料、人物、导言等材料，通过讲解或提问，引导学生进入新知识学习的一种导入方法。教科书是历史课程核心的教学材料，是根据教育目的和课程目标而编写的，它科学严谨，适用学生的学习，所以我们主张首先应该将教科书中的材料用尽。教师用教科书中的材料进行导入，可以拉近学生与教科书的距离，引导学生主动地去关注教科书。但这种导入方法也可能因为材料缺乏新颖感，无法引起学生的兴趣，所以教师应注意使用技巧。

还有一类导入既可以使用语言，也可以使用行为，还可以使用材料引导学生进入新的学习时境，所以无法明确归入以上 3 类，比如复习导入、悬念导入、问题导入、情境导入等。限于篇幅，就不一一详细介绍了。

二、导入的特征

(一)启导性

导入，顾名思义，引导进入，所以导入最典型的特征应该是启导性。教师通过启发，引导学生进入新课程的学习，学生有了动机和兴趣，课堂就成功了一半。总之，具备了启导性的导入才是真正的导入，才是有效的

---

[1]　卫建国、张海珠主编：《教学技能导论》，7 页，北京，北京师范大学出版社，2012。

导入。

(二)概括性

不管是课时导入，还是课中导入，时间都不能太长，这就决定了导入要有高度的概括性。导入的语言必须言简意赅，内容必须高度概括，否则就会侵占后面正课的时间，也会让学生逐渐丧失兴趣，无法达到导入应有的效果。

(三)指向性

导入必须明确指向性，不能天马行空，任意引导。本课的导入就要指向本课所要学习的内容，否则就是无的放矢，学生无法建立导入与新知识之间的关系，无法水到渠成地进入新课，结果是导致导而不入。

(四)直观性

导入一般以生动、形象、直观的事物为基础引入新知识，这决定了导入的直观性。如果太深、太绕，时间耗费的过多，可能会导致学生迷惑、走偏，甚至对即将学习的新知识失去学习兴趣。

第三节 导入技能的策略与方法

一、导入的原则

(一)导入的选择原则

导入策略的选择，应取决于3个要素："一是学生的生活阅历、原有认知水平、年龄特征、心态和思维方式；二是要考虑教学内容的规定与需要；三是教师个人的素质和审美情趣。在上述3个因素中，第一个是基础，是根本；第二个是依据；第三个是灵活运用和创造的条件。"①据此，导入的选择要依据以下原则：

1. 针对性。导入的方式五花八门，选择时一定要有明确的针对性。针对性是指既要针对教学目的和内容，又要针对学生，还要针对教师。首先，导入的目的是进行新课的讲解，所以导入一定要与后面即将学习的知识有

---

① 　王宝大等：《导入技能 结束技能》，74页，北京，人民教育出版社，2001。

或明或暗的联系，如果与后面所讲的知识脱节，这种导入就是无效的。不同类型的课导入方式不同，同一类型不同内容的课导入方式也应该不同。其次，对不同地域的学生、不同年龄段的学生、不同水平的学生、不同性格的学生都应该对导入策略有所调整。最后，针对教师自身的特点，要学会扬长避短，没有幽默感的教师讲笑话往往达不到预期的效果。总之，无论选择何种导入方式，都应该确保是针对教学目的和教学内容的，并且服务于教学整体。

2. 启发性。著名特级教师于漪说："课的第一锤要敲在学生的心灵上，激发起他们思维的火花。"启发是指教师以学生为中心，引导学生主动、积极地学习和探究。选择导入一定要有启发性，有启发性的导入才能够启发学生的思维，激发学生想解决问题的愿望，促使学生自主地去探究。否则，导入的功能可能无法真正实现。

3. 趣味性。导入的重要作用之一就是引起学生的兴趣，让学生产生强烈的解决问题的愿望。学生会对感兴趣的东西优先注意、主动探索。一般说来，一个人越是有兴趣，他观察的就越仔细，思维就越活跃。如果一堂课一开始就是索然无味的，那么后面的教学效果就可想而知，所以，选择导入要遵循趣味性原则。

4. 多样性。我们知道，每一种导入都有其适用范围，只有合适的导入，没有最佳的导入。导入没有固定的套路，也不应该有固定的套路。课堂是一个动态变化的环境，根据不同的教学内容和教学对象，教师要采取灵活多变的方法导入。一般说来，越是新颖多样，越容易引起学生的注意，给其耳目一新的感觉，所以，教师要尽可能用新颖的材料、新奇的角度，各种方法交叉使用，让学生常有新鲜感。

（二）导入的使用原则

1. 简短精悍。导入不是课的主体部分，它是为教学目的服务的，其目的是进入新知识的学习，一节 40 分钟的课导入以 3 分钟为宜，不能超过 5 分钟。过于烦琐的导入容易偏离主题，或者让学生产生疲劳，对即将讲授的内容失去兴趣。导入要简短精悍，要用最少的时间，取得最好的效果。

2. 言简意赅。受导入时间的限制，导入的语言一定不能拖泥带水，要言简意赅，直截了当，迅速引导学生把握课题。但用词一定要恰当，不能信口开河。

3. 先导后入。所谓导入，一定要先导再入，也就是说，要先使用引导方法，然后再揭示主题，这样才能保证导入的效果，增加吸引力，否则会有画蛇添足之感。

4. 预留悬念。从心理学上来讲，暂时的困惑可以激发强烈的学习愿望。所以，在导入时留点悬念给学生，有利于激发他们的学习兴趣，也方便引出新课题。

5. 科学准确。导入虽短，但其准确性仍不能忽视，教师不能因创设情境的需要或者制造氛围的需求就胡编乱造，在历史课堂上的每一句话都应该是有依据的。

二、导入的技巧

（一）从教科书中挖掘材料

教科书是课程标准的具体化，是学校教学的核心材料，也是学生获得系统知识的主要材料。因此，我们不但要从心理上重视教科书，也需要在行为上运用教科书。教科书具有科学性、准确性的特点，导入时从教科书中挖掘材料和角度，不但保证了导入的科学性和准确性，也有利于引导学生过渡到新知识的学习，还可以拉近学生和教科书的距离。

（二）导入中要有问题

日常教学中引发学生思考的最常用办法就是提出问题，激活学生已有的知识和经验，激发学生的探究欲望。所以，通过导入设置完情境后，需要增设问题启发学生以引入新课题，但设计的问题不能太难，太偏，否则会使学生产生恐惧感，影响学习兴趣和信心。

【案例 7.1】

部编初中历史八年级上册第 2 课《第二次鸦片战争》的导入

教师：班上不少同学去过北京，北京的圆明园是清朝鼎盛时期建造的皇家御园，规模宏大，收藏丰富，被称为"万园之园"，可你去看的圆明园是什么样子的？

学生：地方比较大，风景也很美，但最出名的是那些残垣断壁。

教师：是的，美的风景都是现代补修的，那些残垣断壁才体现了真正的历史。为什么曾经的"万园之园"变成了残垣断壁呢？答案将在本课中揭晓。

（三）导入要给学生参与的机会

导入虽然一般是教师导，但如果可以让学生参与进来，学生就更容易集中注意力、激发兴趣。导入时可以运用绘画、对话、角色表演等方式增强学生的参入度，同时也锻炼学生的动手能力。

【案例 7.2】

部编高中《中外历史纲要》上册第 17 课
《寻求国家出路的探索和列强侵略的加剧》的导入

教师：请同学们回顾一下之前学过的中国古代史，讲过哪些农民起义，他们分别发生在什么朝代？

学生：秦末陈胜吴广起义；汉末黄巾起义；唐末黄巢起义；元末农民起义；明末李自成起义……

教师：嗯，不错，基本讲全了。清末也没有跳出这个怪圈，爆发了近代规模最大的农民起义——太平天国运动，今天我们就来了解包括农民阶级在内的各个阶级是如何探索国家的出路的。

第四节 常见问题

一、不重视导入，不重视学生的主体性

教师认为导入没有价值，纯属浪费时间，不如多给学生讲点知识，所以在教学中根本不重视导入环节，不是草草带过，就是干脆缺失。导入是磨刀不误砍柴工，在这上面花点时间是有必要的。再就是，教师设计导入时，只是靠主观的臆想，忽视学生的需求和主体性，结果在实施导入时，学生可能对悬念不感兴趣，或者对问题无言以对，导入就全盘失败了。这些问题都是纯主观原因导致的，教师稍加注意就可以避免。

二、导而不入，缺乏关联性和简洁性

这类问题主要是由于教师能力不足造成的。有的教师虽然知道导入的重要性，也花费了时间和精力，但导入的效果仍然不佳，这多是能力原因

导致的。有的教师在导入时远离教学实际，比如，学习抗日战争，却从青岛的"天价虾事件"导入，二者毫无关联，让学生不知所云，是真正的"瞎（虾）导"。又如，讲授部编初中历史第 4 课《希腊城邦和亚历山大帝国》，有些教师使用了 2004 年雅典奥运会开幕式的视频来导入。但在播放完视频后，没有说明这段视频与本课学习内容之间的联系，便直接进入新课教学环节。这就造成学生还在回味视频内容，无法顺利进入紧张有序的新课学习。

如果设计的问题太难，让学生难以回答，不能有效的进入新课，也会出现导而不入的情况；有的教师无法做到言简意赅，翻来覆去的说不清问题，或者无法创造出有效情境，导致导入拖沓冗长，缺乏简洁性；有的导入缺乏对教学主题和内容的针对性，看似很精彩，其实是无效的。

三、导入缺乏新意，形式单一

心理学研究表明，人对新奇的事物较为感兴趣，所以教师在导入时要尽可能地有特色、新颖，符合学生的兴趣爱好。但有的导入所用材料过于陈旧，讲的故事人尽皆知，学生根本提不起兴趣。导入时一定要根据课程内容和学生情况，灵活机动，不能形式单一，千篇一律，那样不但学生不待见，教师也没有激情。此类问题的解决需要教师拓展知识面，增加学识，方能不断创新。

四、导入长短难易不合理，不符合课型

导入虽然不可或缺，但不是课堂教学的主体，如果用时过长就会喧宾夺主，如果用时过短又起不到导入的作用。一般 3～5 分钟为宜，要合理分布导入的时间，导入语言要准确、简练。但有的教师导入过长，甚至讲授了部分新知识，导致后面的教学不够完整和充实。导入主要是引出本课所讲的内容，不应该讲授具体的新知识，这些应该在正式教学中进行。也有的教师导入过短，几句话结束，既不启发，也不激趣，导入的效果可想而知。导入是架路铺桥，不能过难，要不衔接不上；也不能过易，要不无法启思。导入的设计要因课型不同而有所变化，"新授课要注意温故知新、架桥铺路；讲授课要注意前后照应，承上启下；复习课要注意分析比较，归

纳总结。"①但有的教师用复习课的方式去导入新课，用导入新课的方式去导入复习课，这样的导入效果必然大打折扣。

学习反思

1. 导入的作用有哪些?

2. 导入应该注意哪些问题?

3. 从你所观摩的课中选择 5 个导入，判断其导入的方式，并分析其导入的程序。

4. 选择一节课的教学内容，独立设计课堂导入。

拓展阅读

1. 王宝大等编著. 导入技能 结束技能［M］. 北京：人民教育出版社，2001.

2. 杨莲菁，王钢. 导入［M］. 上海：上海教育出版社，2004.

3. 郭芬云. 课的导入与结束策略［M］. 北京：北京师范大学出版社，2010.

4. 孟宪凯. 导入技能训练［M］. 天津：天津教育出版社，2010.

5. 苏宏. 巧设导入环节　增效历史课堂［J］. 中学历史教学参考，2017(10).

6. 路莹莹. 关于历史课堂导入的几点实用性思考［J］. 中学历史教学参考，2017(7).

7. 王会. 例谈高中历史教学导入的几种方法［J］. 中学历史教学参考，2017(11).

8. 吕作银，陈家旺. 例析初中历史课堂导入策略［J］. 中学历史教学参考，2017(7).

---

① 王莉：《课堂教学技能训练教程》，146 页，西安，陕西师范大学出版总社，2016。

杨绮华《北洋军阀统治时期的政治经济与文化》导入技能视频

张雅雯《盛唐气象》导入技能视频

陈益铭《汉通西域和丝绸之路》导入技能视频

第八章　讲授技能

内容提要

讲授技能是目前班级课堂教学中最常用和最重要的技能，它随着时代的变化不断发展和优化。讲授法是其他教学方法的基础和前提，它有助于三维目标的达成，有益于核心素养的培育。依据讲授方式的不同，可以分为讲述、讲解、讲读、讲演等类型。讲授要遵循一定的原则，掌握一定的技巧，如注意使用启发教学，结合现代教育技术，充分了解学情等。在教学中，由于教师使用不当，前期准备不足，学习习惯不良等因素，讲授法会出现很多问题。

第一节　讲授的内涵与功能

一、讲授的内涵

讲授，即讲解、传授，其主体是教师，媒介是语言，对象是学生，内容是知识。从操作方式上看，讲授法适用于历史教学；从教学实践上看，历史教学最主要的教学方法就是讲授法。

讲授法是"教师通过口头语言向学生描绘情境、叙述事实、解释概念、论证原理和阐明规律的教学方法。它是教师使用最早的、应用最广的教学方法，可用于传授新知识，也可用于巩固旧知识，其他教学方法的运用，几乎都需要同讲授法结合进行"①。针对历史教学中的讲授，周发增提出讲授法是"历史教师通过口头语言向学生叙述历史事件和历史现象的因素关系，描绘和刻画典型的历史事件、历史环境和历史人物；概述历史的梗概、

---

① 张渭城：《中国大百科全书·教育》，142、143 页，北京，中国大百科全书出版社，1985。

要点、性质和意义；解释历史概念，阐明历史规律，论述历史结论系统连贯地向学生传授知识的方法。"①

综合学界对讲授内涵的阐述，我们可以理清以下几个要点：(1)讲授主要依靠口头语言，但真正有效的讲授仅靠口才是远远不够的，只有在丰富知识基础上的讲授才是有效的；(2)讲授不仅仅依靠语言，也可以应用其他教学辅助手段，比如地图、实物、照片等；(3)讲授不仅可以发展学生的智力因素，也可以发展学生的非智力因素；(4)讲授法的应用时间是最早的，应用范围是最广的，其他教学方法都要与讲授结合进行；(5)讲授是一种传授知识的方法，教师要主导整个教学过程；(6)在讲授法中，学生是一种接受性学习。②

二、讲授的功能

讲授是目前历史教学中最常用的教学手段，其地位是历史选择的结果。从知识、能力、情感3个层面来看，讲授的功能如下：

(一)知识层面

首先，讲授法传输的节奏快。奥苏伯尔说："讲授法从来就是任何教学法体系的核心，看来以后也有可能是这样，因为它是传授大量知识唯一可行和有效的方法。"③不管是义务教育阶段，还是高中学习阶段，历史课的课时量都是比较少的。在知识量大的现状下，教师都倾向于选择一种传输节奏快的方法。讲授法一般采取定论的形式向学生传授知识，减少了不必要的探索环节，使学生能以更短的时间学到更多的知识。另外，历史课是一种典型的知识型课程，学生要在有限的时间内学习大量与日常生活关联不大的知识，此类知识很难通过生活获得。对这类间接知识的学习，教师的讲授能使深奥、抽象的知识变得浅显、形象，减少学生学习的阻力。

---

① 周发增、张显传、崔璨等主编：《历史教育学新论》，331 页，广州，广东教育出版社，1993。
② 李秉德：《教学论》，188 页，北京，人民教育出版社，2000。
③ [美]奥苏伯尔：《教育心理学——认知观点》，666 页，北京，人民教育出版社，1994。

其次，讲授法传授的知识系统。学生虽然可以通过网络等方式获取知识，但这类知识往往是碎片化的，不利于学生形成完整的知识体系并对其进行创新应用。教师运用讲授法可以充分发挥主观能动性，不局限于教材的知识，经过二次加工，传授有系统、有体系的知识，有利于学生形成整体的认识。比如，现行的高中历史教科书是按照专题模式编写的，不利于学生理清中国史和世界史的发展体系。教师则可以通过讲授法帮助学生整理出完整的中国历史体系和世界历史体系，以及二者对应的时间，引导学生加强纵向和横向对比，构建完整的知识结构。

（二）能力层面

创新能力、阅读能力、学习能力等各类能力的培养是历史课程的重要目标之一，实现这些目标要基于一定的知识。知识是实现能力的阶梯和载体，没有知识，能力无从谈起，而知识的获取离不开教师系统的讲授。另外，教师在讲授中，也会抓住合适的时机去培养学生的能力，如讲授本学科的思维方法，或者通过设问启发，让学生独立思考和质疑，培养学生的创新能力。总之，经过教师系统的分析和讲解，不但有助于学生系统的知识掌握，也有利于学生学科能力的发展。

（三）情感层面

伯特兰·罗素认为历史既是科学又是艺术，它运用丰满的形象使人从中产生丰富的情感，所以，历史在情感教育方面有得天独厚的优势。讲授不是单纯的知识传递，教师在讲授时可以显现知识中显性或隐性的情感因素，让学生在学习知识的过程中得到情感的熏陶。另外，教师在讲授过程中所自然流露出来的思想、品德、风貌、学识、才能、作风、言谈举止、待人接物无不潜移默化地影响、感染和熏陶学生的心灵。可以说，它是学生认识人生、认识世界的一面镜子，也是学生精神财富的重要源泉。[1] 所以，讲授对教师来说，不仅是知识方法的输出，也是内心世界的展现，任何真正有效的讲授都必定是融进了教师自身的学识、修养、情感、态度以及内心的真、善、美。

---

[1]　余文森：《试论讲授法的理论依据、功能及其局限》，载《教育科学》，1992(2)。

第二节　讲授的分类与特征

一、讲授的分类

依据讲授方式的不同，讲授可以分为讲述、讲解、讲读、讲演 4 种形式，用一句话简单概括："讲述是陈述知识，讲解是分析知识，讲读是读解知识，讲演是发挥知识。"①下面分别进行介绍。

（一）讲述

"讲述是教师运用口头语言，对历史事件、历史人物、历史现象等进行生动的描述、系统的叙述、扼要的概述的一种教学方式。"②讲述的要点在于客观描述和系统叙述，一般用来导入新课、介绍背景、告知事件等，多用于文科教学，在历史教学中尤为常见。在历史教学中讲述的地位极其重要，刘丽群指出讲述"是课堂讲解的基础，是讲演的条件，更和讲读相辅相成"③。

讲述一般分为叙述和描述，叙述主要用来讲述历史事实，语言简洁明快，描述主要用来刻画人物，介绍细节等，语言细腻形象、生动有趣，会有一些修饰的成分。二者都是说事，不是说理，只适合介绍具体知识，发展学生的形象思维。

（二）讲解

讲解是指"教师运用语言（有时借助各种直观手段），引导学生对教学内容的基本概念、原理和规律等进行分析、综合、抽象、概括、巩固和应用的教学行为方式。讲解的实质是通过语言对知识进行剖析和揭示，剖析其组成要素和过程程序，揭示其内在联系，从而使学生把握其实质和规律"④。

---

① 王莉：《课堂教学技能训练教程》，159 页，西安，陕西师范大学出版总社，2016。

② 杜芳：《新概念历史教学论》，47 页，北京，北京大学出版社，2009。

③ 刘丽群、石鸥：《课堂讲授策略》，7 页，北京，北京师范大学出版社，2010。

④ 彭保发：《微格教学与教学技能》，38 页，南京，南京大学出版社，2011。

可见，讲解是通过解释、剖析去传授知识的方法，主要是对学生讲清楚为什么。在历史教学中适用于讲解法的主要有各类制度、各种关系、原因影响等。

讲解常用方式有解说、解析（规律、原理等）、解答，常用方法有实例解说法、对比求异法、引经据典法、层层剥笋法、逻辑推理法等。[①] 无论哪种方式方法，讲解都是在说理，侧重于发展学生理论思维能力。讲解的优点是省时、高效，教师掌握了主动权、控制权，缺点是单向性，学生处于静听的状态，容易分神。所以，讲解不能全堂课使用，一定要结合其他方法，以弥补讲解的不足。另外，教师要控制讲解的时间，不能太长，以 20 分钟左右为宜；讲解时逻辑要清楚，语言要准确。

（三）讲读

"讲读是在讲述、讲解的过程中，把阅读材料的内容有机结合起来的一种讲授方式。通常是一边读一边讲，以讲导读，以读助讲，随读指点、阐述、引申、论证或进行评述。"[②]讲读侧重于读，讲读中的读分为教师读和学生读 2 种方式，主要用于语文和外语教学，对历史课程来说，可以用于史料、条约、教材中的重要章节等知识的学习。

讲读中的讲有 5 种方式：范读讲评、词句串讲、讨论归纳、比较对照式、辐射聚合式。常用的讲法有先叙后议，先讲事后议理；由表及里，先讲表层结构，后讲深层含义；词句推敲法，抓住重点词句进行推敲，以及标点分析法、提要勾选法、读写挂钩法等。[③] 讲读有利于学生理解和掌握教材，有助于学生分析教材能力的培养。

（四）讲演

"讲演是教师通过深入分析教材，揭示其内在联系，论证事实，作出科学结论，在向学生传授系统知识的同时，培养其正确的立场、观点、方法的讲授方式。"[④]讲演强调口头讲解和体态语言的辅助，也可以结合板书或者

① 胡淑珍：《教学技能》，82 页，长沙，湖南师范大学出版社，2000。
② 王莉：《课堂教学技能训练教程》，160 页，西安，陕西师范大学出版社，2016。
③ 胡淑珍：《教学技能》，87 页，长沙，湖南师范大学出版社，2000。
④ 张学敏、李跃文：《课堂教学技能》，51 页，重庆，西南师范大学出版社，2009。

PPT 等对所讲内容做补充说明，主要用于高年级学生的教学。

讲演主要分为 2 种方式，一种是浓缩式，另一种是综合式。美国传播学家艾伯特美拉比安认为信息的全部表达＝7％语调＋38％声音＋55％表情，也就是说，大量的信息是通过表情等体态语言表达的，教师要注意使用肢体语言配合讲演。由于讲演是首尾连贯的讲授，中间很少插入其他活动。讲演除了语法停顿和逻辑停顿外，还需要心里停顿，给学生留下思考的余地，扩大想象的空间，激活学习的情绪。[1] 当然，语言也应尽量精彩并有启发性，以引导学生的思维，否则就容易出现满堂灌的现象。

以上只是理论的阐述，在实际教学中，这 4 种方式是彼此渗透、交叉使用的，无法完全分开。

二、讲授的特征

(一)瞬时性

讲授具有瞬时性的特点。讲授中信息呈现的时间极为短暂，学生必须耳、手、心并用，否则就可能出现学习断裂，错过信息很难补救。针对讲授的这个特点，教师可以选择重复或者板书等方式来弥补这种问题。

(二)单向性

讲授法是一种单向性的思维交流方式，以教师为主导，以语言为媒介，源源不断向学生传授知识。学生处于一种被动静听的状态，显性互动不多，容易陷入注入式教学的泥潭。针对讲授的这个特点，教师可以用启发性的语言或者增加互动环节来弥补可能出现的问题。

(三)情感性

讲授不是单纯的知识传递，它还包含在这个过程中的人际交往、人格示范等方面的内容。讲授的过程夹杂着讲授者的情感、爱憎，以及对知识的热爱、才华等，这些都在讲授的过程中不经意流露出来，对学生有重要的影响。优秀教师的讲授总是带着真挚的情感，用动人的语言去感动学生。

---

[1]　胡淑珍：《教学技能》，96 页，长沙，湖南师范大学出版社，2000。

第三节　讲授的策略与方法

一、讲授的原则

(一)选择性原则

有的教师上课唯恐遗漏知识点，所以事无巨细都要讲，结果过短时间传授了过多的知识，学生难以消化吸收，进而对学习失去信心。一般说来，在不破坏整体性的基础上，要有选择地进行讲授，也就是弄清课堂上什么要讲什么不需要讲，不能面面俱到，讲授超量。对于如何有选择地进行讲授，有学者提出"三讲"、"三不讲"原则。"三讲"：讲重点、讲难点、讲疑点；"三不讲"：学生已会的不讲、学生可以自己学的不讲、讲了学生不会的不讲。[1] 也有学者提出主要是讲几个点：衔接点、新旧知识关联点、重难点、知识生长点、关键点等，其他的可以放手让学生自主学习。

(二)适度性原则

人维持注意力的时间是有限的，如果讲述时间超出限度，会使讲授效果大打折扣，甚至导致课堂秩序出现问题。根据美国人约瑟·特雷纳曼的研究测试，"讲解 15 分钟，学生记住讲解内容的 41％；讲解 30 分钟，学生能记住讲解前 15 分钟内容的 23％；而讲解 40 分钟，学生则只能记住前 15 分钟的 20％。也就是说，一个单位的讲解所持续的时间越长，讲解的保持率就越低，而且在这个时间段后的讲解往往没有什么接受率可保证"[2]。一般说来，一节课的讲授以 30 分钟为宜，不能超过 35 分钟。而且，一次讲解的时间也不能太长，以不超过 10 分钟为宜；长的讲解可以分成几段，中间穿插其他形式或者活动。

(三)多样化原则

每一种教学方法都有自己的特点，也有自己的适用范围，故而讲授法不是放之四海而皆准的。任何一种单一的教学方法都很难长时间的发挥作

---

① 丁步洲：《课堂教学策略与艺术》，72 页，重庆，重庆大学出版社，2013。

② 肖梅梅：《聚焦中国新课改：新课改之课堂技能》，126 页，乌鲁木齐，新疆青少年出版社，2009。

用，当教师长时间的使用一种讲授方式时，学生就会产生审美疲劳，学习兴趣下降。因此，在讲授的过程中，教师要注意和观察学生的反馈情况，对讲授的形式进行调节。讲授的多样性可以通过声音和动作体现，也可以借助工具来实现，还可以通过一言堂到多言堂的改变，增强学生的参与意识。总之，讲授的方式要多样化一些，也可以综合多种方法来使用。

(四)准确性原则

课堂讲授不能即兴发挥，更不能信口开河，讲授一定要坚持科学的态度，用准确的语言讲授科学的内容，方能保障讲授的效果。这一条看似最简单，但又往往最难实现。讲授时很多必然知识都会遭遇学生的追问，解答能否到位、是否准确，必须依赖于完善的前期准备。讲授要以课标和教材为依据，不能为了追求生动形象，就把一些没有根据的传说、野史等当成史实讲出来。一般说来，在中小学教育阶段，不宜将有明显争议的知识传授给学生。另外，教师要认真分析讲授的内容，明确关键，搞清关系；证据要充分、贴切；过程要逻辑严密，条理清楚。

二、讲授的技巧

(一)帮助学生建立意向性，提高学习动机

教师在前期要做充分的准备，了解学情，找到学生的兴趣点，帮助学生建立学习意向，包括信心、决心等，提高学习动机。学生有了学习动机和专注力，讲授才会更有效。如果没有激发学生的学习动机，就很难产生意义学习，甚至陷入"填鸭式教学"的泥沼。比如，教师可以提供适宜的引导性材料，以调动学生的学习主动性。

【案例8.1】

高中历史必修一第11课《太平天国运动》

1953年定都南京后，为了拱卫新政权，他们主动进行了西征和北伐。西征取得了辉煌胜利，北伐虽未成功，但也使京师震动，官吏和乡绅作鸟兽散。达到巅峰的太平天国在此时遽然遭遇了巨大变故，堡垒从内部被攻破，此事史称"天京事变"。"天京事变"到底是怎样发生的？下面我们来了解一下。

(二)提高教师的语言素养(或讲解能力),形成个性化风格

苏霍姆林斯基说:"教师的语言修养在极大的程度上决定着学生在课堂上的智力劳动效率。"①语言是讲授的主要媒介,教师的语言能力直接影响讲授的效果。教师讲授时要尽量避免容易使学生疲倦、分心,甚至陷于昏昏欲睡的平淡、没有感情的讲授。为提高讲授效果,要主动提高自身语言素养:首先,善用修辞、体态语,加强语言的感染力,使讲授生动形象,激发学生的学习兴趣;其次,要锤炼口头语言,做到逻辑清楚、简练、直观,用最简单的语言表达最丰富的知识;最后,用标准普通话,发音准确,音调恰当。教师一定要勇于探索,不断练习才能提高语言素养,形成自己的语言风格。

(三)注意使用启发教学,摆脱灌输窠臼

"启发式教学的真正含义,就是要充分体现学生在教学过程中的主体地位,调动学生的主观能动性,引导学生独立思考、生动活泼地进行学习,并培养其分析问题和解决问题的能力。"②启发不是一种教学方法,它没有具体的教学环节,而是一种教学思想,所有的教学方法都应该受它指导,科学的讲授一定要使用启发教学,启发是摆脱灌输窠臼的试金石。知识虽然形式上看似呆板和现成,但实际上蕴含着丰富的思维,教师讲授时不仅要讲结论,更重要的是讲思维过程。人类对问题的探索和好奇是与生俱来的。教师要善于设问,启发学生思考,使学生可以有效地参与到课堂中,摆脱灌输窠臼。在对讲授法的处理上,以启发式思想运用讲授法,就是启发式的讲授。反之,以注入的思想运用讲授法,就是注入式讲授。③

【案例8.2】

部编初中历史八年级下册第12课《民族团结与民族区域自治》

师:请同学观察各民族分布示意图。谁能介绍一下我国各民族的分布

---

① 赵克礼:《中学历史教师教学技能》,8页,西安,陕西师范大学出版社,2014。
② 刘丽群、石鸥:《课堂讲授策略》,222页,北京,北京师范大学出版社,2010。
③ 教育部教育管理信息中心:《全国优秀学科教学案例——初中历史》,10页,重庆,西南师范大学出版社,2017。

情况及分布特点？

生：分布特点是大杂居，小聚居，相互交错杂居。汉族集中的地区有少数民族居住，少数民族聚居的地区有汉族居住，这是大杂居。小聚居表现得很明显，许多少数民族都集中居住在部分地区。

师：这种分布特点是怎样形成的呢？让我们从历史的角度来看看。

(四)结合现代教育技术，为讲授注入新血液

虽然最初的讲授只能依靠口头语言，但随着文字和书写工具的出现，讲授一般会结合文字进行，最典型的就是板书的出现和运用。在"互联网＋"的新时代，现代教育技术飞速发展，如果讲授仍然仅用一支粉笔、一块黑板、一张嘴就有点落伍和不合时宜，教师要学习现代教育技术，将教育技术与讲授法结合起来，增加讲授法的趣味和活力。比如用多媒体呈现唐三彩的图片比教师用语言描述更真实，用视频展示开国大典的现场比语言叙述更震撼。

(五)充分了解学情，增加讲授的有效性

课前预设是有效讲授的先决条件，教师应依据一定的教育学、心理学知识，充分了解学情(包括兴趣需要、心理状态、学习习惯等)，掌握学生原有的知识结构，找到学生的最近发展区，创造学生建构新知识的有利条件。在此基础上进行讲授，才更有针对性，才能实现其有效性。

(六)综合多种教学方法，优化讲授法的使用

从立新说："即使最佳的讲授也难以满足认识活动、特别是实践或物质活动的需要，因此，必须与其他教学方法相互配合。"[1]任何教学方法都有一定的适用范围和条件，在实际使用时，一定要依据教学目标、学生特点进行选择和组合，也要与时俱进，不断创新。讲授法也不例外，下列方法都可以尝试：适度的讲授后要有练习或者问答，还要有温习消化、讨论深化的环节；结合音乐、电影、图画等进行讲授，可以极大提高讲授效果；讲授过程中组织一些探究活动，可以增加讲授法的启发性；尝试用一些身体语言，不能一直站在一个地方不动；传导结合，简单的知识可以引导学生自主学习，培养学生自主学习能力，学生回答不出时，教师再进行讲授。

---

① 丛立新：《讲授法的合理与合法》，载《教育研究》，2008(7)。

（七）注意观察学生的反应，及时调整讲授策略

使用讲授法时一定要目中有人，不能自说自话，忽视学生的反应。备课时虽然作了充分的准备，但终究是教师个人的设想，在讲授时一定要观察学生的反应：如果学生反应很慢，有可能是超过了学生理解的限度，要依据学生的反应考虑原因并尽快作出调整；如果是讲的没有吸引力导致学生心不在焉，就要换种方式或者适当增加刺激；如果是讲的过难，超过了学生理解的限度，就要适度降低难度；如果学生私下嘀咕，可以提出问题让大家回答。否则，如果继续按照原来的步骤讲解效果将是非常微小的，甚至是徒劳无益的。所以，教师要根据学生的反应，调整自己的教学步骤。为此，教师要对所讲知识做到脱稿，讲课时不被 PPT 绑架。总之，一节课不能不分内容、不分时间一讲到底，学生会的不要讲，学生不感兴趣的少讲，学生不理解的重点讲，学生可以合作学习的要引导讲，学生可以自主学习的要启发讲。

第四节　常见问题

一、教师使用不当

（一）讲授法的机械使用——注入式

在讲授时，不管学生懂不懂，教师一味地按照自己的理解进行讲解，既不启发学生兴趣，也不调动学生的学习积极性，造成教师只管讲，学生只管听，教师不讲学生就不学、不思，学生的学习依赖于教师的讲授，课堂氛围极其沉闷。讲授法的这种机械使用是注入式思想在作怪，教师把学生当成知识的容器，不管学生能力的培养，只要求学生记下背过。如果在使用讲授法时，注意使用启发式教学就会缓解这一问题。

（二）讲授法的过度使用——满堂灌

有的教师对讲授法用得过多，一节课 40 分钟就讲 40 分钟，过短的时间内讲授过多的知识，导致学生变得非常疲惫，没有继续学习的动力，最终导致教师的讲授徒劳无功。也有的教师讲得过细，把每个问题都讲得具体、细致，不给学生时间思考、实践，导致知识学习与能力培养脱节，制约学生的创新能力和动手能力。其实，教师在有限效的时间内一定要精讲，但

是事无巨细、一一细讲是违背教学规律的，是对讲授法的过度运用，实则达不到教学目的。

（三）讲授法的弃用——满堂问

新课改后对讲授法的批判日益激烈，不了解实情的教师会认为讲授法一无是处，应当抛弃不用。于是乎，有的教师认为提问就是启发，出现了满堂问的情况：书上一眼就能找到答案的问，书上根本没有的问，学生知道的问，学生一无所知的也问。有的老师认为探究就是启发，出现了满堂小组活动的情况，一会儿小组探究，一会儿小组展示，整堂课热热闹闹，但有深度的不多，生成也很少，甚至造成新知识的教学的缺失。这样的机械问答其实是另一种形式的死记硬背，或者无意义的重复教材中的结论而已。

二、前期准备不足

（一）学生前期知识储备不足，无法理解讲授内容

中学历史属于所谓的副科，课时少，占分低，不管是学校层面还是学生层面都不够重视，因此，学生课下用在历史复习和预习上的时间极少。如果教师布置的预习学生没做到位，而教师又是在学生预习的基础上设计本课，这之间就会出现教师的讲授与学生的知识储备衔接不上的情况。如果学生在不具备前提知识的情况下就进行新知识学习，要么会很吃力，要么会机械学习，根本无法理解讲授内容。可见，讲授法的效果不仅受教师素养的影响，也受学生言语和思维水平的限制，还受到学生知识基础的限制，学生务必做好前期知识储备工作。

（二）教师前期准备不充分，讲授逻辑不清或内容错误

课前预设是有效讲授的前提，教师通过研究课标、教材、学情等，精心备课以保证逻辑清楚、内容正确、方法科学。但有的教师二次消化做得不到位，没有讲清知识的内在联系，只是转达教材的知识，缺乏逻辑性和关联性，让学生感到无所适从，导致学生机械学习，收获甚少；甚至还因准备不充分出现内容错误，比如讲辛亥革命推翻了封建制度，说秦国的皇帝嬴政如何统一六国等；还有的教师讲授没有重心，抓不住重点，列举过多的史实，或者在不需要讲解的地方随意阐发，浪费时间。针对这些问题，

教师要不断拓宽自己的教育视野，增加知识的广度和深度，减少讲授内容的错误概率；提高语言的准确性和规范性，言简意赅，围绕主题展开，环环相扣。

三、学习习惯不良

讲授法的现实问题是，教师不讲不放心，学生习惯等着教师讲，二者互相作用，结果导致教师讲得越来越多，学生动得越来越少。长此以往，导致学生形成依赖心理，不动手，不思考，丧失学习主动性。

（一）学生只记不思

从信息传播学来看，讲授是一种单向的信息传播方式。教师在讲授时，学生看起来也在认真听，甚至主动记笔记，但一提问就要翻书找答案，更别说举一反三，这就是动手不动脑的典型。学生在静听的同时，一定要有思维活动，通过思维加深对知识的理解，方能促进能力的发展。

（二）学生只背不懂

教师认为已经把问题讲得清清楚楚，学生应该都会了，提问时学生好像都答对了，但换种情境学生往往手足无措，考试时错误百出，这说明学生只是产生了假知，根本没有很好地把握知识之间的逻辑，只是在死记硬背。根据建构主义的观点，学生的知识是能动地建构出来的，不是教师直接告知的，教师透彻的讲授在某种程度上剥夺了学生独立思考和实践的机会，这种学习容易造成学生的机械学习。

除此之外，其实还存在很多其他的实践误区，比如讲授过于平淡或者夸张，讲授无法激发学生兴趣，不注意学生反馈等问题，都是需要教师注意的，在此不一一赘述。

学习反思

1. 讲授法的内涵是什么？
2. 讲授法的功能有哪些？
3. 如何让讲授更有效？
4. 试辨析讲授法与注入式教学的关系。
5. 从历史教科书中选一个知识点进行讲授实践。

拓展阅读

1. 杜和戎. 让人变得更聪明：讲授学［M］. 北京：新世界出版社，2003.

2. 刘丽群，石鸥. 课堂讲授策略［M］. 北京：北京师范大学出版社，2010.

3. 余文森. 试论讲授法的理论依据、功能及其局限［J］. 教育科学. 1992(2).

4. 丛立新. 讲授法的合理与合法［J］. 教育研究. 2008(7).

5. 赵鑫宇. 初中历史教学中"文学艺术成就"的讲授实践与思考——以部编教材八年级上册第 26 课《教育文化事业的发展》为例［J］. 中学历史教学，2019(1).

6. 王炜杰. 浅析历史讲授法的"度"［J］. 教育理论与实践，2013(5).

吴志峰《国民革命的洪流》讲解技能视频

李月霞《挑战教皇的权威》讲解技能视频

第九章　过渡技能

内容提要

教学过渡是教学过程中不可或缺的重要环节，不仅能有效衔接前后教学内容，还能激发学生的学习兴趣，调整课堂教学节奏，保证课堂教学的顺利完成。根据教学过程中教学过渡发生的时机，我们把教学过渡分为教学环节过渡和教学内容过渡两大类。教学过渡具有关联性、隐蔽性、灵活性等特征，可以采用自然过渡、补充过渡、设疑过渡、比较过渡、直观材料过渡、历史人物过渡与虚拟人物过渡、虚拟情境过渡等方法。常见的过渡问题有缺失过渡、机械单一、灌输解释、缺乏针对性等。

第一节　教学过渡的内涵与功能

一、教学过渡的内涵

教学过渡是在课堂教学中，教师将不同教学环节或教学内容巧妙连接起来的一种教学活动，它就像串起珍珠的绳子，对课堂教学环节和教学内容起到了重要的链接作用。

历史课堂教学是由一个个既独立存在又相互关联的环节构成的，在一节中学历史课堂上，要讲授多个历史事件、历史人物以及历史现象，涉及不同的教学内容。教师在设计教学环节，面对诸多的教学内容时，应考虑各环节和各教学内容之间的有效过渡，通过过渡把这些教学环节和教学内容有机联系起来，将其变成前后紧密联系的一个整体，而不是结构松散的教学拼盘。

二、教学过渡的功能

(一)衔接教学内容

目前，中学使用的历史教科书都是单元(主题)—课时的编排形式。这种编排形式导致单元主题之间、课与课之间、子目与子目之间的内容时空跨度较大、逻辑不甚严密。在实际的课堂教学中，历史教师合理使用教学过渡，可以有效处理前后单元(主题)教学内容的关系、前后课教学内容的关系，以及同一课内前后子目教学内容的关系，使之能连为一体，弥补教材编制上的这种不足。教师在实际教学中运用灵活的过渡策略可以构建起不同知识点的逻辑联系，减少学生对教学内容整体性把握不足的问题。

以人教版高中必修一为例，第一单元的主题是古代中国的政治制度，第二单元的主题则是古代希腊罗马的政治制度。如果在完成第一单元的教学后，没有过渡直接进行第二单元的教学，会给学生造成突兀的感觉，不能将2个单元的内容联系起来学习和理解。

(二)调整教学节奏

在一节完整的历史课上，教师的教学节奏不是一成不变的，需要根据教学内容的变化和教学环节的转换来调整教学节奏，使之张弛有度。教学过渡起着重要的调整教学节奏作用。例如，导入是一节课的开头，能激发学生的学习兴趣，其趣味性与启发性至关重要，但若导入和新课教学之间没有合理的过渡，会出现导而不入的问题，不利于学生从导入的放松状态进入新课学习的紧张状态。

课堂小结是对整节历史课教学内容的提炼与升华，对提高和加深学生的历史认识有重要作用，也可使教学节奏显得深沉、凝练。从新课教学到课堂小结的合理过渡，可让学生从新课教学的紧张教学节奏里沉静下来，体味与思考本课教学的精华，升华学生的情感、态度与价值观。

(三)提高学生的学习效率

高质量的教学过渡可以在不同的教学阶段不断营造良好而紧凑的学习节奏，充分调动学生的有意注意，有效衔接不同的教学内容，激发学生学习新知识的兴趣，从而提高学生的学习效率。灵活有效的过渡还能加强学生对各个知识内容之间逻辑联系的把握，提高学生的思维能力。

教师可以借助用多种教学手段进行过渡时，既可以是文字的、思辨的用以提高学生的抽象思维，也可以是直观的、具体的用以提高教学的趣味性，不同形式的过渡手段还可以有效转换学生的思维方式，从而调动学生的学习热情，有利于提高学生学习效率，加深对历史知识的整体理解。

第二节　教学过渡的分类与特征

一、教学过渡的分类

根据教学过程中教学过渡发生的时机，我们把教学过渡分为教学环节过渡和教学内容过渡 2 大类。

（一）教学环节过渡

一堂完整历史课有若干个教学环节组成，包括导入新课、新课教学、课堂小结和课后练习 4 个主要环节。这些教学环节之间的切换所需要过渡为教学环节的过渡。

（二）教学内容过渡

教学内容过渡是指在日常的历史教学中，教师要处理好不同单元（主题）之间、课与课之间，以及同一课内各个子目之间的内容切换也需要合理的教学过渡。根据教学过渡内容的不同，又可以分为单元教学过渡、课题教学过渡和子目教学过渡。

二、教学过渡的特征

（一）关联性

不论是教学环节过渡，还是教学内容过渡，在历史课堂教学中起着"承上启下"的重要作用，是不同教学环节之间的桥梁，是不同历史教学内容之间的纽带。因此，教学过渡的首要特征是抓住不同教学环节之间和不同历史教学内容之间的关联性，即将前后相继的教学环节和教学内容有机关联起来，使整堂历史课成为一个有机整体。历史教科书的单元（主题）—课时编制形式导致教学内容之间跨度较大的问题比较明显，所以，需要教师用心挖掘不同教学内容之间的联系，恰当运用过渡方式，把前后的教学内容真正关联起来。

(二)隐蔽性

有效的教学过渡不仅能起到"承上启下"的作用，还要"润物于无声"，即在让学生感受不到的教学过渡的情况下实现教学环节之间的转换和教学内容的切换，教学环节的过渡像行云流水般自然，将各个环节连贯起来水到渠成；教学内容的过渡像暗线般排布，将教学内容联系起来浑然一体，又不露痕迹。教学过渡的隐蔽性是在关联性基础上的更高要求，需要教师不断提升其语言与逻辑，需要较高的教学艺术。

(三)灵活性

教学过渡的目的是实现历史课堂教学环节的自然转换和教学内容的合理切换，以实现教学效果的最优化。"条条大路通罗马"，面对不同的教学环节和教学内容，历史教师可以根据自己的能力、特长以及所教班级学生的特点，灵活使用不同的教学过渡。青少年对新鲜事物很感兴趣，如果一直采用单一的教学过渡方式，会引起学生的审美疲劳。所以，教师要勇于探索，尽量采用灵活多样的过渡方式，不断激发学生的学习兴趣，提高学习效果。

第三节　教学过渡的策略与方法

一、教学过渡的原则

(一)相关性原则

教学过渡的首要特征——关联性，决定了教学过渡的首要原则是相关性原则，即一定要与将要过渡的教学环节和教学内容有密切的相关性。不管是教学活动中的教学环节过渡，还是教学内容过渡，教师在设计教学过渡时，必须挖掘出各环节或各教学内容之间的内在联系，找出它们的相关性，然后以一定的方式、方法或手段，将这些内在地联系或明或暗地呈现给学生，让学生由上一个环节顺利地进入下一个环节的学习，或由上一教学内容顺利进入下一教学内容的学习。

（二）多样性原则

教学过渡的灵活性特征决定了教学过渡的多样性原则。在实际的教学中，教师面对的学生群体、教授的教学内容和组织的教学活动各不相同，这就要求教师在使用教学过渡时要根据这些不同的学情和不同的教学内容，应运用不同的教学过渡策略、方式和手段，尽量使其教学过渡方式多样化。多样性的过渡可以缓解学生的学习疲劳，调整学生的学习节奏，提高教学效果。即使是在同一班级的一堂课的教学过程中，也尽量不要用单一的过渡方式。

（三）简洁实效性原则

一堂历史课一般不超过 45 分钟，讲授 3～4 个子目，进行 3～4 个不同的教学活动，要在有限的时间内完成教学任务，实现教学目标，教学过渡的用时就不能过多，简明扼要，尽可能用最少的时间取得最好的效果。一般来讲教学过渡最好控制在 1～2 分钟内。

二、教学过渡的技巧

（一）自然过渡

对于有较强的逻辑关系和明显的历史发展线索的教学内容，可以利用前后内容和历史发展线索进行自然过渡。例如，部编高中历史《中外历史纲要（下）》第 10 课《影响世界的工业革命》，由 3 个子目组成，即工业革命的背景、工业革命的进程和工业革命的影响，3 个子目之间的联系显而易见。教师可以通过概括前一部分的内容，自然过渡到下一个子目。

（二）补充过渡

在进行不同单元之间的教学过渡时，如果主题和时空跨度过大，应补充必要的相关知识。在进行不同模块的教学时，也要补充必要的相关知识。

例如，人教版高中必修一关于世界史中政治制度的内容比较分散，第八单元是"当今世界政治格局的多极化发展"，之前的第六单元和第七单元是现代中国的政治制度、祖国统一和对外关系，与第八单元的内容大相径庭；而且第八单元的内容与前一单元的内容关系不大，反而与第二次世界大战密切相关。要顺利从第七单元过渡到第八单元，就要运用表格、图片、视频等直观的形式，适当补充第二次世界大战的相关知识。

社会的政治、经济与科技文化是息息相关的，在进行经济模块或科技文化模块的教学时，就需要通过补充相关的政治或经济知识进行过渡。如在开始学习必修三模块时，可以通过阐述政治、经济与科技文化的关系来过渡，帮助学生正确认识必修三模块与必修一和必修二模块之间的联系，重视必修三模块的学习。

（三）设疑过渡

教师在教学过程中，可以根据历史教科书中的历史知识设置一系列具有探究意义的问题，通过问题进行教学过渡。例如，人教版初中历史八年级上册第四单元"中华民族的抗日战争"以国共两党共同抗日、中国人民取得了伟大的胜利结束。教师可以提问："通过国共两党的合作才实现了抗战的胜利，那抗战胜利后实现了全国人民向往已久的和平了吗？为什么？"通过问题过渡到第五单元"人民解放战争的胜利"。再如，部编初中九年级上册第 17 课《早期殖民掠夺》，从第一个子目"早期殖民国家：葡萄牙与西班牙"到第二个子目"英国的殖民扩张"进行过渡时，可以设置问题："17 世纪在世界范围内进行商业殖民的葡萄牙和西班牙为何继而被英国取代？英国何以建立起世界殖民帝国？"让学生带着问题进入下一子目的学习。

（四）比较过渡

在历史教学中，经常会遇到有某些联系的 2 种或 2 种以上的历史现象或历史人物，对这些教学内容的过渡就可以采用比较的方法。例如，部编高中历史《中外历史纲要（下）》第二单元中古时期的世界，包括第 3 课《中古时期的欧洲》，第 4 课《中古时期的亚洲》和第 5 课《古代非洲与美洲》。这 3 课的内容都具有明显的独立性。这种情况下可以采用比较过渡的方法，即通过比较中古时期的欧洲社会与中古时期的亚洲社会的异同由第 3 课向第 4 课过渡。

（五）直观材料过渡

在进行教学过渡时借助图片、视频、音频及其他直观材料将抽象的知识形象化，提高学生的学习兴趣和学习效率。比如，部编初中历史教材九年级下册第四单元第 13 课《罗斯福新政》，可以使用反映当时美国陷入经济危机后生产遭到破坏、人们生活困窘的视频或图片，让学生透过直观的体验与认识，从而过渡到罗斯福为解除美国的危机而实施国家干预的新政策。

（六）历史人物过渡与虚拟人物过渡

在一个历史时期内，历史人物的事迹对历史发展有重大影响，或历史人物的个人活动能反映历史的发展趋势，这样的教学内容就可以采用历史人物过渡这种方法。例如，毛泽东不仅是伟大的革命家、军事家，还是伟大的诗人，他在投身革命的各个阶段都创作了大量的诗歌，反映了革命形势的发展。所以，人教版必修二第15课《国共对峙的十年》的3个子目之间的过渡，可以采用毛泽东这一时期创作的诗歌作为过渡媒介。

由于历史教科书中的知识跨度较大，使用真实的历史人物过渡会受到很多限制，因此可以采取虚拟人物过渡的方式。例如，夏辉辉老师在岳麓版必修一第6课《雅典城邦的民主政治》一课的教学中，创造了农民"帕帕迪"实现了对本课教学内容之间的过渡。"通过虚拟帕帕迪一天的政治生活，理解雅典民主政治的经济基础、政治运作程序，通过想象帕帕迪'从政'心情的变化，剖析出雅典民主的社会群众基础"[1]。

（七）虚拟情境过渡

为克服历史知识连续性不强、不易于学生理解的问题，在过渡时可采用虚拟场景过渡的方法。例如，部编初中历史七年级上册第三单元第9课《秦统一中国》第二子目"确立中央集权制度"向第三子目"巩固统一的措施"的过渡，可以设计一个这样的虚拟情境："你原是秦统一之前的齐国人，秦灭六国刚刚统一后，你可以自由地到原来的其他六国做买卖了，但是你身上带的是齐国的刀币、你只会写齐国的文字，想一下你与原六国的商人之间会发生哪些矛盾？"通过这样的虚拟情境，学生就能体会到虽然秦通过武力实现了政治上的统一，但如不能有效解决原来七国之间经济和文化方面的差异，势必难以保持长久的统一，进而过渡到第三子目"巩固统一的措施"。

---

① 夏辉辉：《历史教学中的想象与虚拟——从"雅典农民'帕帕迪'说开去"》，载《中学历史教学参考》，2010(6)。

第四节　常见问题

一、认识不足，缺失过渡

有的教师对教学过渡的重要作用认识不足，认为其可有可无，导致在教学中轻视甚至缺失教学过渡，直接按照课本子目的划分照本宣科，无法帮助学生把握其中的重要联系，把一节历史课的内容和教学活动上成"水果拼盘"。有的高中历史老师不考虑模块教学内容跨度大、逻辑性不强的实际，只按照教科书固有结构和内容进行教学，不能适当补充相关史料进行合理过渡，致使学生难以形成对中国历史和世界历史的整体认识。

二、机械单一，缺乏趣味性

有些老师长久不变的使用某种固定的过渡方式，如归纳概括法、提问分析法等，不思改进提高，导致学生产生厌倦情绪。教学过渡千篇一律，缺乏一定的针对性，久而久之，会影响教学效果。历史教师面对的授课班级各不相同，学生们的兴趣水平各异，不同模块、主题和课的教学内容各不相同，教师应根据这些实际情况采用多样化的教学过渡方式，提高教学过渡的趣味性。

三、灌输解释，缺乏启发性

在补充过渡时，教师容易忘记发挥学生的主观能动性和主体地位，将补充变为灌输与解释，缺乏启发性，不利于培养学生的历史学习方法和学习能力。学生是学习的主体，"授人以鱼不如授人以渔"，只有充分尊重学生的主体地位的教学过渡才能发挥教学过渡的应有功能，促进学生学习能力的发展。偏于灌输解释，缺乏启发性的教学过渡，是轻视甚至忽视学生主体地位的典型表现，不符合新课改促进学生发展的理念。

学习反思

1. 在以往的历史课堂学习中，你遇到过的较好的教学过渡有哪些？请列举并提出进一步改进的措施。

2. 历史教学内容过渡和历史教学环节过渡之间是什么关系? 应如何合理处理?

3. 做好历史教学过渡, 应注意哪些问题?

拓展阅读

1. 王中文. 例说历史课堂教学中过渡语的设计与实施[J]. 中学历史教学参考, 2015(11).

2. 魏志红. 浅谈历史教学中子目的过渡[J]. 新课程研究(基础教育), 2009(11).

3. 胡惠玲. 略谈历史教学中的过渡技巧[J]. 教学月刊(中学版), 2006(6).

4. 叶欣明. 试论高中历史教学中子目的过渡[D]. 硕士学位论文, 华中师范大学, 2013.

陈玉滢《戊戌变法》过渡技能视频

第十章　提问技能

内容提要

　　提问是教学活动不可或缺的环节，提问是技术，更是艺术。教师通过提问可以使学生参与到教学活动中，共同完成教学任务。历史课堂的提问类型丰富多彩，分类标准不同，提问的类型也不同。提问的主要方法有直接设问法、情景启示法、层层剖析法、综合归纳法等。常见问题有设计缺乏针对性，提问的节奏和频率不恰当，提问方式单一化等。

第一节　提问的内涵与功能

一、提问的内涵

　　历史教学是师生之间的双边互动过程，在这个过程中提问是必不可少的。在传统的概念中，提问是指教师在课堂教学过程中向学生提出问题，以及对学生回答作出反应的技能。[①] 但在新课改的推动下，发问一方和作答一方有时也会发生互换。由此可见，课堂提问是在一定的教学情境下，由教师或者学生发起的问题或任务，期待双方进行积极地思考以回应问题和完成任务，促进学生学和教师教的一种教学行为。提问是学习的源泉，即便是相同的内容，不同的教师在不同的教学情境下采用不同的方式和角度提问，所产生的教学效果也大不相同。所以，要发挥历史课堂提问的有效性，必须了解其功能。

---

① 于友西：《中学历史教学法》，203页，北京，高等教育出版社，2017。

二、提问的功能

提问是启发式教学的一种重要表现形式，并贯穿课堂的始终。在课堂教学中，教师的提问有激发兴趣、引导思考、检测掌握情况等多方面的功能。提问也是组织课堂活动的主要形式之一。

（一）引起学生学习的兴趣

学习伊始的提问是引发好奇心的重要手段。任何一种教学方法，在实施过程中在一定程度上都依赖提问。例如，学习印刷术——中国古代四大发明之一时，教师展示活字印刷的图片，并提出问题："同学们知道最初的印刷术是怎样发明的吗？又是怎样运作的呢？"设计这类问题，联系了图片展示法，更能引发学生探究的兴趣，使他们的注意力集中到课堂上来。

（二）有助于维持历史教学秩序

一方面，提问是为教学目标服务的，提问的设计围绕教学的重难点展开；另一方面，在实际教学中，提问起着维持课堂秩序的重要作用。提问的对象可以是思想开小差、昏昏欲睡或窃窃私语的学生，通过提问把他们的注意力重新拉回到课堂上来，以使教学秩序和教学质量保持一种良性循环。

（三）帮助学生回忆具体知识或信息

在新课导入时，可以通过提问的方式帮助学生回忆具体知识，了解学生对已学知识的掌握程度；在新授课时，可以将提问作为一种过程性评价的方式，检测学生注意力是否集中、是否掌握了新学知识；在课堂小结中，可以进行回忆性提问和综合性提问，帮助学生回忆巩固新课所学知识。

（四）鼓励学生更高层次的思维活动

提问给予学生一种思路、一个切入点。历史课堂提问不能囿于课本，应鼓励学生进行更高层次的思维活动，培养学生的创造性。开放型的提问是培养学生创造性思维的有效手段。

(五)考查学生已学知识技能的掌握程度

教师通过评价性提问、推理性提问、运用性提问等多种方式来考查学生已学知识技能的掌握程度。但在此类提问后，教师最好总结归纳答题技巧，以促进学生举一反三，实现"运用历史课堂提问来呈现学生的核心素质发展水平"[①]的重要作用。

(六)便于教师获得反馈信息进行教学调整

提问是教师最方便、快捷获得过程性评价的手段。教师可以根据提问的结果获得反馈信息，及时调整教学方案。师生间的信息交流需要在问答中实现，学生提取问题中的有效信息进行作答，教师根据学生作答的表现获得反馈信息，双方在这个过程中不断完善教与学的任务，从而提高教学的有效性。例如，针对讲解后的某一知识点，大部分学生如不能通过提问正确回答，就需要教师给以强化或重新讲解巩固。

第二节　提问的类型与特征

一、提问的类型

历史课堂的提问类型丰富多彩，分类标准不同，提问的类型也不同。

(一)从认知活动角度分

1. 回忆性提问，即对于学生已经学过的知识、已有的经验和认知进行提问，例如对于具体的历史时间、历史人物、历史事件等方面的回忆。这类提问有助于考查学生已学知识技能的掌握程度，帮助学生查缺补漏。

2. 理解性提问，即促进学生对所学内容进行理解，引导学生展开分析活动，使其进入"知其所以然"的学习状态中。例如对历史事件原因、影响的提问和分析。理解性提问需要学生利用所学知识对历史作出解释，这也是新课标历史解释能力素养的体现。

3. 综合性提问，即引导学生对所学知识进行综合梳理，进行横向或纵

---

① 中华人民共和国教育部制定：《普通高中历史课程标准（2017年版）》，45页，北京，人民教育出版社，2018。

向联系，是对多个知识点的总结归纳。例如："按照时间顺序说出近代中国与外国签订了哪些不平等的条约，产生了什么样的影响。"

4. 运用性提问，即让学生将已有知识和经验运用到新的情景、环境中去，从而使其对史料进行辨析、对复杂历史情境进行判断。例如学习重庆谈判时可这样提问："根据我们所学过的知识，结合平时自己了解的蒋介石，你认为蒋介石会采取什么样的措施？"

5. 推论性提问，即让学生利用已有知识和经验推断出新的历史结论，使其利用思维的逻辑性、因果联系性等对历史事实进行论证，得出自己的结论。例如："你认为巴黎公社运动最终会成功还是失败？"

6. 评价性提问，即对历史现象、人物、制度、思想等进行客观公正的评价。例如，对历史人物的功过及影响进行评价，对某一历史事件的性质与地位进行评价等。

（二）从问题的组合上分

1. 单一式提问，即只设计一个问题，一般用于考查历史基础知识点。

2. 阶梯式提问，即问题是层层递进的，连续发问且每个问题之间有密切联系。这种提问方式有助于引导学生进行思考，提供解决问题的思路。（参见案例 10.6）

（三）从问题答案的标准上分

1. 开放式提问，即问题的答案不是标准固定的，允许有多种不同的答案。需要注意的是，新授课时教师抛出问题引导学生进行思考后，需要总结归纳出问题的已有答案。例如："我们应该如何借鉴司马光幼年勤奋学习的精神？"

2. 封闭式提问，即问题答案是标准固定的。比如考查历史时间、地点、人物这三要素时，学生已经学过且知道问题的标准答案，只需要回忆再现即可。

以上不同的分类方式，既有区别，也有联系。历史教师应掌握不同的提问类型，学会运用多种提问方式，从而激发学生探究历史的兴趣，使课堂教学充满生机活力。

二、提问的特征

(一)针对性

课堂提问是实现教育目标的手段之一，通过提问可以直接或间接地促进教学目标的达成。问题的设计应围绕教学内容、教学重难点、学生课前预习存在的疑难点等。一些没有针对性甚至与课堂无关的问题只会分散学生的注意力。讲到昭君出塞时如果提问中国古代的四大美女是谁，虽然能引发学生兴趣，但此问题没有针对性，且有可能会导致课堂秩序混乱。①

(二)适应性

提问的适应性是指提问要适应不同年龄、不同知识水平、不同学习能力的学生。任何年级阶段的学生都存在"最近发展区"，问题的设计要适应"最近发展区"的要求，使学生能够通过努力思考或教师启发解决问题。如果问题的难度太大或太小，都会失去提问的意义。对于初中生，问题的设计应该形象生动、浅显易懂，特别是在刚刚接触历史的时候，提问一定要有吸引力；对于高中生，问题的设计不再是课本上简单知识点的复述，更多的应是发掘他们的理性思维能力，如："16世纪的中国在江浙等地产生了资本主义萌芽，却没有像西方一样发展成为资本主义社会？为什么？"

(三)准确性

提问的准确性主要表现在语言的表述上。问题要明确具体，让学生能够领会要求；语言要清晰准确，能让学生用最短的时间抓住问题的核心。例如："科举考试的科目有哪些？"题意就不明确。科举制从隋朝确立，历经多个朝代，每个时期的考试科目大有不同，所以在此问题中必须带有明确的时限，如："隋朝的科举考试有哪些科目？"另外，提问时语速不能过快，突如其来的发问只会让学生束手无策。

(四)启发性

提问的启发性表现在问题的设计上。课堂中容易出现无意义的提问，比如："是不是？""对不对？"这种问题学生不需要思考便能作答，徒有形式

---

① 武清彦：《历史课堂提问技巧浅探》，载《教法研究》，1997(4)。

没有启发性。真正有启发性的问题能够使学生深入了解历史事件的因果联系，需要经过学生审慎思考后才能得出结论。例如："在 18 世纪，资金、劳动力、市场、资源这几个条件最充足的是中国，但为什么工业革命却发生在了英国?"从这个问题出发，就会启发学生对比中英两国在政治制度方面的差异，从而得出工业革命发生的前提是资本主义制度的确立。

第三节　提问的策略与方法

提问是有策略和方法的，在历史授课过程中，何时提问，提问什么，怎么提问等都会对教学效果产生一定的影响。本节介绍几种最常见的提问策略和方法，辅以案例加以分析，供学习者参考。

一、提问的策略

（一）在适当的时间提问

1. 导入提问，集中注意

精巧的导入提问是课堂成功的一半。历史课的知识不是孤立的，而是前后联系贯通的。导入提问可以通过承接旧知识、引发新知识，由旧知识引发学生学习新知识的欲望。如："上节课我们学习了四大文明古国中的埃及，今天我们将要学习古老而神秘的古印度，那么古印度文明会带给我们什么样的感受呢?"在导入新课时，如果设计一个承上启下、层层递进的提问，可以引发学生的兴趣，避免其刚开始上课精力还没集中起来的问题。导入提问可以通过复习旧知识的方式，也可以通过图片、视频、故事、新闻等给予配合，快速有效地集中学生注意力。

2. 新课提问，引发思考

在教授历史新课的过程中，提问可以促使学生深入思考，探讨历史的本质和规律。例如在新授《工业革命》一课时，我们可以提问："18 世纪初期，资金、市场、原料和劳动力最充足的是哪个国家? 对，是中国! 那为什么工业革命却发生在遥远的英国呢?"提问是连接课堂部分与部分之间的纽带，可以过渡和转移教学内容，引入教学情境。例如讲到罗马法的发展历程时，可以这样提问："随着罗马帝国版图的扩大，公民法已经不再适用于罗马境内全体成员了，那么罗马法又是怎么继续改进和发展的呢?"

3. 小结提问，巩固新知

课堂小结有多种方式，常见的是教师总结，但这种方式忽视了学生的主体地位，学生被动接受，无法独立思考，甚至有些学生不会紧跟老师思路梳理本节课知识点。教师用提问的方法小结，并通过启发式教学，将主动权给予学生，让他们自行梳理所学知识的逻辑框架，从而在师生共议下，达到对整节课内容的升华。例如："我们回归到本课的题目《战后资本主义的新变化》，通过前面的学习，同学们来总结一下这个'新变化'都'新'在了哪里？"

（二）在教材适当的位置提问

1. 新旧知识联结处提问

上文所述的导入提问就是在新旧知识的联结处，即通过复习巩固学过的知识，为新知识的学习铺平道路，同时让学生明白新旧知识的内在联系，以便学生构建横向或纵向的逻辑框架。例如"为摆脱 20 世纪 30 年代经济大危机的影响，德国、日本等国走向了法西斯的道路，当时的美国是通过什么方式来摆脱这次经济危机影响的呢？"

2. 常规知识疑问处提问

中学历史教材中有很多的历史现象是与学生思维逻辑冲突的，在这些地方设问，能够使学生了解历史现象产生的本质原因及所隐含的深层意义。例如："在巴黎和会中，中国是战胜国，为什么还要把德国在中国青岛的权益转让给日本？"通过对这个问题的分析，能使学生从中得出巴黎和会的本质其实是一次大国分赃会议。再如："辛亥革命已经推翻了清王朝的统治，孙中山作为主要领导者，为什么要让位给袁世凯？"

3. 概念模糊处提问

中学历史教材中有许多概念仅一字之差，意思却千差万别。如果不及时厘清和辨别这些模棱两可、容易混淆的概念，就会影响学生下一步的学习质量。所以，在概念模糊处发问，有利于学生对比区别概念，加深理解。比如："我们已经学过了'土地革命'，那么它和'土地运动'有什么区别呢？"

4. 能力提升处提问

一堂历史课，首先是让学生掌握基础的历史知识，其次是培养其学习历史的能力，进而培养学生正确的价值观和家国情怀。如果在"甲午中日战争"课后设计这样一个问题："为什么说'唤起吾国千年大梦，实自甲午一役始也'？"便会引发学生深入思考，提升其思维能力。

（三）以适当的方式提问

1. 设疑激趣，寓教于乐

用有趣的历史人物、历史故事来提问。教师首先要广泛涉猎，积累丰富的历史知识，做到能在课堂上随时以典型、有趣的历史人物、历史故事作为提问素材，寓教于乐。

【案例 10.1】

《辛亥革命》的矛盾设疑

针对一个历史事件，很多教师的第一反应会是事件发生的背景、过程、影响，要把它们一一提问吗？这样只会让学生失去兴趣。如在学习部编高中《中外历史纲要（上）》第 19 课《辛亥革命》时，教师可以联系之前学过的太平天国运动提问。太平天国运动历经 14 年之久，波及了大半个中国，参与人数达几十万人，最终还是没有推翻清政府。辛亥革命在武昌发枪，新军只有寥寥几千人，历时 4 个月就推翻了清政府统治。为什么太平军 14 年没有完成的事情，革命军 4 个月就完成了呢？提出这样一个问题，激发了学生的好奇心，他们就愿意主动地去探究。

2. 启发提问，深化知识

启发性是提问的基本特征，教师提出的问题如有启发性，不但可以引起学生足够的兴趣，而且还能促进他们积极思考。启发式提问可以单独使用，也可以作为层层剖析法中的一环。

【案例 10.2】

《美国独立战争》的启发式提问

在学习部编初中历史九年级上册第 18 课《美国独立战争》时，教师询问战争爆发的根本原因是什么。有同学回答是来克星顿的枪声。教师可接着提问什么是"根本"原因，启发学生理解其内涵，从而分析出美国独立战争的根本原因。

3. 发散提问，培养能力

学生的创新思维主要通过发散提问来培养。历史课堂中开放性问题的设计，能拓宽学生思考的角度，激发其探究的欲望。

【案例 10.3】

《北洋军阀统治时期的政治、经济与文化》的发散提问

如部编高中《中外历史纲要（上）》第 20 课《北洋军阀统治时期的政治、经济与文化》一课，在分析民族资本主义进一步发展的原因时，教师可以给出 2 个角度的启示：在当时背景下，从国内和国际 2 个方面思考中国民族资本主义进一步发展的原因是什么。[①] 通过对这同一史实的发散式提问，既能让学生回顾基础知识，又能培养学生的创新思维能力。

4. 探究提问，促进互动

新课改下的教育更注重学生的主体地位。教师可通过设计探究型题目，组织学习小组进行合作探究，培养学生的合作能力。教师还可将一些学术界争议的问题引入历史课堂中，引导学生讨论，使他们在接受新观点、新理念的同时展示自己的奇思妙想。我们倡导历史课堂走出教室，让学生带着问题实地考察探究，培养学生思维的深度和广度。辩论式问题是一种新型的探究提问，针对某一历史问题可以给学生 2 种或多种观点，让其说明选择所支持观点的理由，运用所学史料来论证自己的观点，培养学生史料实证能力。

【案例 10.4】

有关李鸿章的辩论式提问

"李鸿章是中国近代历史上的最具争议的人物之一。有人因他在《马关条约》上签字说他是中国近代史上最大的卖国贼；也有人说他作为晚清名臣，倡导洋务运动，为中国历史作出了巨大贡献。你赞同哪种说法？为什么？"

---

① 刘卫华：《历史课堂教学中的有效提问策略》，载《教育学》，2009(6)。

二、提问的方法

在历史课堂教学过程中，提问策略不同，提问的方法也多种多样。如口头提问法、文字展示法、图片示意法等。在此，我们列举一些常用的方法以供参考。

（一）直接设问法

直接设问法即直入主题，直截了当地发问。如："汉武帝出生在哪一年？""王安石改革的措施有哪些？"直接设问是课堂提问的主体，学习历史基础知识时、前后知识点过渡时均可运用此法。

（二）情境启示法

历史是发生在过去的事情，由于时间的间隔，学生对历史的认知总有模糊不清的地方。在这种情况下，教师就应创设情境，增强问题的感染力，使学生有了一定感性认识后再理性分析问题。教师可以通过语言、图片、多媒体等手段描绘出特定情境，使学生产生联想，加深对问题的理解。

【案例 10.5】

《动荡的春秋时期》的情境式提问

在学习部编初中历史七年级上册第 6 课《动荡的春秋时期》时，可这样提问："客人来家，李四兴奋的拿着一串刀形币上街买米，偶遇张三提着一串铲形币去买肉……这样的情景应该发生在什么时期什么地区？"显然比起原问题"战国时期的货币形态有几种？齐国、燕国、赵国各使用什么货币？"更有趣。[①]

创设问题情境可以描述当时生活的场景，也可将历史事物比喻化，有了这些直观铺垫，提问自然就深入浅出了。

---

① 　武清彦：《历史课堂提问技巧浅探》，载《教法研究》，1997(4)。

(三)层层剖析法

简单来说，任何提问都应该是由已知到未知、由易到难层层推进、步步深入的。把事情的前因后果、表象本质一步步梳理清楚，才能使学生理解教学的重难点，这样的提问也符合人的思维发展特点。当提出某一问题后学生不知所措、没有思路进行解答时，可以将问题分解为几个，层层推进，引导学生作答。

【案例 10.6】

《明朝建立到清朝统一》的层层剖析提问

在教授部编高中《中外历史纲要(上)》第 13 课《明朝建立到清朝统一》时提问：明朝出现了内阁且其地位日益加强，内阁大学士有了票拟权，这与君主专制的加强是否违背？学生思考后若得不出结论，教师即可把此问题拆分为：内阁是什么性质的机构？票拟权具体是指什么？国家大事的最终决定权掌握在谁手里？当学生弄清这几个问题后，就会明白内阁不是削弱了君主的权利，而是成为加强中央集权的工具。①

(四)综合归纳法

即围绕同类性质的概念、事件发问，常用在复习课和专题教学中，便于学生以横向或纵向的标准梳理史实，一一说明。如："近代中国人民是怎么寻求救亡图存道路的？""近代西方文化史上有哪几次文化解放运动？"这种提问一般时间跨度比较大，可使学生从已有知识中提取有效信息，考查学生归纳总结能力。综合归纳法有利于学生将所学知识前后衔接起来，形成系统的知识体系。

(五)对比区别法

历史学习中相似的历史现象比比皆是，容易给学生造成概念上的混乱。教师可以用对比式提问，将相似的内容进行比较，找出其中的异同，加深学生对其特征的理解。对比区别可以同期对比，也可以古今对比，但要注

---

① 刘洪生：《对话视野下的中学历史课堂提问优化策略研究》，载《中小学教师培训》，2017(5)。

意确定好对比项，如此才能理清脉络、去伪存真。例如："国共第一次合作和第二次合作有什么异同？""古代农业精耕细作的特点在现实生活中还有表现，你能举例说明吗？"

第四节　常见问题

一、问题设计缺乏针对性

一堂历史课中，教师提出的每一个问题均应有预设目标。提问在立足于学生整体发展水平上更要兼顾个体差异。比如，综合性问题往往针对学习成绩好的学生，回忆性问题一般针对于学困生，发散性问题注重培养学生的思维能力。这样的提问方式有利于保持全体学习者的学习兴趣，分层次地提高全体学生的历史学习能力。

二、提问的节奏和频率不恰当

虽然"历史是不停地追问"，但在历史课堂上连连发问会导致学生来不及思考最后甚至产生厌烦；整节课只有一两个问题，也不利于学生思考。稀疏有间、张弛有度的提问才是有效、有质量的提问。问题提出后要有一定时间的停顿，要给学生留出思考时间，尤其是思考型提问不能让学生立即作答。思考时间长短要适度，可根据实际问题的难易程度决定。

三、提问方式单一化

在历史课堂教学中常常出现提问方式单一化的现象，如一节课中全部使用回忆性提问或评价性提问等。提问的单一化不仅会导致回答方式单一，也会使学生产生厌倦。因此，历史教师要尽量以灵活多变的方式提问。比如，阶梯式提问能够更好地帮助学生理清思路，做到真正地理解、运用知识；通过展示图片传递相关历史信息来进行提问，既向学生展示了历史知识，又锻炼了学生提取信息的能力。还可以鼓励学生进行反问。建议中学教师引入互联网、微信公众平台、网络信箱等课外提问方式，通过平等、有效的沟通拉近学生与教师的距离。[①]

四、提问缺乏完整性

一个完整的提问，从发问到思考、回答再到评价是缺一不可的。历史课堂提问缺乏完整性主要表现在 2 个方面：一是缺乏评价问题环节，二是评价程式化。针对以上现象，教师首先要认真听取学生的回答，这既是对学生的尊重，也是评价的基础；其次，教师应客观评价学生回答，对于学生的回答一般要给予鼓励和引导，尽量少用"很好"、"很棒"、"回答得很正确"等评价语。教师还应深入分析学生回答的闪光点，适当指出其不足，总结学生思考问题的方式和回答的方式，进而启发并指导全体学生进行思考。

学习反思

1. 历史课堂中有哪些提问的方法？
2. 历史课堂中的提问应怎样体现 5 大核心素养？
3. 如何设计历史探究性问题？
4. 历史课堂提问有哪些需要注意的问题？

拓展阅读

1. 林泽. 对话教学视野下的中学历史课堂提问评价体系研究[J]. 中学历史教学参考，2019(5).

2. 欧阳国亮. 核心素养视角下初中历史课堂有效提问的策略探析——以《经济体制改革》一课为例[J]. 历史教学问题，2019(2).

3. 王松光. 关于中学历史课堂提问的思考[J]. 中学历史教学参考，2018(16).

4. 刘洪生. 对话视野下中学历史课堂提问优化策略研究[J]. 中小学教师培训，2017(5).

5. 刘洪生. 普通教师与专家型教师历史课堂提问对比实证研究[J]. 现代中小学教育，2018(34).

---

① 刘洪生：《对话视野下中学历史课堂提问优化策略研究》，载《中小学教师培训》，2017(5)。

6. 徐脯强. 高中历史课堂教学提问的有效性探究[J]. 中学历史教参考，2016(14).

赵婕《新航路的开辟》提问技能视频

邵蒙《第一次工业革命》提问技能视频

第十一章　结课技能

内容提要

　　结课是课堂教学活动的终端，是教学过程的重要组成部分。精心设计的结课可以及时巩固学生刚学的新知识，培养学生归纳综合历史知识的能力，提升学生历史学科素养。历史课堂教学的结课有不同类型和特征。常用的结课方法有归纳法、谈话法、图表法、比较法、悬念法、延伸法、评价法、情感升华法、首尾照应法等。结课的常见问题有缺乏针对性、缺乏全面性、缺乏概括性等。

第一节　结课的内涵与功能

一、结课的内涵

　　结课亦称终课、课堂小结或是课堂总结，一般指一堂课的结束，是课堂教学活动的终端，是教学过程的重要组成部分。

　　关于"结课"，学界有不同的看法。朱汉国、郑林认为，结课技能是教师在一教学内容结束或一节课的教学任务终了时，通过归纳总结、重复强调、实践等活动使学生对所学的新知识、新技能进行及时地巩固、概括、运用，把新知识、新技能纳入原有的认知结构，使学生形成新的完整的认知结构，并为以后的教学做好过渡的一类教学行为。[①] 张保华将结课定义为"终课"，是指教师完成教学任务时，通过教师小结、学生练习等方式，让学生把所学的新知识和技能及时地巩固下来，并纳入学生认知结构中去的

---

　　① 朱汉国、郑林：《新编历史教学论》，117 页，上海，华东师范大学出版社，2008。

一种教学活动。① 两者虽然对结课的称谓不同，但本质都是对某一节课堂教学任务终结阶段的描述，是对整个教学活动起到总结和升华、完善学生认知结构的重要环节。

二、结课的功能

一堂精彩的历史课不仅需要有个良好的开头，还需要有一个耐人寻味的收尾，正所谓"凤头豹尾"。结课效果的好坏会影响历史课堂教学质量的高低，其在教学过程中的功能不可小觑。

(一)巩固新学知识

教师可以通过对一堂课知识点的简单再现，重点强调本节课的重难点，使学生进一步巩固新学知识；也可以利用时间轴或者大事表等方式对本堂课的知识点进行总结和整理，使之系统化，有利于学生加强记忆；还可以将课堂知识与现实热点问题进行联系扩展，使学生切身感受具体的实际关联，加深其对新知识的印象。

(二)提升学生思维

通过结课，教师对本节课的分散知识点进行梳理、归纳、总结，并将其与之前学过的旧知识进行联系、比较，形成一个完备的历史知识网络，从中总结出历史规律，使学生对所学的新知识有更加清晰、准确和系统化的认识，不仅有利于完善学生的认知结构，还有利于提升学生的思维水平。

(三)引导教学过渡

结课不仅要总结一课的教学内容，还要为后续的课堂教学埋下伏笔。首先，在全课结束时，教师可通过对本节教学内容的归纳概括，让学生对所学内容有一个系统的知识串联，同时对重点知识进行拓展和迁移。其次，教师还可以围绕单元教学目标或者模块教学目标向学生提出有关问题，为之后的新课讲授做铺垫。

---

① 张保华：《中学历史教学研究》，140页，北京，高等教育出版社，2001。

（四）培养学生能力

教师可通过现实中的具体事例或相关知识点，创建新颖的结课情境，诱发学生继续学习的动机，培养学生创新能力。通过展示相关资料和直观教具，比如图片、人物画像、历史填图册等，培养学生的观察能力、识图填图能力。

（五）升华主旨情感

高质量的结课能让学生感悟到所学内容的核心本质和情感氛围，做到知识与情感的融合。具有历史厚重感和时代气息的结课能对学生进行思想教育，使其把握历史发展的规律，做到以史为鉴，升华思想。

第二节　结课的类型与特征

一、结课的类型

根据中学历史教学内容的编排体系以及教学需要，历史课堂教学的结课有不同类型，一般分为课时结课、单元结课和模块结课 3 种类型。[①] 此外，根据学生在不同时间段对历史知识的学习和掌握情况进行结课，可以分为期中结课和期末结课。

（一）课时结课

课时结课是在一节课的最后阶段对本节课的教学内容进行总结，是历史教师最常用的结课方式，是课堂教学的常规要求。

（二）单元结课

根据对历史课程标准以及现行教材的编排，每个学期的历史课被分为关系密切的几个单元，以相同主题或相同专题的形式统领多节课的历史教学。教师在完成一个单元的教学、开启下一个单元的教学之前，应对前一单元的主题或专题进行总结，尤其是对分散在每一课中同类的历史问题，要对其特征和本质进行综合梳理并概括，得出一般规律与解决方法。这种

---

① 于友西：《中学历史教学法（第 3 版）》，220 页，北京，高等教育出版社，2009。

结课方式就是单元结课。

（三）模块结课

根据历史课程标准以及现行教材的编排，为适应学生在不同年龄段的发展状况，历史课程由若干个模块构成，例如初中的历史课程按时间顺序分为中国古代史、中国近代史、中国现代史、世界古代史、世界近代史、世界现代史；高中历史课程依实验的课标按专题分为政治、经济、文化等模块，按 2017 年版课标分为中国古代史、中国近现代史和世界史 3 个部分。教师在结束某个模块的教学活动后，要对本模块的教学进行整体性总结，把该模块的知识进行梳理和串联，让学生对所学知识有一个系统认知，最终完成模块教学任务。这种结课方式就是模块结课。

（四）期中或期末教学结课

在一个学期的期中或期末，教师要对该时段的教学进行复习回顾性的课堂总结，以便加强学生对该时段所学知识的联系，建构起历史知识框架，达到轻松记忆、自如运用的效果。这类总结多与测验、考试相结合，由教师在讲评时指出学生在此阶段出现的问题及下一步的努力方向。这种结课方式就是期中或期末教学结课。

二、结课的特征

（一）目的性

教学活动是为实现教学目标服务的，作为教学活动的重要一环，结课也不例外，要有目的性。教师应按照教学目标设计结课，紧扣教学目标、教学重难点和知识结构，结合学生掌握知识的情况以及在课堂教学中的情境等，将新知识及时纳入学生已有的认知结构中，有利于学生对知识的记忆、迁移和应用，完成教学目标。

（二）针对性

结课应该针对一节课、一个单元、一个模块和一个阶段的重点和难点展开，根据学生理解和掌握知识的程度，针对其关键概念、重要人物、重要历史事件及其重大意义和影响等进行梳理总结。

（三）系统性

结课作为课堂教学的重要环节，要给学生呈现一个合理、系统的知识结构。通过教师课堂总结，能及时消除学生对学习内容的疏漏和误区，使其自行回顾，查缺补漏，将所学知识系统化、清晰化，提高其归纳总结能力。

（四）引导性

教师在进行结课时，根据历史知识的连续性对教学内容进行梳理，从历史发展的规律性角度对学生进行启发，进而引导学生积极参与学习活动，指导其探究的方向，探寻历史发展的规律，要"点而不透、含而不露"，既巩固知识又余味无穷。

（五）灵活性

《普通高中历史课程标准（2017年版）》中提到历史课程的基本理念"要在体现基础性的同时，构建多视角、多类型、多层次的课程体系"①。因此，采取灵活的结课方式，是课标的要求，更是历史学科教学的要求。历史知识的丰富性、多样性加上现代教育技术和先进的教辅工具，充分发挥历史教师的主观能动性，以灵活多变的方式进行历史课堂总结，尽量让每个学生都参与其中，促进学生的个性发展。

第三节　结课的策略与方法

一、结课的策略

结课是讲究策略和方法的，好的结课能为一堂课增光添彩。历史教师在完成知识讲授后，可以灵活采用以下的结课策略。

（一）抓住中心，语言简练

结课时要抓住一节课、一个单元、一个模块和一个阶段的中心内容，

---

① 中华人民共和国教育部制定：《普通高中历史课程标准（2017年版）》，2页，北京，人民教育出版社，2018。

归纳相关知识，总结要点，突出重难点。同时在语言上要简练，切忌拖泥带水，方便学生对所学内容形成清晰的知识结构，建立起知识框架。

（二）首尾照应，前后一致

在课堂教学中，结课不仅是对整节课知识的总结，也是对课堂导入时所提问题的回应。因此，不仅要做到教学内容上首尾照应，也要做到教学过程的首尾照应。导入设置悬念，课中穿针引线，总结明确答案。这样既可使教学线索清楚明了，又能让知识结构完整紧密，起到首尾照应、前后一致的作用。

（三）创新别致，形式多样

对于结课，教师要打破思维定式，不拘泥于一种形式，多加入一些课堂实践活动，强化学生的动脑动手能力。解放思想，创造出新颖、别致、有效的结课方式，使结课真正成为学生获得知识、提升能力且喜闻乐见的教学环节。

（四）面向学生，积极参与

结课不仅是教师的课堂教学总结活动，也是学生的学习总结活动。教师应当引导学生积极参与到结课中来，实现自觉地总结知识、反馈问题、训练能力，使结课成为师生互动、生生交流、共同生成的教学环节。

二、结课的方法

（一）归纳法

归纳法结课，即教师对一节课的教学内容进行简洁明确的知识梳理，从而归纳出条理清晰、逻辑严密的知识要点，便于学生理解记忆。因其语言精练，也可以称之为"精讲法"。

【案例 11.1】

部编八年级《洋务运动》结课

19 世纪 60—90 年代，清朝统治集团内部的一部分官僚先后提出"自强"、"求富"的口号，倡导"师夷长技以制夷"、"师夷长技以自强"，并且发起了以学习西方科学技术、引进机器生产为中心的洋务运动。这是一场统治阶级为挽救自身危机而进行的救亡运动。虽然运动仅停留在向西方学习"器物"的层面，但洋务派在引进西方先进技术、创办近代企业、推进军事近代化和发展近代教育等方面作出了努力，从客观上促进了中国民族资本主义的产生和发展，使中国在近代化的道路上迈出了重要一步，开启了中国近代化的进程。

（二）谈话法

谈话法结课，即通过师生谈话的形式对一节课的知识进行回顾、总结，也表现为师生之间的一问一答，所以又称之为"问答法"①。

【案例 11.2】

岳麓版高中历史必修Ⅰ《雅典城邦的民主政治》结课

师：古希腊是古代民主思想与实践的摇篮，其独特的自然地理环境孕育了雅典城邦民主政治。雅典民主政治是西方文明宝贵的文化遗产，奠定了近代西方民主政治的基础。为什么说雅典的民主政治是近代西方民主政治的基础呢？请同学们根据今天所学知识进行思考。

生：现代西方的议会制度借鉴了雅典的公民大会制度，雅典的民主政治为西方民主政治奠定了一定的理论和实践基础。

师：还表现在哪些方面呢？

生：雅典民主政治中人民主权和轮番而治体现了人民主权的民主政治特点。

师：同学们说得都正确，但还不够全面。雅典民主政治为人类提供了一种集体管理国家的新形式，创造出法治基础上的差额选举制、任期制、比例代表制等民主的运作方式，这一伟大的创举为后世的民主政治发展积累了宝贵经验。但雅典民主不是现代意义上的民主，它既是伟大文明的催化剂，又是社会不公的暴力机器，我们在评价雅典民主政治时要辩证地对待，既要看到它的优点，也要认识到它的不足。

---

① 张华：《重建对话教学的方法论》，载《教育发展研究》，2011(22)。

（三）比较法

比较法是通过对不同时间、不同空间条件下的 2 个或多个性质和特征相同或相近的历史对象进行比较，分析异同，探索历史发展一般规律或特殊性的一种史学分析方法。使用比较法进行结课方式多用于单元教学总结或模块教学总结。

【案例 11.3】

部编九年级《基督教的兴起和法兰克王国》结课

本堂课我们一起走进了中世纪初期的西欧封建国家法兰克王国，也对查理曼帝国建立的过程进行了探索。其中封建制度的改革是中世纪欧洲历史的一项核心内容，世俗王权与神权相结合的特点对后来的欧洲历史产生了重要影响。提到西欧封建等级制度，大家回想一下老师刚才给大家展示得"金字塔图"。有没有感到很眼熟？我们在学习中国古代西周分封制时，是不是也给大家展示了一个"金字塔图"？请大家回忆西周的分封制，看看它与西欧的封建等级制度有何异同？

二者的区别主要是两个方面。第一，从分封的依据看，西周封建等级制度按照血缘来划分；西欧封建等级制度是按照土地进行划分。第二，从统治方式看，西周封建等级制度中周天子是最高的统治者；西欧封建等级制度中封建主之间不可越级统领。

二者的相似之处都有等级森严、权利与义务相互交织的特点。

通过以上的比较，我们可以清楚地看到东西方在封建社会之初建立的等级制度的异同，希望大家在今后的学习中经常采用这种比较的方法，对比记忆学过的内容，丰富自己的知识体系。

以上是课与课之间的比较，也可以对一节课中相近或相似的重点内容进行比较，完成结课。

【案例 11.4】

岳麓版高中历史必修三《宋明理学》结课

理学从宋代兴起，到明代将儒学发展到了一个新的高度。本节课我们学习了宋明理学的相关内容，从而获知程朱理学和陆王心学是宋明理学的主要组成部分。那么大家一起来将这两者进行比较，再次回顾本节课所讲的内容。

程朱理学与陆王心学都是儒学的表现形式，继承了孔孟"仁"、"礼"的思想，承认"理"的存在，实质上是以儒家的伦理纲常来约束社会，维护专制统治。

程朱理学与陆王心学也有不同：对世界本原的认识，程朱理学认为理是万物的本原，陆王心学则认为心是万物的本原；在哲学范畴上，程朱理学是客观唯心主义，陆王心学则是主观唯心主义；在实现理的途径上，程朱理学是格物致知，通过外物达到明理，陆王心学则是发明本心，通过内心反省达到明理。

通过对两者的比较，相信大家对其内容都有了明确认知。

（四）悬念法

悬念法结课，即一堂课结束时，教师在结语中设置悬念、提出新问题，激发学生继续学习和探究的欲望，为之后的新课教学埋下希望的种子。

【案例 11.5】

岳麓版高中历史必修三《文艺复兴巨匠的人文风采》结课

本节课我们学习了 14—15 世纪意大利新兴的资产阶级高举人文主义的旗帜，用"人"对抗"神"，强调人的地位和价值，肯定世俗生活的享受和乐趣，关注对人和社会以及自然的研究，掀起了文艺复兴运动，在众多领域取得了划时代的成就。在意大利兴起的文艺复兴，实质上是一场思想解放运动，那这场运动随后产生了怎样的发展变化？对欧洲社会又有怎样的影响呢？让我们下节课再一起学习《挑战教皇的权威》，探索欧洲思想解放的历程。

（五）延伸法

延伸法结课，即结课时对教学内容做一些适当、合理的延伸拓展。这种结课方式能有效地把课堂知识向其他方面扩展，拓宽学生的知识面，激发学生探索、研究新知识的兴趣，提升学生对历史现象和规律的认识。延伸法要考虑学情，根据学生已有的知识基础，以及其认知、理解能力，确定延伸的广度和深度。

【案例 11.6】

部编八年级《海峡两岸的交往》结课

中华民族有着五千年的历史和灿烂的文化，是具有强大生命力和凝聚力的民族，祖国的统一是中华民族最热切的盼望之一。祖国统一是大势所趋，是中华儿女的心之所向，是不可阻挡的历史潮流。同学们，我们在本节课学习了为解决台湾问题，促进祖国和平统一，海峡两岸人民进行了不懈的探索，那么在当代又有哪些事件能够说明两岸关系又有了新的进步与发展，祖国统一是民心所向呢？

（六）评价法

评价法结课，即在课堂教学结束时，教师运用唯物史观对所学历史事件、历史人物或历史过程进行评价的结课方式。这种结课方式能够帮助学生一分为二地看待历史问题，提高思想认识，培养其运用唯物辩证法分析、解决历史问题的能力。

【案例 11.7】

部编《中外历史纲要》第3课《统一多民族封建国家的初步建立》结课

秦朝的统一结束了春秋战国纷乱割据的局面，开创了"大一统"的盛世。为了巩固统治，秦始皇创立了君主专制中央集权的政治制度，奠定了我国古代大一统王朝政权体制的基础，成为我国古代政治制度的核心，并为以后历代所沿用。然而在他的统治下，百姓也是民不聊生，苦不堪言。作为强大秦朝的创立者秦始皇我们应该怎样来评价他呢？（一分为二的评价秦始皇，从功过两方面入手）

（七）图表法

图表法结课，即结课时运用现代多媒体等电子设备，将图片、图像、图示、图表等结课内容直接呈现给学生的结课方式，也就是运用历史图示教学法①进行结课，使学生对所学内容一目了然，明确其中的关联。

【案例 11.8】

岳麓版高中历史必修一《复杂多样的当代世界》结课

在进行单元总结课时，由于单元内容较多，共有 4 节课组成，单凭教师讲述难免会使得学生一头雾水，思维混乱，导致学生产生厌烦情绪。所以教师在结课时，利用历史事件加时间轴的方式，整合、梳理知识如下图，以方便学生记忆，理清事件之间的逻辑关系。

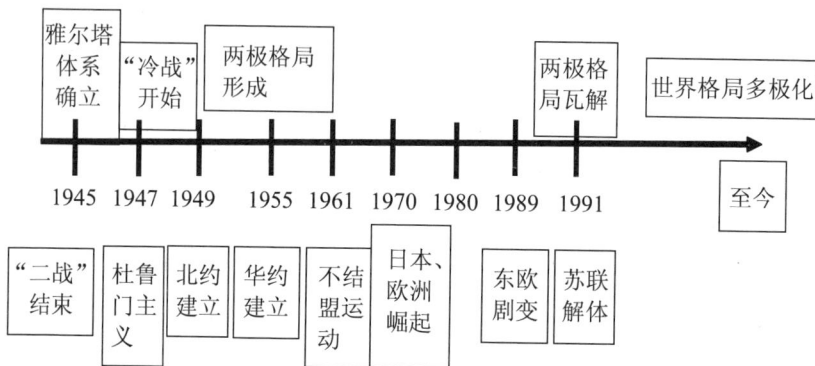

图 11.1 《复杂多样的当代世界》

【案例 11.8】

岳麓版高中历史必修一《鸦片战争》结课

1842 年，清政府被迫与英国议和，签署了中国近代史上第一个不平等条约。对于条约的内容及其危害，我们可以作如下总结，以方便大家记忆。

表 11.1 《南京条约》的影响

条　约	内　容	危　害
《南京条约》	开放广州、福州、厦门、宁波、上海为通商口岸	破坏了中国的贸易主权，中国东南沿海的门户被打开

---

① 黄慕洁：《1979—1994 年中学历史教学方法改革述评》，载《历史教学》，1995 (6)。

续表

条　约	内　　容	危　　害
《南京条约》	割香港岛给英国	破坏了中国的领土主权，使香港成为英国侵略中国的基地
	英国商人进出口货物应缴纳的税款，中国须同英国商定	破坏了中国的关税主权，便于列强倾销商品，掠夺原料
	领事裁判权	破坏了中国的司法主权
	片面最惠国待遇	利益均沾，便于列强侵略
	居住及租地特权	之后发展为租界，成为列强侵略的据点

（八）情感升华法

情感升华法，即在课堂教学内容结束时，通过情感渲染的方法结课。这种结课方式可以在知识总结的基础上进一步激发学生的思想情感，传播正能量，弘扬爱国精神和传播民族文化，树立学生正确的情感、态度与价值观，达到历史学科家国情怀素养教育的目标。

【案例 11.9】

人教版高中历史必修一《甲午中日战争和八国联军侵华》结课

中法战争之后，帝国主义又相继发动甲午中日战争和八国联军侵华战争，清政府与列强签订了丧权辱国的不平等条约，给中国人民带来了沉重灾难。在此民族存亡之际，中国人民纷纷行动起来，英勇抗争，抵抗帝国主义的侵略，出现了邓世昌、刘永福等大批的爱国将领。通过学习，我们感受到了这些爱国将士身上那不屈不挠的爱国精神，明确了捍卫民族主权是每一个中华儿女的责任。现在是和平午代，我们依然要继承发扬先辈的爱国精神，不忘初心，牢记使命，与任何分裂国家和民族的势力和个人进行斗争，要努力学习，为祖国的繁荣富强贡献自己的一份力量。

（九）首尾照应法

首尾照应法是指在课堂教学开始时抛出问题，引发学生的思考，在课堂教学结束时回答问题，与课堂开始阶段相照应，化问号为句号。

【案例 11.10】

岳麓版高中历史必修一《鸦片战争》结课

本节课我们主要学习了鸦片战争的整个过程，了解到清政府的软弱无能。鸦片战争以清政府的失败而告终。在本节课开始时老师提出了一个问题："鸦片战争为什么会失败?"通过刚才的学习，同学们也都掌握了战争的相关情况。现在来分析鸦片战争失败的原因(政治制度、经济发展、战略战术、国际因素等方面)。

第四节　常见问题

一、缺乏针对性

(一)教学层面

教学活动都是为教学目标服务的，结课作为教学活动的一部分，应针对教学目标的达成。但是在实际的教学中，会出现教师脱离教学目标而设计结课方式的问题，导致结课与其他教学环节不能前后相承，教学线索杂乱无章。

(二)学生层面

学生是学习和发展的主体，结课要尊重学生在学习过程中的独特体验。所以，结课时教师还要针对学生不同身心发展的特点，关注学生的个体差异和不同的学习需求。但是，在实际的教学中会出现无视不同学生特点的问题，不能根据不同年龄段学生的不同身心发展以及个性养成进行有针对性的设计。

二、缺乏全面性

(一)过多关注重难点

在现实教学活动中，教师容易过于关注教学内容的重难点。结课时如反复强调重难点，就会忽略历史发展过程中的细节，造成学生在学习上"只知其一，不知其二"的现象。结课如缺乏全面性、历史常识性，就不利于学生完整理解历史事件。①

（二）仅仅局限于课本

应试教育体制下，教师容易只关注于学生对教材知识的理解和掌握。所以在结课时，大部分内容是对于课本知识的归纳总结，知识结构单一，没有与学生的实际和现实社会相联系，达不到培养学生实践能力的目的。

三、缺乏概括性

（一）语言不够精练

结课环节的时间较短，通常是 2～3 分钟。这就要求结课语言要精练。结课切忌拖泥带水，要用精练的语言，言简意赅地明确表述所要结课的教学内容和所要表达的主旨。为提高教学效果，教师需要不断凝练自己的结课语言，这样才能在有限的时间内充分发挥结课功能。

（二）重点不明确

教师在进行结课时，不能明确指出教学的重难点，不能对本节课的教学重点和难点进行精准的总结和概括，只是流于对新课知识点的复述，结课仍然是新课教学的重复，从而使得整堂课失去节奏，变成"漫灌"式教学。

四、结课生硬

结课是课堂教学不可或缺的重要组成部分，与教学过程的其他阶段有着前后一致的有机联系。这就要求在完成主体内容的教学后，要自然而然地过渡到结课环节。在结课时脱离教学内容、忽视学生对已有知识的掌握情况等，为结课而结课，结果就会出现机械结课、生硬结课的情况。

学习反思

1. 在结课时可以采取哪些方法？
2. 在结课时应当注意哪些问题？

---

① 赵亚夫：《"教好"常识是中学历史教师的基本任务》，载《中学历史教学参考》，2016(13)。

3. 试设计一节历史课的结课内容。

拓展阅读

1. 何成刚. 历史课堂教学技能训练［M］. 上海：华东师范大学出版社，2008.

2. 李庆忠. 历史课堂教学的结课技巧［J］. 教育学术月刊，2009(9).

3. 徐世德. 历史课堂教学小结的艺术［J］. 历史教学问题，2007(2).

4. 张华. 重建对话教学的方法论［J］. 教育发展研究，2011(22).

5. 薛克利. 浅谈历史教学中的课堂小结［J］. 教育探索，2001(01).

6. 华山. 历史教学的课堂小结［J］. 中学历史教学参考，1994(Z2).

赵婕《新航路的开辟》结课技能视频

刘佳《古代日本》结课技能视频

第三编 教学组织技能

引　言

　　教师是教学过程最直接的组织者，教师主导作用的发挥，教学过程的定向发展有赖于教师对教学活动的组织。教学组织主要包括对教与学过程进行有计划的组织，以及学生学习过程中的自我组织能力的培养和形成。本编重点分析历史教学组织的 6 种重要技能。

　　史料是历史教学的基础，每个历史教师都必须掌握史料选取和运用技能。历史一去不复返，通过教学情境创设，有利于学生感悟和理解历史。以小组讨论为基础的合作学习，可以培养学生的多种能力和品格，是核心素养时代的必然要求。为了教会学生学习历史，在教学组织中始终要贯彻学习方法的指导。在信息时代，教育信息技术的合理运用，对历史教学具有重要的辅助作用。历史教学的根本目的不是历史知识的大量积累，而是历史学科思维的培育，这是核心素养时代的根本要求。

　　基于教育信息技术，精心选取和运用史料，创设适宜的教学情境，引导学生高效合作学习，始终注重历史学习方法指导，中学生的历史学科能力就可以逐渐培育。

第十二章　史料选取和运用技能

内容提要

　　史料是历史研究的重要基础，也是历史教学不可或缺的资源。历史教学需要重视学生对历史知识本质的理解，唯有理解史料和历史之间的关系才能理解历史知识的本质。在史料运用过程中，"史料"是核心，运用不合理会适得其反。教师应引导学生收集史料、解读史料、运用史料、分析史料，避免常见问题，从而培育学生的史料证据核心素养。

第一节　史料教学的内涵与功能

　　没有"史料"，历史就没有味道。历史教学需要重视学生对历史知识本质的理解，唯有理解史料和历史之间的关系才能理解历史知识的本质。理解了历史知识的本质，才是真正认识了历史，从而展现出学习历史的真正价值。基于这种思想，史料即历史教学的核心，教师因而要善于掌握史料选取和运用的技能。

一、史料与史料教学的内涵

　　史料是了解过去或客观地认识历史的重要载体，人们对历史的研究和认识离不开史料。

　　1. 国内外不同学者对史料的阐释

　　德国历史学家伯恩海姆给史料下过两个定义，一是把史料称作"我们的科学从中获取认识的素材"，二是把史料称作"人类活动的结果，它们或者由于其自身的目标，或者由于其自身的存在、起源或其他情况而特别适合于提供和证实历史事实"。波兰学者 M. 汉德尔斯曼将史料定义为是："固定并保存下来的人类思想、活动或生活的踪迹。"我国著名史学家梁启超认为：

"史料者过去人类思想行事所留之痕迹,有证据传留至今日者也。"①白寿彝说:"史料亦即人类社会历史在发展过程中所遗留下来的痕迹。"②由此可见,史料是人类社会在发展过程中遗留下来的能够认识过去的一切资料,它使我们能够科学的重现社会的发展。

在历史教学中,以史料为媒介,生动地反映历史的本来面貌,可以培养学生史料运用能力、拓宽学生知识视野、帮助学生准确地领悟历史。这亦是史料教学的重要意义。

2. 史料应用于中学历史教学的发展历程

史料教学法于 20 世纪 70 年代由英国历史教学界提出并进行系统研究。20 世纪 80 年代,史料广泛运用于教师教学,史料教学法在英国得到普及。美国从 20 世纪 80 年代后期起,就史料在历史教学中的运用、价值、方法等方面进行了细致研究。此外,澳大利亚等国也开始将史料教学的方法运用于历史教学。我国在 20 世纪 80 年代开展了以变革历史课堂教学方式方法为主的教育改革,其中就包括史料教学的方式方法。进入 21 世纪,随着历史课程改革在全国范围内的普遍开展,史料教学已被越来越多的教师所了解和运用。

3. 史料教学阐释

白寿彝曾说过,历史教育具有 3 项任务:一是讲做人的道理;二是讲历代兴衰治乱之故;三是讲历史的前途。而重视和加强史料教学则是实现教育任务的一条极好途径。以史料作为证据重构历史的情境,让学生认识历史知识的本质,实现历史教育任务。李稚勇强调史料教学"即注重历史课上史料的学习与运用,学生在教师的指导下通过自身的探究活动,来探讨历史问题,并掌握一定的历史研究方法"③。

史料教学是指在历史教学过程中,教师指导学生对相关的史料进行处理,使学生自主地从材料中获取历史信息,并利用这种信息完成对历史探究的一种教学方法。它不同于以往在教学中引用历史材料的做法,它实际上是一种以人的发展为根本宗旨的历史课堂教学方法。通过史料的媒介作用,让学生能清晰、真实地掌握历史知识,并发展历史思维能力,培养正确的历史观。

① 梁启超:《中国历史研究法》,40 页,北京,中华书局,1994。
② 白寿彝:《史学概论》,4 页,银川,宁夏人民出版社,1983。
③ 李稚勇:《论英国中学历史课的史料教学》,载《教育科学研究》,2010(1)。

二、史料教学的功能

英国著名学者埃尔顿认为"没有必要把儿童像历史学家一样进行训练"。史料教学不是要求学生像历史学家那样去研究历史，而是借助史料使历史论述得以鲜活、生动、有趣，提升学生学习兴趣、扩大认知并提高能力。

1. 激发学生学习历史的兴趣

在历史教学中，要调动学生的学习动机，"如果在教学中仅仅是'给予'，那么学生只是被动地接受历史知识；而在积极探究的理解中，学生通过运用史料的实践活动来提高自己的学习水平，他们会感到有兴趣"①。史料教学可以为学生提供认识、理解、感悟历史的更直观、更生动活泼、更类型多样的丰富的感性材料，有助于激发学生学习历史的兴趣，激发学生的探究欲望。

【案例 12.1】

高中历史必修一《世界多极化趋势》的史料运用

针对本课"战后，日本经济获得高速发展的原因是什么？"这一问题，教师出示 2 段材料：

材料一：各国经济增长率(％)比较

时　　间	日本	美国	英国	联邦德国	法国	意大利
1952—1960 年	8.2	2.8	2.7	7.5	4.8	5.8
1961—1970 年	11.2	4.1	2.8	4.8	5.8	5.6

材料二：1972 年，日本外相大平正芳在记者招待会上说："日本跟着美国脚步走的时代已经过去了。"同时，日本在日美同盟的前提下展开了所谓的"多边自主外交"。日本还要谋求做一个政治大国，在国际事务中有更多的发言权，并积极争取得到联合国的常任理事国席位。

---

① 李稚勇：《论史料教学的价值——兼论中学历史教学发展趋势》，载《课程·教材·教法》，2006(9)。

通过这些图表与文字史料，学生结合所学内容对"日本经济获得高速发展的原因"有了更全面的了解，有利于培养学生论从史出、史论结合的历史思维。同时也充实了课堂内容，丰富了教学方式，激发了学生学习历史的兴趣。

2. 培育学生的历史思维能力

在历史学科能力中，历史思维能力是核心。赵恒烈教授指出"历史思维能力是人们用以再认和再现历史事实，解释和理解历史现象，把握历史发展进程，分析和评价历史客体的一种素养"[1]。在教学中，史料的运用，不仅可说明史实，还可让学生在运用史料或证据探究历史问题的过程中，培育历史思维能力。

【案例 12. 2】

高中历史必修一《雅典城邦的民主政治》的史料运用

针对"雅典民主制的意义？"这一问题，教师出示 2 段材料：

材料一：西方学者评价古希腊城邦的成就时说："不应看它没能做到什么，而应看它做到了什么。"

材料二：中国学者认为，在雅典尽管民主政治有了高度发展，但其只是男性奴隶主的民主，不能过度美化。

可见，史料是历史思维能力培养的出发点和基础。借助史料，在探寻历史事实的过程中可实现历史思维能力的培养。

3. 增强学生适应评价的能力

随着新课程改革的深入开展，在高考中对学生如何理解和处理史料，以及如何阐释历史的能力考查越来越重视。高中课堂必须高度关注史料，适当运用史料进行教学。在研读史料的过程中，通过区分辨别、理性比较史料，识别史料中对史实的叙述、描述及对人物、事件等的评价，学生的主观能动性会得到充分的调动和发挥，历史思维能力从而得到培养和提高。

---

① 赵恒烈：《论历史思维和历史思维能力》，载《历史教学》，1994(10)。

第二节　史料的类型、特征与选取

一、史料的类型

从表形式角度划分，史料大致分为 4 种类型：

1. 文献史料。是指用文字的形式体现和保存下来的人类活动记录，包括：

（1）历史文献。如文书、报告、笔记、回忆录、档案、条约、奏折等；

（2）历史著述。包括历史研究相关的各种著述，如崔丕著《近代东北亚国际关系史研究》等；

（3）文艺作品。如诗歌、小说、戏剧等，它们是以艺术的形象来反映历史社会生活。

2. 口述史料。是相对于文字史料而言，即收集当事人或知情人的口头历史资料。口述史料一般适用于中国近现代史的探究，学生可以通过调查访问，获取丰富的历史认识。

3. 实物史料。是人类在征服自然和进行社会活动时所遗留下来的工具、用品、文物、古迹、遗址、建筑、绘画等以物质形式保存下来的资料。

4. 图画与音像史料。图画史料中包括地图、绘画、相片、简图、现代重建图、雕塑等。音像史料是通过音像手段与历史资料的有机融合，运用图形、声频、视频等技术手段反映历史活动的声像记录，如历史纪录片、历史动画、影视剧等。

从整体价值评判来看，史料可分为 2 大类，即原始史料(第一手史料)和非原始史料(第二手史料)。如当事人记载的文字和使用的实物，都属于原始史料，历史专著、文学作品等则属于非原始史料。

培养学生的史料分析能力，首先就要让他们判断史料的不同类型，以及不同类型史料的价值。

二、史料的特征①

(一)史料具有多样性

人类自诞生以来，创造了丰富的物质财富和灿烂的文化，作为研究人类活动事迹的历史学内容博大精深，史籍记载内容广泛。历代王朝的统治者特别强调修史，流传下来的史料汗牛充栋。特别是近现代以来，由于出版业发达，相关史料数不胜数。这为教师选择史料、应用教学带来了极大方便。

(二)史料具有主观性

历史上所发生的事是客观的，不容假设，但历史又具有主观性。文献史料大多是前人经历和传闻的记录，或他们对所见到的史籍、档案的引用、编纂和解释。历史学家对它们的描述，会受到记录者、著史者的主观目的、政治态度等因素制约，蕴含个人情感与主观见解。因此，史料存在主观性。

(三)史料具有模糊性

史料类型丰富，信息反应多元，但有一些史料本身所反映的信息不具有连贯性，尤其是实物史料，是一种孤立的历史片断，蕴含信息十分模糊，不能直接反映历史活动和意识活动的全过程，需要参证具有相对系统性的文献史料。史料的模糊性要求教师在课堂上不能孤立展现历史文物与历史图片，应与文献史料相联系。

基于史料这些特征，教师在引用史料时，要对史料做好甄别、辨伪工作，要注意选择有针对性、鲜明性和准确性的典型史料，优先选择引用未经后人改易、删节、综合加工过的原始资料。

三、史料的选取

基于中学历史教学的实践，可从以下途径选取史料。

---

① 本节内容参照陈志刚：《史料的特点与史料教学》，载《中学历史教学》，2009(10)。

（一）从史书中选取史料

史书是指"记载历史的古籍"，是还原历史的重要资料。如从经、史、子、集四部中找到精华作为教学史料的来源。

【案例 12.3】

高中历史必修二《农耕时代的商业与城市》的史料

针对"古代商业的发展历程"这一问题，教师出示 5 段史料：

材料一：庖牺氏没，神农氏作……日中为市，致天下之民，聚天下之货，交易而退，各得其所……

——《易经·系辞》

材料二：（殷人）肇牵车牛，远服贾用，孝养厥父母。

——《尚书·酒诰》

材料三：（周朝）工商食官。

——《国语》卷 10《晋语四》

材料四：（卫国大商人）子贡结驷连骑，束帛之币，以聘享诸侯，所至，国君无不分庭与之抗礼。

——《史记·货殖列传》

材料五：临淄甚富而实……临淄之途，车毂击，人肩摩，连衽成帷，举袂成幕，挥汗成雨；家敦而富，志高而扬。

——《战国策·齐策一》

（二）充分运用教科书中的史料

现行中学历史教科书的每一课中都有《学思之窗》、《历史纵横》、《知识链接》《资料卡片》等史料板块，内容广泛，种类繁多，有文字类、图片类、图表类等，一般都是经过精心选择的优良史料，教师如若充分挖掘、运用，既可培养学生史料分析能力，也会提升历史教材的使用功能，经济省时。

（三）从历史专业著作中选择史料

历史教学需要深厚的专业知识积淀，这离不开持之以恒的专业阅读。至少，教师应该带着教学设计中的疑难问题去作专题阅读。所选著作既可包括经典的教材、名家名著，也可包括最新的学术研究成果，如陈旭麓著《近代中国社会的新陈代谢》、钱穆著《国史大纲》、章开沅撰《中国经济史》、白寿彝著《中国通史》、费正清著《剑桥中国史》等。教师可以从中发现极为丰富的教学史料。

(四)从高考试题中撷取史料

新课程改革以来，高考命题以新史料为主，各种新材料的出现重在检测学生历史思维能力情况，所占比重也越来越大。研究历年的高考题，不仅可以了解当前高考的考试动态，同样也可以将高考试题中的史料作为教学史料，提高历史教学的针对性。如在讲解高中历史必修二《农耕时代的商业与城市》时，可借鉴海南省2008年高考第26题的材料，评述中国古代商人社会地位的变迁，从而丰富教学内容，增强学生的历史认识。

(五)从网络资源中寻找材料

网络技术为历史教学提供了丰富的信息资源，一般采用关键字、关键句搜索的办法就可以找到所需的相关史料，检索方便，针对性强，对教师了解最新的史学研究成果帮助极大。但网络资料良莠不齐，需要教师鉴别和筛选，尽量使用权威可靠的资料。

第三节　史料教学的策略与方法

在史料教学的过程中，教师不仅要选取史料进行教学设计，研究史料教学模式，还要积极探寻培养、提升学生的史料分析能力。

一、史料教学的策略

(一)史料情境要有新意

对史料进行高品质的运用，教师要将历史知识置于一定的情境中进行有效的分析与评价。史料教学中要想激发学生的思维，创设适当的历史情境必不可少。它可以让干瘪晦涩的历史内容变得"有血有肉"、丰富多彩，可以把枯燥的历史知识形象化，营造历史的现场感，激发学生的思维，为解决问题打下伏笔。

（二）问题设计指向明确

要帮助学生理解和掌握所学的重点和难点内容，进而提高学生的历史思维能力。教师要借助史料，精心设计一些难度适中，具有针对性、规律性、启发性的问题，以便学生带着问题深入研读史料，从而做到知识迁移，将历史与现实紧密结合，最终使学生的历史思维不断向纵深推进。

（三）诱导探究有方法

苏霍姆林斯基说过："学生的脑力劳动中，摆在第一位的并不是背书，不是记住别人的思想，而是让学生本人进行思考，也就是说，进行生动的创造。"[①]苏霍姆林斯基提到的思考，在史料教学中就是要引导学生积极探究。学生阅读史料，获取有效信息，解答问题，不可避免地会遇到困难和障碍。教师要积极诱导，进行针对性的指导，为学生搭建知识支架，帮助学生解决问题，提升学生历史思维能力。此外，还要积极引导学生针对史料及学习内容提出自己的认识和解释。

二、史料的研读方法

教会学生史料研读的方法，是教师应十分关注并值得探讨的一个问题。从教学的角度，史料研读可采用如下方法。

（一）辨别史料，判断研究价值

判断史料可信度，一般有以下原则：一是密切联系原则。某一个史料离历史事件的时间、地理位置最紧密，或在关联性上有最密切的联系，那么这段史料的可信度就比较高。二是孤证不立原则。这是史学界评估史料可靠性都会遵循的原则。要教会学生运用已有的知识和研究方法分析资料，要采用不同身份背景、不同立场角度的史料来分析历史。一般而言，实物比文字可信；第一手史料比第二手史料可信；影像资料比纯文本资料可信。教师在授课过程中，应引导学生在日常学习史料时自然而然遵循这些原则。辨别史料可归结为 2 步：第一步从史料性质、来源、出处、著作者等角度，确定史料信息的价值；第二步具体分析史料中所包含的史料信息内容，鉴

---

① ［苏联］苏霍姆林斯基：《公民的诞生》，47 页，北京，教育科学出版社，2002。

别其真伪。

（二）解读史料，分析相关问题

运用史料的前提条件是要读懂史料。对于初中生，研读史料的首要问题是生字和词，教师应该提供注音、注释等帮助，首先帮助学生解决认读方面的困扰，再引导学生深入的理解内涵。除此以外，还应注意：

（1）重视史料的辅助信息，如史料来源，提示语，标题等；

（2）完整阅读史料，不可浅尝辄止或望文生义；

（3）了解文字的修辞手法，如比喻、暗喻、反讽等，正确把握作者观点；

（4）留意细节，大胆设问和想象。

对于非文字史料的信息处理，首先，要确定非文字史料生成的时间和背景，有助于我们理解其中所蕴含的文化信息，了解史料背后的历史。其次，汲取非文字史料信息要善于发现其中的细节信息，并运用逻辑思维，结合已有知识，将散乱的细节信息串联起来。最后，分析非文字史料，还要有活跃的灵感和敏锐的洞察力。

（三）运用史料，论证历史问题

在历史教学中，历史教师要培养学生学会"论从史出"，对史料需要深度挖掘其"背景"进行论证，而不是拘泥于"标准答案"。教师要引导学生从不同的立场、不同的角度对同一历史事件或者历史人物进行分析，并观察可能发生的变化。不同的史料代表着不一样的观点，让学生接触多种不同的史学观点，增强与他人之间的合作与交流，吸取他人观点中的合理部分，可提升学生的人文素养、分辨能力和理性思维能力。多则史料的相互配合既可以集中使用，强调层次递进，也可以前后呼应，分散使用，理清历史发展脉络。

第四节　常见问题

一、选择史料缺乏考证

历史研究的任务就是依据史料发现隐藏在史料背后的历史事实。如果史料信息的来源真实可靠，数量丰富，意味着人们全面了解历史的可能性越高。反之，史料不可靠，所得出的结论就站不住脚，所做的一切都将劳而无功。

例如，在有关美国独立的教学中，有教师呈现史料："《常识》一出，振聋发聩，犹如划破黑夜的枪声。不出 3 个月，发行 12 万册，总销售量达 50 万册。当时 200 万北美居民中几乎每一个成年男子都读过或者听过别人谈这本小册子。"由此得出启蒙思想的传播对北美资产阶级革命发生的推动作用。[①] 但进一步研究发现，数据可能存在问题。当时的居民一共 200 万，排除家庭妇女、黑奴、不识字者和儿童，《常识》这本书有可能真的是人手一本吗？进一步的查阅资料发现，《常识》的最终销量只有"50 万册"与"15 万册"两个数字，这样的数据真假难辨，极有可能是引用过程出现的差错。

又如，曾经在很多版本的中学历史教材中出现过的所谓中山装"三民主义、五权宪法等特殊的政治含义"，通过考证，民国时期大量官私文献的梳理，没有证据支持孙中山或国民政府曾赋予中山装三民主义等特殊的政治含义。迄今为止的所有相关研究，始终没有一条支撑史料，所谓中山装的特殊政治意义只是今人牵强附会的一个美丽童话。[②]

中学历史老师理应有高度的职业敏感，对史料不能实行"拿来主义"。对来源不可靠或心生疑惑的材料，一定要追根溯源，利用专业知识和技能详加鉴别、分析，最大程度地做到去伪存真、披沙拣金。

二、史料和结论不匹配

教师帮助学生理解史料不能仅仅停留于史料的表象，而应当深挖史料背后的深层意义，使学生在史料解读过程中形成深层的历史认识。但在教学中，史料与结论不匹配的现象常有。如在《五四运动》的教学中，某教师仅仅呈现一段材料："一家理发店门前贴出'国事如此，无心整容，请诸君不必光顾'，然后得出"五四运动群众基础广泛"这个结论。[③] 该材料没有任何有关五四运动的群众基础的直接信息，显然不可能推导出相关的结论。历史结论的得出需要有严谨的证据，更需要有严谨的思维，要通过材料说

---

① 戴加平：《跟着葛兆光学习"历史解释"——兼论"历史解释"不可或缺的三要素》，载《历史教学(上半月刊)》，2018（7）。

② 参见薛伟强、汤文：《中山装"政治含义"考辨》，载《历史教学》，2014(21)。

③ 何成刚等：《智慧课堂：史料教学中的方法与策略》，255 页，北京，北京师范大学出版社，2012。

明结论，而非论证得出结论。如要得出"五四运动群众基础广泛"这一结论，必综合考察有关家庭妇女、商人、学生、工人等各阶层表现的史料。

三、史料运用时机不当

教科书由于篇幅的限制，多是结论性的语句。如果教师自身的史学功底和理解力、表达力不是很强的话，在阐述相关内容时便会出现一定困难。而学生往往觉得这些东西既难学，离自己的生活又远，学习兴致不高。因此，针对这类问题需要借助材料的形象性加强学生对疑难问题的认识，突破教学疑难问题。

在讲解高中历史必修二《中国社会主义经济建设的曲折发展》时，有教师展示"一五计划成就"、"十年探索成就"、"'文化大革命'时期建设成就"、"先进人物"等图片、文字资料，并提出：问题1：从1956—1976年的20年间，中共中央正确的指导思想有哪些？问题2：从1956—1976年的20年间，我国取得了哪些主要成就？而针对"问题3：取得这些成就的主要原因？问题4：一五计划建设时期的中国人民具有怎样的精神和情感？"这两个问题却没有呈现任何史料。相比较而言，前2个问题是简单的知识性问题，后2个问题是开放性的应用问题，更应补充相应史料帮助学生理解。

因此，在教学中史料的补充要针对教学内容的重点难点，通过补充史料突破难点、解决重点。

四、史料过难或过多

中学历史教学的课时有限，不可能让学生像历史学家那样展开历史研究的全过程。并且由于学生的历史研究能力和知识储备水平的限制，也不可能每堂课都开展研究。此外，就知识的类型看，知识包括陈述性知识和程序性知识，陈述性知识的最佳方法还是讲述法。由此可见，虽然我们提倡史料教学，但是史料教学也不可能成为历史教学的全部，每节课所用史料的数量要适中，要与具体教学容量及学生实际情况一致。

教学使用的史料应该符合学生的认知水平，尤其是初中生。在教授川教版八年级《教育与科学技术》时，有一位教师使用了很多材料，其中5段史料都以繁体字呈现，且没有作任何注释或翻译，文言文本身语言晦涩、佶屈聱牙、义奥难懂，再加上繁体字，好多字初中生根本不认识。这样的史料难以达成预期的效果，有效性大打折扣，只能成为教师利用的工具。

有教师在一次授课中，以"民主的基因"、"民主的尝试"、"民主的基石"、"民主的智慧"重构高中历史《美国联邦政府的建立》教学内容，设计很用心。但教学过程中总共使用了不少于 16 条史料，且绝大部分史料都有至少 2 个需要讨论的问题，可以说整堂课都在分析史料。因问题太多，每次留给学生思考的时间大多仅有 1 分钟左右，学生的思维只能在有限时间内被迫围着老师转。如此通篇"史料轰炸"而忽视教材，不利于历史知识的完整化、系统化，学生一定会难以适应。①

提高史料教学的效度，需要潜心阅读、精心设计。实践中常见的呈现方式或是从史实到史料，或是从史料到史实，大部分是作为某个结论的证据，史料和史实之间的联系相对平面化。即使有学生分析讨论的过程，学生的主体作用相对来说也是隐性的，其作为历史事件参与者的角色意识很难彰显。在某种程度上，老师对史料的选择已经决定了学生的思维方向。史料教学应教给学生一种方法："要搜集、比较不同的史料；不要轻易下结论；要有质疑的精神；要培养解释历史的方法和能力。"②教师应当有目的地使用多样化的史料，营造一个探索和解决问题的历史情境，让学生利用证据尝试进行重建过去，要注意改变学生的学习方式，让他们养成独立思考的习惯。

学习反思

1. 史料的分类与来源有哪些？
2. 史料的研读方法有哪些？
3. 史料教学的策略有哪些？
4. 史料教学中要注意哪些问题？

拓展阅读

1. 冯一下. 史料、史实与历史教学的有效性[J]. 中学历史教学参考，2008(6).

---

① 参见薛伟强：《一节好课应当把握的四个度——以四节全国公开课为例》，载《中学历史教学》，2014(10)。

② 何成刚，彭禹，夏辉辉，沈为慧：《智慧课堂：史料教学中的方法与策略》，245页，北京，北京师范大学出版社，2010。

2. 王艳红. 高中历史教学中史料教学的探索及反思[J]. 中国校外教育，2016(12).

3. 李稚勇. 论史料教学的价值——兼论中学历史教学发展趋势[J]. 课程·教材·教法，2006(9).

4. 李伟科. 21 世纪高中历史教材中的史料及其在教学中的应用[J]. 历史教学，1999(4).

5. 张汉林. 基本史料：思考"史料教学"的新视角[J]. 课程·教材·教法，2016(8).

6. 薛伟强. 中学生史证能力素养的内涵、现状与培育[J]. 历史教学：中学版，2018(8).

苏继红《英国的制度创新》史料选取和运用技能案例

谈娟《新中国初期的外交》史料选取和运用技能视频

第十三章　情境创设技能

内容提要

　　历史教学情境是通过语言、问题、图片及实物、多媒体、角色扮演等方式为学生创设的历史课堂环境。历史教学情境是连接遥远的历史与学生已有经验之间的桥梁，它可以引导学生感受历史、感知历史、感悟历史。历史教学情境主要包括实物情境、图文情境、语言情境、问题情境、活动情境与生活情境等，可以借助教育技术、联系生活、设置问题、运用材料、讲述故事等方式创设。历史教学情境创设的常见问题有情境未针对重难点、问题过多或难易不适，教师未注意启发诱导，情境单一化、模式化等。

第一节　历史教学情境的内涵与功能

一、历史教学情境的内涵

　　情境，《现代汉语词典》中解释为"情景，境地"[①]，历史教学情境是通过语言、问题设置、图片及实物、多媒体、角色扮演等方式为学生创设的历史课堂环境。德国学者有这样一个比喻：将 15 克盐放在你的面前，无论如何你难以下咽，但将 15 克盐放入一碗美味可口的汤中，你就可以在享用佳肴时，不知不觉地将 15 克盐全部吸收了。[②] 盐与汤，就如知识与情境。在教学过程中，教师有目的的创设或引入一个相关问题的情境，可使学生产生身临其境之感，引发一定的心态或情感体验，促发思考的积极性，最终达到提高教学效果的目的。

---

　　① 中国社会科学院语言研究所词典编辑室：《现代汉语词典（第 6 版）》，1062 页，北京，商务印书馆，2012。

　　② 余文森：《有效教学十讲》，85 页，上海，华东师范大学出版社，2009。

二、创设历史教学情境的意义

1. 创设情境，使学生乐于学习

学习不是简单的知识积累，而是新旧知识经验的冲突引发的认知结构的重组。因此教师在组织课堂教学时充分钻研教材，准确把握教学目标和学习目标，结合学生已有知识经验、年龄特征和生活经验，对学习内容加以取舍、加以补充，有效开发和利用情境，化抽象为形象，力求做到生活历史化、历史生活化，可提高学生的参与热情，激发学生的求知欲，促进他们积极参与、乐于探究。

2. 创设情境，使学生善于学习

历史教学，要紧密联系学生的生活实际，从学生的生活经验和已有知识出发，创设生动有趣的情境。良好的教学情境，能够为学生提供良好的学习氛围。学生在一定的情境中，带着自己内心感受和情感去观察、想象，有利于优化课堂教学，提高教学效率，减轻学生的学习负担。因此，教师要善于创设教学情境，激发学生的学习积极性。

3. 创设情境，使学生敢于创新

教学的艺术，不在于传授知识的多少，而在于激励、唤醒、鼓舞。苏霍姆林斯基所说："在人的心理深处，都有一种根深蒂固的需要，这就是希望自己是一个发现者、研究者、探索者。而在儿童的精神世界中，这种需要特别强烈。"[1]"教学情境"正好满足了学生这一需求。学生身临其境，感受历史的魅力；教师不断创设新颖的情境，从学生喜闻乐见的实景、实物、实事、实情入手；学生深入情境思考问题，探索的欲望得到激发，进而乐于发现问题，敢于创新学习。

三、历史教学情境的功能

历史情境就像一座桥，帮助学习者将遥远的历史与熟悉的经验连接起来，引导学生感受历史、感知历史、感悟历史。运用情境教学的过程就是教师充分发挥个人才智的过程，也是促使学生全面发展的过程。

---

[1] ［苏联］苏霍姆林斯基：《公民的诞生》，47 页，北京，教育科学出版社，2002。

1. 提升教师教学素养

"教学素养是教师设计、实施和驾驭课堂教学的能力，是学科教师对教学过程拥有的体验与思维模式，是考验一个教师能不能把自己的学问转化成使学生能够接受、乐于接受的知识的教学能力或技巧。"①情境教学法的运用，不仅需要教师专业知识掌握扎实，还要求教师熟练应用专业知识，并以通俗易懂的形式展现给学生。只有这样，才能将教材、创设的情境和学生已有的知识经验进行完美结合。教师创设情境、运用情境教学法的过程也是教师自我提升和发展的过程。

2. 涵育学生核心素养

历史是一笔宝贵的财富，蕴含着丰富的文化、观念和情感，供后人学习和借鉴，任何对历史的认识，都蕴含着一定的价值观念。情境的创设是建立在时空观念之下，依托一定的资源，把抽象的历史变得形象直观，通过对不同历史情境的分析和对比，引导学生站在不同的立场、从不同的角度认识历史，进而拓宽学生的视野，发展学生的思维。在历史情境中，学生能够亲身体验历史、体会历史，从中获取丰富的精神食粮，提高自己的核心素养。

第二节　历史教学情境的类型与特征

一、音像情境

音像情境是指以音频或视频为素材的情境。良好的感知是各种复杂认知活动得以进行的基础，有利于培养学生良好的观察力，帮助学生把握事物的本质及其规律，提高事物的认识能力。②音像情境具有直观性特点，尤其是视频素材，往往包括声音、实物、图片和文字等多种媒体素材，蕴含的信息量非常大，能够刺激学生的多种感官系统，唤起学生的注意力，符合学生的认知特点和年龄特点。

---

① 钟红军：《追问历史教学之道》，29 页，重庆，西南师范大学出版社，2015。
② 姚本先：《心理学新论》（修订本），49 页，北京，高等教育出版社，2005。

二、图文情境

图文情境主要是指以书籍、报刊、新闻、图片和表格等为素材的情境，大多是以文字和图片的形式传递，其最基本的特征是静态呈现、内容有限、形式单一。具体而言，教材以及教师补充的文字、图片和表格，都属于图文情境素材，是广大一线教师最常用的情境素材。教师通过文字材料和图片创设历史情境，可以丰富学生的感性认识，激发学生的学习兴趣，加深学生对所学知识的记忆和理解，提高学生的观察能力和形象思维能力。

三、语言情境

在课堂教学活动中，语言无疑是最基本、最重要的载体。教师在创设历史情境时，不能忽视语言的重要作用。苏霍姆林斯基曾指出，语言在较大程度上决定着学生在课堂上脑力劳动的效率。同样的教学方法，因为语言不同，就有可能相差 20 倍。① 所以，在历史课上教师以饱满真挚的情感，运用恰当的历史语言，绘声绘色地描绘历史情境，可吸引学生的注意力，把学生带到特定的历史情境中，如临其境，引发师生情感共鸣，从而提高学生的学习效果。语言情境的创设应该符合学生的心理年龄和心理特征，以语言为载体，以学生的已有知识储备为基础，并将教学目标渗透其中。语言情境的有效创设，对学生健康心理和健全人格的形成也有着不可低估的作用。

四、问题情境

"疑是思之始，学之端。小疑则小进，大疑则大进。"创设问题情境可以培养学生养成良好的问题意识，鼓励学生敢于质疑和解疑，培养学生的创新能力，使学生能主动学习和探索，全面提高人文素养。问题情境是把学

---

① ［苏联］马卡连柯：《马卡连柯教育文集》，369 页，北京，人民教育出版社，2005。

生置于研究崭新的、未知的气氛中，使学生在"发现—提出—解决问题"①的动态过程中主动参与学习探究活动，它不仅可使学生将已有知识灵活运用于实际，还能从整个学习过程中有所发现，获得新的知识和方法。

五、活动情境

历史活动情境是指教师通过策划、组织和实施特定的活动，组织学生在参与和完成中进行体验和感知的情境，涵盖游戏、朗诵、角色扮演、讨论、辩论、探究活动、历史调查、历史写作、历史制作和社会实践等内容。活动情境能够调动学生参与学习的兴趣，同时能够在活动中培养他们语言表达和人际交往的能力。

六、生活情境

历史可以说是人类过去生活的一种写照，它蕴含了过去生活中的人生百态，与我们的现实生活紧密相连。因此教师在进行历史教学时可以结合生活实际创设历史情境，进一步拉近历史与学生的距离。历史教师要从学生的实际出发，根据他们的身心发展特点与认知结构，结合教学内容，充分利用学生生活周围的历史素材来创设具体化、生活化的历史情境，让学生能够自然融入其中，从而激发他们的学习兴趣，更好地掌握教学内容。比如通过创设博物馆游览的情境来学习古代的四大发明，通过创设法庭审判的模式来学习第二次世界大战，通过创设医疗模式来探究罗斯福新政，通过创设社会调查模式来分析鸦片战争对中国的影响，等等。

第三节　创设历史教学情境的策略与方法

一、创设历史教学情境的原则

1. 体现时代性，充满生活气息

历史情境一定要符合社会背景和时代特征，强调一个"新"字；历史情

---

① 张玉民、范天成：《教师创设教学情境能力的培养与训练》，27页，长春，东北师范大学出版社，2004。

境一定要具有生活化特征，贴近学生的日常生活，强调一个"活"字。历史课程虽然是过去的事件和人物，但是其承担的教育功能却是挖掘深厚的历史底蕴，确立正确的历史观，最终使学生带着辩证的观点，去看待自己、去评价他人、去理解当今世界，即所谓的"以铜为镜，可以正衣冠；以人为镜，可以知得失；以史为镜，可以得兴衰"。因此，历史情境素材要紧扣时代的脉搏，以当今社会为出发点和落脚点，以达到"借今学古，以古看今"的效果。

2. 坚持价值引导，增强感染力

历史课是一门承载着价值教育功能的重要学科，历史课程的情境必须具有一定的教育性，能提供给学生正确的历史经验和价值引导。一个历史小故事、一则历史趣事、一段历史事件，使得教学内容和教学形式更为丰富。教师更应该帮助学生挖掘其隐藏道理。中小学生的世界观、人生观、价值观尚未成熟，容易产生一些偏激、不成熟的想法，历史教师可以借助有关联的历史事件和历史人物，对其进行教育引导。

3. 坚持主体性，符合学生学习特点

布鲁纳认为，知识的获得是一个主动的过程，学习者不是信息的被动接受者，而应该是知识获取过程的主动参与者。在情境创设中，教师要大胆地让学生当主角，让学生走上讲台，表演小品、演讲、辩论……让出讲台就让出了一片学生思考问题的天空，让出了学生施展才华的舞台，解放了学生的手、口、脑。这样，学生的质疑能力和主动探究能力将得到极大增强；学生会充分体验到追求知识、探寻知识、培养能力过程的快乐和幸福。

二、创设历史教学情境的策略

1. 借助教育技术呈现情境，再现历史生动景象

现代教育技术可以轻松自如地创设历史场景，生动、自然、客观地反映历史面貌，从而引导学生返回历史现场。教师根据"学校条件、学生基础、自身素质及占有资料的情况，合理选择创设历史情境的途径。这种途径大致可分为两种：一种是真实的情境，主要通过教学媒体来创设。在中学历史课堂教学中，教师可通过原始性或再造性使实物复现（如挂图、图片、模型、实地考察等），运用现代化教学技术（如幻灯、投影、录音、计

算机课件)复现情景。"①教师通过选取与教学内容相关的视频、音乐等创设情境,可使学生获得相关历史人物、历史事件的直观体验,使学生走进历史,感悟历史,理解历史。

【案例 13.1】

高中历史必修二《大萧条与罗斯福新政》的图文视频情境创设

本课运用多媒体播放视频进行新课导入,播放视频《经济危机背景下的美国》,并出示两场关乎人类历史进程的大选,即罗斯福和希特勒的总统竞选照片以及罗斯福的照片。

教学之始借助视频导入新课,目的是通过创设情境,激发学生的问题意识和探求动机,让学生回忆上节课中经济危机发生的原因,以及面对世界性经济危机世界政治舞台上出现了两场关乎人类历史进程的大选,加强对罗斯福的关注,从而导入新政内容。

2. 联系生活展现情境,彰显历史学以致用

历史讲述的是过去的事件,与学生的实际生活有一定的时间跨度,导致一些学生在历史的学习上存在困难。在教学中,将历史与现实生活相联系,把"情"与"境"有机结合在一起,以境传情,可引导学生正确利用历史知识来分析社会。新课程改革倡导课堂教学要联系实际,以学生的生活经验、身边切实发生和存在的事物来创设情境,更能够激发学生学习和探索的欲望,彰显历史学以致用的功能。

【案例 13.2】

七年级历史《蒙古族的兴起与元朝的建立》的生活情境创设

因为七年级学生刚刚接触历史学科,对历史较为陌生,为引起学生注意,以游览成吉思汗陵景区为线索,通过创设情境,便于学生快速地进入学习状态,调动学生积极性。本课设计如下:

以成吉思汗陵景区为窗口,探索关于蒙古族的兴起和元朝的建立的相

---

① 张太平:《初中历史"情景教学"模式探索》,载《焦作师范高等专科学校学报》,2003(19)。

关史实。教师化身导游的角色，通过向学生介绍"气壮山河门景"、"铁马金帐群雕"和"亚欧版图"3个主题景区来深化教材3个子目的内容，寓教于乐，让历史"活起来"，使学生在学习历史中体会到快乐。

3. 设置问题创设情境，激发学生探索精神

问题情境不但可以激发学生的好奇心和求知欲，更可以促发学生进行深入思考，因此，在所有的教学情境中，问题情境得到了广泛的应用。在课堂上，学生积极、踊跃地思考问题、回答问题。在这个过程中，学生体验了学习过程，了解了知识生成的前因后果，对知识的理解就会更为深入。在学生解决问题过程中，教师应引导学生思考疑难问题，并适时对学生的回答进行点拨、点评。教师在创设问题情境的过程中，要充分发挥学生的主体作用，调动学生学习的热情，激发他们的求知欲望。

【案例 13.3】

高中中国现代外交专题的问题情境创设

中国现代外交专题一般分 2 课时，主要包括 3 个阶段 10 个知识点：(1)新中国初期的外交：独立自主的和平外交政策的确立，和平共处五项原则，日内瓦会议，万隆会议。(2)20 世纪 70 年代外交突破：中国恢复联合国合法席位，中美关系正常化，中日邦交正常化。(3)新时期外交：不结盟外交政策，联合国为中心的外交，区域多边外交。很多老师以此为纲，将本专题定位为中国现代外交的成就史、辉煌史，这样的设计很难引领学生进行深度学习，也很难培养学生的历史思维。

通过专业阅读，设计问题链，从而创设问题情境，可以引领学生对现代外交进行深度学习。主要问题设计如下：

作为一个基本没有现代外交经验的执政党，中国共产党为什么能够在中华人民共和国成立以后的短短数年内，就提出一个非常具有现代性的外交理论？

和平共处五项原则与日内瓦会议和万隆会议有何联系？既然和平共处五项原则超越了社会制度和意识形态，为什么新中国与资本主义阵营的外交关系在其后 17 年都没有质的突破？

既然中华人民共和国成立之初的外交一路辉煌，20 世纪 70 年代为什么又出现外交新突破？中美关系正常化与中国恢复联合国合法席位有何联系？

外交与生活有何联系? 外交的本质是什么? 新时期外交政策为何要进行重大调整?①

4. 运用材料创设情境，培养学生分析能力

史料情境的设置既能营造浓厚的历史氛围，又能培养学生史料的解读分析能力。梁启超说过: "史料为史之组织细胞，史料不具或不确，则无复史之可言。"②学生在史料情境中感知历史，以史料为依据探究历史，抽丝剥茧，还原历史的真相。在此期间，教师也应该有效指导学生阅读分析史料。在这一过程中，学生的史料分析解读能力得到了锻炼，有利于历史学科思维能力的逐步提高。

5. 讲述故事构建情境，帮助学生感悟历史

一位优秀的历史教师，应该善于讲历史故事。一个有故事的课堂，必定是一个富有生命力的课堂。故事情境的构建，不仅能吸引学生的注意力，主动参与课堂，更能让学生在生动有趣的课堂氛围中获取历史知识。当然，在创设故事情境的时候，教师选取的故事一定要和教学内容紧密联系，而不是漫无边际地讲故事。在课堂的导入环节运用故事能激发学生的好奇心。在教学过程中运用故事，聚焦重点难点，能帮助学生理解历史知识，形成自己的认知。教师选用的故事可以是真实的历史故事，也可以是虚构的历史故事。虚构的历史故事，必须有真实的历史依据。

第四节　常见问题

一、情境未针对重难点

在历史教学中，设置情境的最终目的是帮助学生加深对历史问题的理解，因此，在历史课堂的教学过程中，情境不宜过多，也不宜过于复杂。对于教材的重点难点问题，教师一定要有的放矢，通过创设历史情境，将复杂深奥的历史知识，转变成学生日常经验以及日常生活过程中容易接受、易于理解的知识。在这样的情况下，学生不仅突破了重难点，同时还可以

---

① 参见薛伟强:《以中国现代外交为例的专题教学设计》，载《历史教学》，2017（15）。

② 梁启超:《中国历史研究法》，49 页，石家庄，河北教育出版社，2000。

习得一种新的，甚至是更加有趣的历史学习方式和历史思维方式。

二、问题过多或难易不适

课堂教学的核心是发展学生的思维，而思维的发展有一定的规律。设疑导学，要求教师要善于审时度势，抓住契机。可根据具体情况，随机而变。问题情境的创设需要充分准备、精心设计，绝不是简单意义上的"是不是"、"对不对"、"好不好"的"满堂问"。创设的问题情境应富有启发性和挑战性，设计的问题必须从学生的实际情况出发，注重学生年龄特征、知识水平和接受能力；注意难易适度，不能过难或过易。

三、教师未注意启发诱导

在讨论或探究环节，当学生遇到困难和障碍时，不少老师会越俎代庖，直接说答案。历史教学的最终目的不是向学生奉献知识，而是引导学生去探究史实、发现规律，培养历史思维能力。当学生不能单纯靠已有知识和习惯去解决问题，而要进一步思考和探索，处于想说出而又不能表达即"愤"、"悱"的状态时，教师应该适时启发、点拨、引导，这样才能真正开启学生思维的门扉，促进其智能的发展。教师应让学生多发表自己的看法和见解，充分表达自己的思想和感情，这样既有利于他们真正理解知识，又有利于其增长智慧。

四、情境单一化、模式化

历史教学情境创设是丰富多样的，情境创设应具备灵活性。如果教学中的情境创设形成固定、单一、程序化的模式，久而久之，学生心生厌倦，很难赢得欢迎和喜爱，情境创设必将失去激发学生学习兴趣的作用。教师应根据不同的学生对象、不同的教材内容、不同的教学手段、不同的教学过程选择和创设不同的教学情境。这样，学生学习的情境就是鲜活的，就是不断发展变化的，学生学习的热情也会随着情境的变化而不断高涨。

教学情境创设要求教师不断学习教育教学理论和专业知识，汲取先进教学经验，深入钻研教材，精准分析学情，精心设计教案，不断开拓创新。随着课程改革的不断深入，教学情境创设对教师的要求越来越高。

学习反思

　　1. 历史情境的分类与来源有哪些?

　　2. 创设历史情境有哪些方法?

　　3. 创设情境要注意哪些问题?

拓展阅读

　　1. 陈瑞. 情境教学法在初中历史教学中的一次尝试[J]. 历史教学,2005(12).

　　2. 高成海. 浅析情境教学法在历史教学中的作用[J]. 中学历史教学参考,2015(20).

　　3. 汤凤云. 历史情境教学法在高中课堂的运用与思考[J]. 中学历史教学参考,2017(10).

　　4. 高节. 初中历史教学中情境教学法的应用[J]. 基础教育研究,2015(18).

　　5. 李芳芳. "身临其境,激活课堂"——浅谈初中历史课堂教学情境的有效创设[J]. 课程教育研究,2014(34).

苏继红《英国的制度创新》情境创设技能案例

谈娟《新中国初期的外交》情境创设技能视频

第十四章　合作学习组织技能

内容提要

合作学习是一种充分体现学生主体性的教学活动。利用合作学习展开历史教学可以提高历史教学的有效性，培养学生合作意识，推动历史学科核心素养有效落地。常见的合作学习模式有学生团队学习模式、共同学习模式、团体探究模式、指示性方法模式、复杂指导模式等。合作学习实施过程中存在流于活动形式的空合作、老师一手操办的假合作、没有教学意义的无效合作等问题。

第一节　合作学习的内涵与功能

一、合作学习的内涵

西方合作学习思想源远流长，从犹太法典中提及每个人应寻找学习伙伴，到公元1世纪古罗马教育家昆体良主张学生可以由相互教学中获益，到18世纪末兰柯斯特和贝尔在英国倡导合作学习的团体教学，再到19世纪初美国教育家帕克和杜威等人运用合作学习团体进行课堂教学。[①] 20世纪60年代中期，部分美国学者就已经在明尼苏达大学开始训练教师，指导他们如何采用合作学习进行教学，并创立共同学习中心，总结合作学习的相关研究，探讨合作学习的本质和成分，构建合作学习的理论模式，并进一步将理论细化为具体的教学策略和程序。[②] 20世纪70年代末，约翰·霍普金斯大学学者提出"学生小组成就区分法"（Student's Team Achievement Divisions，STAD），加州大学学者也提出拼图法（Jigsaw）合作学习策略。从20

---

① 蒋波、谭顶良：《论合作学习理论的困惑》，载《教育导刊》，2011(11)。
② 丁桂凤：《合作学习研究的基本走势》，载《南京师范大学报(社科版)》，2005(4)。

世纪 90 年代起，合作学习研究的影响日益扩大，目前已广泛应用于美国、加拿大、以色列、德国、英国、澳大利亚、荷兰、日本、尼日利亚等国。

　　关于什么是合作学习，学术界有不同的定义。当代合作学习理论开创者、美国明尼苏达大学教授约翰逊认为，合作就是"在教学中采用小组的方式以使学生之间能协同努力，充分地发挥自身及其同伴的学习优势"。杰克布斯等人则认为："合作学习是帮助学生最有效地协同努力的原理和方法。"[1]还有英国和以色列学者认为，合作学习是指学生为达到一个共同的目标在小组中共同学习的学习环境。加拿大著名教育心理学家文策尔(1995)认为，合作学习是由教师将学生随机或有计划地分配到异质团队或小组中，完成所布置的学习任务的一种教学方法。

　　国内较早研究合作学习的学者王坦对合作学习作了如下定义[2]：

　　(1)合作学习是以小组活动为主体进行的一种教学活动；

　　(2)合作学习是一种同伴之间的合作互助活动；

　　(3)合作学习是一种目标导向活动，是为达成一定的教学目标而展开的；

　　(4)合作学习是以各个小组在达成目标过程中的总体成绩为奖励依据的；

　　(5)合作学习是由教师分配学习任务和控制教学进程的。

　　综上，我们可以对合作学习的内涵进行如下概括：合作学习是通过在教学过程中不同教学参与主体相互交往、相互沟通、共同参与、共同负责来促进学生主体性发展的教学活动。

二、合作学习的功能

　　《普通高中历史课程标准(2017 年版)》提出要进一步改进教学方式、学习方式和评价机制，将教、学、评有机结合，促进学生自主学习、合作学习和探究学习，提高实践能力，培养创新精神。[3] 而历史学科核心素养的提出对当前历史课堂教学提出了更高的要求——即"课堂教学要以调动和发挥学生历史学习的积极性、主动性和创造性为核心，改变过去以知识立意为导向的讲授式教学，以养成学生的核心素养为目标，以学生的自主探究活

---

　　①　马兰：《合作学习的价值内涵》，载《课程·教材·教法》，2004(4)。

　　②　王坦：《合作学习评述》，载《山东教育科研》，1997(2)。

　　③　中华人民共和国教育部制定：《普通高中历史课程标准(2017 年版)》，2 页，北京，人民教育出版社，2018。

动为中学展开，真正实现以学生学习活动作为整个教学活动中心的'学习中心课堂'"。[1] 因此，开展合作学习是大势所趋，其在人的培养方面的优势也将进一步凸显。

(一)培养会合作的人

只有竞争意识而缺乏合作精神的人在当今社会的生存与发展的空间会被大大压缩。新课程标准也进一步要求历史教学突出学生学习过程中的主体地位，着重培养学生的探究、合作、创新能力。所以说培养学生的合作精神是社会的要求，是时代的呼唤。

在历史课堂教学中，借助合作学习这一桥梁，可使学生之间知识结构及个性特征互补，充分发挥每名学生的个性特长，最终促进教学目标的达成、学生历史学科核心素养的培养，实现立德树人的育人目标。合作学习的展开充分培养了组员之间的协调能力、表达能力、理解能力等，这与当前社会对团队建设的要求不谋而合。所以，合作学习的构建融入了团队合作的理念，最终有利于培养学生的团队意识、合作精神。而通过合作学习培养起来的团队精神、合作意识也能让学生在未来更加从容地走向社会。

(二)提高教学的有效性

在历史教学实施过程中，通过合作学习可使每个学生都有参与课堂发言、讨论、表现的机会，师生之间、生生之间可进行更多的互动交流与评价，使得每个学生在学习参与过程中取得更多的收获。此外，教师通过创设各种情境，可充分调动学生学习的积极性，使学生成为学习的主体，学生在多方面进行参与，有利于合作意识的养成。学生不再是知识的被动接受者，而是新知识新思想的构建者和创造者，是与他人合作交流的贡献者和分享者，通过充分体验历史学习的过程，进而对历史学习产生浓厚的兴趣，学习动机得到激发，被动学习变为主动学习，学习效果得以大大提高。

---

[1] 徐蓝、朱汉国：《普通高中历史课程标准(2017年版)解读》，195页，北京，高等教育出版社，2018。

第二节　合作学习的类型与特征

一、合作学习的类型

随着合作学习的理论与实践不断丰富和完善，其实施方法与策略也日益增多。仅在美国，合作学习的方法与策略目前就不下百种，这其中还不包括每一种方法的变式。如卡甘 1990 年就描述了 50 多种变式。[①] 常用的合作学习模式主要有以下几种[②]：

1. 学生团队学习模式

学生团队学习模式（Student Team Learning）由美国教育学家斯莱文提出，这种模式的实例主要是学生小组成就分工法，简称 STAD（Student Team-Achievement Divisions）。在这一模式中，学生被分为 4 人学习小组，要求成员在成绩水平、性别等方面具有异质性。其基本过程是：

(1)教师授课；

(2)学生们在各自小组中进行共同学习，使所有小组成员掌握所教内容；

(3)所有学生就所学内容参加个人测验，此时不允许他们相互帮助；

(4)学生得分用来与他们自己以往测验的平均分进行对比；

(5)根据对比情况将小组成员的个人分数相加构成小组分数；

(6)对达到一定标准的小组可以获得认可或得到其他形式的奖励。

2. 共同学习模式（Learning Together）

该模式由明尼苏达大学的约翰逊兄弟于 20 世纪 80 年代中期研究开发的一种合作学习的方法。这种模式主要用于课堂讨论。其教学程序如下：

(1)教师将教学目标具体化，确定小组规模并将学生分成不同的学习小组；

(2)教师就学习任务进行解释，特别强调小组目标，并采取适当的方式落实个体责任；

(3)学生就小组任务进行合作活动；

---

① 高艳：《合作学习的分类、研究与课堂研究应用初探》，载《教育评论》，2001（2）。

② 张海燕：《教师的合作学习观与合作学习实施的研究》，硕士学位论文，南京师范大学，2007。

(4)教师及时提供帮助，师生就小组活动过程进行评价。

3. 团体探究模式

团体探究模式(Group Investigation)由以色列的沙伦(Sharan)首创，具体做法是：

(1)教师先确定要探究的总课题，组织研究团体；

(2)根据兴趣和爱好，学生自行分成小组进行活动，小组之间相互交流信息；

(3)研究团体和各小组准备报告；

(4)各个小组向全班报告；

(5)师生共同对研究过程和结果进行评价。

【案例 14.1】

《家国情怀与统一多民族国家的演进》团体探究模式

步骤一：全班学生以个人自学的方式，回顾和梳理中国从古代、近代到现代统一多民族国家是如何演进的，思考统一多民族国家形成过程中最重要的精神纽带是什么。

步骤二：全班分为 4 个小组，每个小组确定好本组的研究内容。

第一组研究的主题是统一多民族国家的演进过程；

第二组研究的主题是家国情怀在统一多民族国家演进过程中的具体表现；

第三组研究的主题是跨学科课程内容的整合研究；

第四组研究的主题是理解家国情怀与统一多民族国家演进的关系，总结家国情怀的内涵及其历史意义与现实意义。

步骤三：各组在明确研究主题和方向后，经过小组集体研讨，确定本组的研究计划，明确每个组员的具体分工，制订本组收集、整理、分析相关资料的路线图，确定本组研究成果的呈现方式等。

步骤四：各组在研究资料的基础上，根据实际条件，可走访当地文物局、博物馆、宗祠等地，实地观察记录；也可深入当地高校相关院系或科研机构，寻求专业指导。在此基础上，结合小组成员的研究成果，完成本组的研究报告。报告除文本外，还包括图片、视频及相关课件等。

步骤五：各组完成研究报告后，在全班举行"家国情怀与统一多民族国家的演进"专题论坛，各组推荐 1 名代表在论坛上发表主题演讲，介绍本组的研究过程及成果。每组代表发言后，其他小组成员现场提问、点评，共同研讨。最后，在各组研究成果的基础上，取长补短，不断完善，形成全班的成果汇报材料。①

4. 指示性方法模式（Collaborative Approach）

此模式源于伯里顿和巴内斯的语言和学习理论，最初被应用于语言艺术和科学科目的学习之中。这一模式的意图在于通过对话和讨论构建个人经验，达成对世界及个人在其中的意义的理解，形成自己的信念和价值观。这种模式的教学活动一般分为 5 个阶段：

（1）吸引——教师介绍一种观点，为即将进行团体工作提供基础；

（2）探索——学生对观点和信息进行初步的探究；

（3）迁移——学生进行信息重组的活动，如组织、澄清、详述、实践；

（4）呈现——学生向同伴呈现其发现；

（5）反思——学生反思学习经历，可个体进行，也可以小组乃至全班等形式进行。

国外一节介绍微生物发展方面历史的课程就属于典型的指示性方法模式。

【案例 14. 2】

《疾病是怎么传播的》指示性方法模式

步骤一：重温第一单元关于两次主要传染性疾病——14 世纪黑死病和19 世纪霍乱的学习，然后提问："这些疾病有什么共同特点？"

步骤二：给学生提供一系列的从早期到 19 世纪中期的阐明关于疾病传播的不同史料。学生个人或者小组合作，首先判断"原因"是对的，那么"治疗的药"是什么；然后判断，"治疗的药"事实上是否有效。

步骤三：学生研究路易·巴斯德和罗伯特·科赫的著作，并判断哪个科学家真正发现了微生物理论。全班讨论他们的发现并思考问题："为什么微生物理论如此重要？"

步骤四：给学生一系列关于 19 世纪下半叶关于英国公众健康的史料，让他们评价微生物理论对英国社会的影响。

---

① 张海鹏、徐蓝总主编，张帆、李帆分册主编：《普通高中教科书·中外历史纲要（上）》，184～185 页，北京，人民教育出版社，2019。

步骤五：让学生设计海报或者撰写新闻稿，以鼓励 19 世纪 80 年代的人们保护自己免受微生物疾病的危害。[①]

5. 复杂指导模式（Complex Instruction）

由科恩首创，它原本被设计用于数学和科学学科的探究，现已扩展到其他学科教学。这种模式在任务的确定和分配上类似于团体探究模式，但探究活动是由师生共同进行的，而不像团体探究模式中主要以个体方式进行。全班通常被分为四五人组成的多个小组，每个小组分别探究不同但相关的现象，然后向全班报告其结论。与其他模式相比，这一模式的显著之处在于，它关注学生在课堂的地位，强调通过地位较低的学生寻求其胜任的任务来改善他们的地位，发展他们的能力。

二、合作学习的特征

1. 以小组活动为主体

尽管合作学习类型多样，但在当前历史教学过程中采取的合作学习方式基本上以小组活动为主体。通过以小组为单位，让同组同学之间协同努力，充分发挥各自的学习优势。合作小组可以是前后两对同桌组成，作为课堂学习中较稳定的合作对象；也可以按学生的能力、性别、背景等平均分组，或者由学生按自己的兴趣自行编组。

2. 同伴互助合作

在历史教学中，同伴互助合作学习的最典型的形式就是同桌之间的合作学习。在这种条件下，从时间和空间上来看，同桌伙伴很容易建立起密切的合作关系。它既提高了兴趣，也更容易让学生找到自己学习的缺漏，相互纠正，共同进步。

3. 目标导向明确

在合作学习实施过程中，一般都是围绕目标达成进行教学设计，开展教学活动，作出教学评价。因此，教师在运用合作学习开展历史教学前都要结合学生的认知、情感、能力等方面进行教学预设，以选取合适的教学内容、设计合适的讨论问题，从而使合作学习达到预期的目标。教师在实

---

① 何成刚、沈为慧、陈伟壁：《国外历史教学案例译介》，37 页，北京，北京师范大学出版社，2013。

施课堂设计时需要考虑合作学习小组如何组建，学习时间如何安排，学习成果呈现形式、评价方式等因素。

第三节　合作学习的组织策略与方法

一、转变教学观念

1. 教学模式的转变

传统的历史教学中，老师是教学的主体，教学过程基本上是"师—生"的单向传递，缺乏师生之间的沟通和互动。而引入了合作学习模式之后，师生之间的关系变得平等，教师的角色由以讲为主变为以导为主。基于学生知识、能力、性别等方面的差异，教师进行合理分组，鼓励各小组积极参与，大胆提出有创造性的问题，在课堂上形成畅所欲言、集思广益、宽松民主的气氛，学生之间、师生之间进行相互合作，双向反馈的模式，使学生在"解放感"、"轻松感"中达到预定的教学目标。

2. 师生关系的转变

一堂好课，不仅仅是教师认真准备的结果，学生的积极参与、配合也能够为一堂课添光加彩。这就需要教师要合理地进行角色定位，转变传统的师生关系。在传统教学模式中，教师是学生不容置疑、绝对服从的权威，这就导致学生无法将内心真实的想法表达出来，也压抑了他们思维活动，个性无法展现，创新能力得不到培养。

在引入合作学习的历史课堂中，教师不再高高在上，师生之间是平等、和谐的新型关系。教师通过设置各种情境，积极引导学生合作探究，最大限度激发学生的学习热情，调动学生的积极性，充分发挥学生的个性特长，使学生由过去的教学客体变成教学主体。

3. 学生评价方式的转变

当前课程改革强调的评价不再只是对学生进行甄别和选拔，而是为了学生更好地发展，最基本的原则就是多元化，即评价的主体、内容和方法都应该多样。因此在合作学习中应注意避免以往单一、滞后的评价，而应当追求评价方式的多元化。马斯洛需求层次理论认为，每个人都有获得尊重和自我实现的需求。因而他们特别重视教师的评价。这就需要历史教师既要关注学生在历史课堂学习活动中的表现，同时也要关注学生在各种情境下开展相关历史学习与实践的能力，注意形成性评价和终结性评价、量化评价和质性评价的有机结合。教师尤其注意采用表现性评价方法，通过撰写历史论文、创作历史文学作品、创作历史音乐作品、绘制历史美术作品、编写历史报刊、收集历史专题资料、调查历史古迹并撰写调查报告、制作历史模型、历史辩论和演讲、创作和表演历史话剧等方式来对学生进行评价。

二、组合优化，合作强化

能否合理地划分好学习小组，很大程度上影响着合作学习的质量。从数量上来看，小组成员以 4～6 人为宜。而分组的基本原则是"同组异质、异组同质"，即依据学业水平、能力倾向、个性特征、性别等方面对学生进行合理搭配分组，使各组处于大体均衡的水平上。这种方式既有利于同学之间的互相帮助、互相促进、共同进步，同时也有利于各个小组之间交流和竞争，便于老师对各个学习小组的学习活动进行评价。除此之外，教师也可以根据教学实际情况对小组成员、数量进行临时性调整，以便更好地服务于教学需要。

小组交流方式方面，在国外以及国内一些条件好的学校，小班教学为合作学习的顺利开展提供了良好的条件，学生可以多种方式固定围坐交流探讨。但当前中国许多地区的基础教育学校依然是大班额甚至超大班额，围坐交流很不现实。这就需要教师灵活处理，如由前后两排的同学临时变换位置面对面组成小组开展合作学习。总之，开展合作学习不应拘泥于固定的套路和模式，教师要具体问题具体分析。

三、有效引导，落实合作

教师是合作学习的主持人、引路者，而非旁观者。组内学生每个人都必须有一定的责任分工，都应该担当一定的角色并经常轮换，以保证小组合作学习的有效性，使每个成员都能体验到合作学习的乐趣。教师在开展合作学习过程中需要时刻留意学生的表现，对合作学习的过程进行监督，使学生真正落实合作学习的任务。

在小组代表发言时，教师应及时点评、启发、拓展，引导学生把握核心议题，给予方法、理论上的引导，做到言之有理，论之有据，鼓励人人参与、各抒己见。教师要把控节奏，避免少数学生垄断话语权，冷场时加温（如故意示错），场面激烈时加以约束。小组讨论结束后，教师还要对各组的小组合作学习质量及小组发言情况进行总结，以利后期合作学习的进一步提升。

第四节　常见问题

一、流于形式的空合作

在很多人看来，合作学习已经成为新课程课堂的标志，因此被广泛应用于公开课、评优课中。但部分教师对合作学习方式缺乏本质理解和必要实践，导致出现大量的空合作情况。如简单地把学生分成几个小组，但仍以讲授法为主，小组学习很少使用；或者整堂课在不断地讨论，但讨论的都是一些简单的知识性问题；又如教师提出了某个问题，给学生不到1分钟的时间，便开始小组交流展示；或学生不能围绕重点积极有效地讨论，不能倾听别人的发言。这些情况都会使小组学习停留在表面，不能引领学生进行深度学习。

二、一手操办的假合作

在公开课或者竞赛课中，存在教师一手操办的假合作。出于功利性目标，一些教师为了刻意体现课改精神、强调学生的主体地位，生硬地加入了合作学习的环节。但合作学习的内容在课前早就由教师拟定，甚至多次演练过，因此课堂表现异常"良好"。每提一个问题，学生齐刷刷地举起手"抢着"回答。进行小组讨论的时候，非常"激烈"。讨论结束分享交流时，又会有一大堆学生主动举起手来。但每次回答问题总是几位固定的学生。这种由教师一手操办的假合作不仅不利于学生的发展，同时也会使历史课堂失去本真。

三、不敢尝试怕合作

合作学习是一种有效的教学手段，但在现实中却有许多教师对合作学习"避而远之"，在常规课中从不使用。究其原因，除了学生及学校的个体差异外，最重要的还是在于教师自身的问题。

首先，观念保守。因为信息闭塞、职业倦怠、缺乏终身学习的动力等原因，有些教师还固守着传统课程理念和教育价值观。教师的保守性是当前合作学习无法真正有效推行的重要原因之一。

其次，存在畏难情绪。在实施合作学习前，教师需要做大量的准备工作，如进行教学设计、学情分析、研究分组、研究合作学习的内容、设计讨论的问题，等等。在开展合作学习过程中，要把控节奏，反馈引导，完成教学既定目标。合作学习结束后，还要对合作学习开展情况进行评价和反馈。如此纷繁复杂的工作往往使一部分教师对合作学习望而生畏，始终不敢走出第一步。

学习反思

1. 什么是合作学习？合作学习主要有哪些类型？

2. 你认为历史课堂开展"合作学习"需要注意哪些问题？

3. 试运用"合作学习"模式设计一堂初中或者高中历史课堂教学。

拓展阅读

1.[德]埃尔克·M. 德赖尔，卡特琳·哈德尔，著，夏利群，译. 合作学习的 90 个小贴士[M]. 上海：华东师范大学出版社，2016.

2.[英]罗博·普莱文著，肖芬，译. 提升学生小组合作学习的 56 个策略[M]. 北京：中国青年出版社，2019.

3. 蒋波. 有效合作学习的原理与策略[M]. 北京：北京科学出版社，2018.

4. 徐蓝，朱汉国. 普通高中历史课程标准（2017 年版）解读[M]. 北京：高等教育出版社，2018.

5. 姚锦祥，赵亚夫. 历史课程与教学研究：1979—2009，南京：南京师范大学出版社，2014.

6. 张汉林，赵亚夫. 高中课堂有效教学[M]. 北京：北京师范大学出版社，2015.

骆孝元《从微观史学视角看人民教育事业的发展》合作学习技能视频

第十五章　学习方法指导技能

内容提要

　　学法指导主要是指教师有意识地教给学生必要的学习方法，其目的是要让学生爱学、会学、学好。历史教师必须注重学法指导的研究，科学实施学法指导。历史学习方法主要涉及知识层次、技能层次和运用层次，学法指导的策略与方法主要有专题讲授、平时渗透、解题指导、交流研讨、专门辅导等，常见问题有重应试轻平时，重知识轻能力，重技巧轻知识等。

第一节　学法指导的内涵与意义

一、学法指导的内涵

　　学习的重要意义之一是学会学习，而学会学习的主要体现是掌握和运用学习方法。学习方法的含义，有广义和狭义2种解释，广义的解释是指学习活动中所采用的策略、途径、方式、措施、原则等；狭义的解释是指学习者在学习过程中所运用的具体方法。①

　　学法指导，主要是指教师有意识地教给学生必要的学习方法，提高学生的学习能力，使学生爱学、会学、学好。从学习理论上讲，学法指导是"教师在教学过程中，控制、创造、引导学生学习的内部因素和外部因素，引导学生按照学习的过程和规律，采用科学的学习方法来学习，从而形成良好的学习素质，以利于现在和今后的学习与发展。概括地讲，就是帮助学生懂学习，爱学习，会学习，形成学习观，学习动力，学习方法3种学习

---

　　①　叶小兵、姬秉新、李稚勇：《历史教育学》，142页，北京，高等教育出版社，2004。

素质"①。

二、学法指导的意义

从教育层面看，21 世纪是知识经济时代，科学技术迅猛发展，新的知识成倍增长，学生只有具备学习新知识的能力，并不断更新知识结构，才能适应知识经济的需要。随着教学思想观念的更新，特别是随着以发展学生能力为主体的教学思想的确立，加强学法指导已经成为我国中学课程教学改革的一种必然趋势。学法指导是弘扬人的主体精神、促进人的社会化发展的重要途径，也是学校教育由应试教育向素质教育转轨的有机组成部分。

从学习层面看，现代学习理论主张，学习的过程不仅发生于学习者的外部，而且主要发生于学习者的内部，因而提倡"有指导的发现学习"。现代学习理论所研究的问题始终集中在以下几个方面：什么是学习？为什么要学习？有哪些形式的学习？学习怎样进行？怎样更好地学习？怎样研究学习？在学习行为中，明确学习的目的，掌握有效的学习方法，养成良好的学习习惯，最为重要。学习本身已经成为一门涉及教育学、心理学、生理学、测量评价学、社会学等专门的科学。这些问题本身就说明，学习现象是一种极其复杂的现象，学习方法的指导及其课堂实施模式，无论从理论上或实践上来说，都是十分重要和非常必要的。

从教学层面看，教学过程是师生的双边互动与双向合作，教学最优化包括授课方法的最优化与学习方法的最优化。学法指导是课堂教学充满生命活力的不竭源泉，是师生互动、教学相长的不可或缺的一翼。在学会和会学方面，学生是难以自然生成的，需要老师引导促进。历史学科包罗万象，时间跨度大，空间分布广，领域涉及多，知识密度高。中学生尤其是儿童，在初学历史时会面临比其他学科大得多的障碍，如果方法指导不到位，很容易丧失兴趣和动力，甚至背上沉重的负担。

第二节　学法指导的类型与特征

历史学习方法主要涉及知识、技能和运用 3 个层次。

---

① 钟祖荣：《学习指导的理论与实践》，63 页，北京，教育科学出版社，2001。

一、知识层次的学习方法

（一）听课的方法

课堂学习效益的高低，某种程度上决定了学生的学业质量。学会听课，对中学生尤其是初中生的学习进步至关重要。听历史课的方法，可分为"听"、"思"、"记"3个方面。所谓"听"，即在听课时集中注意力，及时和准确地吸收教师所讲的内容，尤其关注重点和难点。所谓"思"，即在听课时要主动进行思考，一方面要对听到的信息及时作出反应，另一方面还要筛选吸收有价值的信息；还包括是不是听懂了，有没有疑问等。所谓"记"，是指在听讲的过程中做好听课笔记。初中阶段一般是记录板书提纲、基本概念、重要观点等；高中阶段的笔记除了这些，还可对教师讲述的内容选择记录，尤其是一些补充性的内容。

（二）记忆的方法

历史本身就是一种人类的集体记忆，学习历史知识也是在记忆历史。对于中学生尤其是初中生来说，记住人物、时间、地点等历史知识往往比较头疼，因此学会和掌握一些历史记忆的方法和技巧很有必要。从策略上讲，要遵循记忆的规则，如学习和记忆的结合、及时进行记忆、在理解的基础上进行记忆、集中记忆和分散记忆相结合、从系统化和结构化的层面上进行记忆等。具体的记忆方法有很多，如联想记忆法、形象记忆法、逻辑记忆法、比较记忆法、归类记忆法、提纲记忆法、图表记忆法、谐音记忆法、歌诀记忆法、数字记忆法，等等。

【案例 15.1】

利用数字规律记忆历史年代

在学习太平天国运动时，可用 1851、1853、1856、1859、1862、1864年等一些重要时间点记忆，前后间隔 2 年，中间间隔 3 年，较有规律。再如"三"这个数字在中外历史中相当重要，世界史的三次工业革命、三大世界体系、三国同盟和三国协约、三国轴心、世界工人阶级的三大国际组织、中国的三代、秦汉开始的三公九卿制、隋唐开始的三省六部制、明朝开始的地方三司制等。又如可根据数字差记忆，1874、1884、1894、1904、

1914、1924、1934、1944、1954、1964 年等，这些年代都以"10"为差排列。

(三)阅读材料的方法

这里说的是广义的材料，包括历史教科书、历史资料、历史读物等。阅读历史材料是学习历史的基本方法之一，是接收历史信息的主要途径。一般地说，阅读包括认读和解读。认读是搞清阅读材料的文字含义，如形、音、义，词和短语，句子和语段。在认读的基础上，进一步理解材料的内在含义，这就是解读。在解读时，不仅要了解和分析材料中文字表述的实际所指，而且要与具体的历史事实联系起来，对材料的内容进行辨析、归纳。"学习理解书面材料中的潜在的意义，然后把理解到的潜在的意义同认知结构联系起来"①，才是有效的阅读。阅读的方式，有泛读和精读之分，要求也不一样。为提高阅读的效果，可以在阅读时做必要的笔记，以及画线、标符号、写批注等。对于儿童而言，最重要的历史材料就是教科书。老师需反复指导，让他们学会如何找到并划出关键词和关键句，搞清楚几段材料之间的相互联系。

(四)预习复习的方法

预习的主要目的是从宏观上了解本节课重点难点及与前后课的联系。预习时要注意看引言和小标题，绘制知识结构图，有意识地培养概括和提炼能力。预习教材的文献资料，培养史料阅读和材料处理能力。预习教材后的练习题，培养理解记忆和分析问题的能力。教师要明确预习任务，可以要求学生用铅笔在书本上作出批注，尤其要注意问题的序号化，理清知识的条理。

复习对掌握历史知识是必不可少的。一般来说，复习的类型有随堂复习、课下复习、阶段复习、期末复习、高考复习等，每一种类型的复习目的、复习范围、复习要求是不同的，这需要在进行具体的复习时加以了解和适应。复习的方法也是多样化的，基本的方法有整理学习笔记、整理错题、编写复习提纲、重点阅读，对知识进行分类与归纳、构建知识体系等，并与练习相结合。

---

① ［美］奥苏伯尔等：《教育心理学——认知观点》，佘星南、宋钧译，82 页，北京，人民教育出版社，1994。

二、技能层次的学习方法

（一）观察的方法

历史学习的内容，除了抽象的文字外，也有很多形象的材料，如历史地图、历史图片、历史实物或模型、历史遗址、历史建筑等。对这些形象化的历史材料进行观察，可以获得有价值的历史信息，并在一定程度上感受历史的情境和氛围。在进行观察时，既要把握其整体的面貌，又要关注细节和细微的特点。观察时要动脑筋思考，紧密联系所学的历史知识，发现历史材料背后隐藏的关键信息。

（二）计算的方法

历史学习主要涉及公元纪年、民国纪年的相关计算方法，对于儿童而言，年代转世纪以及跨公元前后的年代计算是 2 个普遍的难点。

1. 由年代转世纪的计算方法。100 年 1 个世纪，则在百位前面数值加 1，例，1069 年（王安石开始变法），10＋1＝11，所以是公元 11 世纪；公元前 221 年（秦朝建立），2＋1＝3，所以是公元前 3 世纪；公元前 27 年（罗马帝国建立），0＋1＝1，所以是公元前 1 世纪。

2. 跨公元前后的年代计算。与单纯的计算公元前或公元后的时间有所不同，跨公元前后的年代必须在计算出的时间总数上减去 1 年，如计算公元前 841 年到 1949 年之间有多少年，正确的计算是 841＋1949－1＝2789 年，可以归纳成一个简单公式"前后相加再减一"。因为不设公元 0 年，所以不能按照数学上的正负数的概念来计算跨公元前后的时间。

（三）收集材料的方法

学会收集材料，是学会学习的重要表现之一。历史学习常常要运用历史材料，并将适当的材料作为证据，进行历史的推论。尤其是研究性学习，更多地涉及对材料的收集和使用。收集材料的主要渠道有 3 种：一是利用图书馆，要掌握图书目录检索方法；二是利用网络，要学会使用相关的搜索引擎和网络出版物平台；三是通过社会调查（如问卷、访谈等）获取材料。材料收集后，首先要进行筛选、整理、分类，以便使用。对于儿童而言，大部分问题的材料都在教科书上，所以教师应该引导他们充分利用教材。

（四）运用证据的方法

收集到的历史材料，并不能拿来直接作为证据使用，首先要对材料进行辨析，搞清材料的真伪和价值。运用材料时，一是要注意选用典型材料，以说明问题；二是要选用多则来源不同的材料来论证同一个问题，即"孤证不立"；三是全面认识和理解所选材料的含义，不能断章取义、主观臆断；四是多个证据之间，要有严密的逻辑关联，形成证据链，从而得出结论。证据思维是最重要的历史学科思维之一，也是"史料实证"核心素养的核心，需要老师花大力气去引导和培养。

三、运用层次的学习方法

（一）写作历史的方法

历史写作的形式有小论文、研究报告、历史故事、历史小说、历史剧本等，其中小论文和研究报告是中学历史写作常见的 2 种形式。历史研究性学习乃至大规模考试都可能要求撰写历史小论文。小论文尽管问题小、字数少，但还是要按照论文的规范来写。要有内容提要、关键词，论证要层层递进，逻辑清晰，引用史料要确凿，要注明出处。要运用严谨的历史语言，不能运用夸张等容易引起歧义的文学手法。研究报告是对研究过程和结果的概括和总结，不一定要固定格式，但要包括以下内容：研究目的、研究对象、研究方法、研究经过、结论等。研究报告要简洁明确，必要时可采用一些图表来说明问题，可以给人更深刻清晰的印象，但一定要有充分的证据。在这样的研究性学习中，学生获得的知识、方法和体验将会使学生受用终身，[①] 历史研究性学习对于培育中学生的历史核心素养大有裨益。

（三）分析历史的方法

历史学习涉及一些必要的分析方法，如历史背景的分析、历史原因的分析、历史过程的分析、历史现象的分析、历史结果的分析、历史意义的分析、历史思想观点的分析、历史结论的分析，等等，因果分析和关联分析是最常见的 2 种分析方法。

---

① 于友西：《中学历史教学法》，308 页，北京，高等教育出版社，2003。

　　因果分析是从错综复历史现象中，找出前后相继、互相制约的内在联系，弄清历史事件的来龙去脉，揭示历史发展的必然规律。历史上的各种现象都是一定历史条件的产物，都有它产生的原因；任何一个历史事件或历史人物，也都必然引起一定的结果，发生应有的作用。这种联系，在时间上表现为前后相继的顺序性，即原因在前，结果在后，即"前因后果"；在内容上表现为互相制约的统一性，即"因"决定"果"，"果"表现"因"。因此，对于历史现象的因果分析，必须坚持2条基本原则：一是以时间的先后顺序为前提，二是以互相制约的内在联系为根据，两者缺一不可，尤以彼此的内在联系更为重要。① 但是，并不是任何前后相继的历史现象都构成因果关系，时间的先后顺序同因果联系不能简单等同。

　　广义上讲，凡是涉及历史知识的方方面面的联系，都具有关联性，包括表面的由时间、地点、空间为中介的联系；内在的如因果关系，由社会政治、经济、文化思想等方面串起来的联系。所以关联性无处不在，无处不有。狭义关联的就是历史知识之间的内在关联性。历史的关联性分析，主要包括：（1）历史事件本身原因、内容与影响之间的内在关联性分析；（2）A事件（结果）与B事件（原因）的内在关联性分析；（3）同类历史事件的本质属性；（4）同时代同地域历史知识的关联性分析。

（三）评价历史的方法

　　根据唯物史观，客观、全面、辩证是评价历史最重要的3个原则。

　　（1）客观原则。评价历史人物或事件时，必须坚持实践标准。实践是检验真理也是评价历史人物或事件的唯一标准。有的历史人物行为的主观动机虽然是好的，但实践效果不一定好。有的虽然主观动机不好，但是客观效果却可能不坏。因此，衡量一个历史人物或历史事件的基本标准，主要是看它是否顺应了历史发展潮流，是否促进社会生产力的发展。促进的就是进步的，反之就是落后的，甚至是反动的。

　　（2）全面原则。评价历史人物或历史事件时，应对人物的所有活动或历史事件进行全面的综合分析和评价，绝对不能只根据某一件事或某一个方面，得出片面的结论。具体评价要注意时代背景、阶级属性，首先，确定其时代背景，将其置于一定的历史范围内（或特定的历史阶段）、特定的历

---

　　① 李藻华：《谈历史教学中的因果分析》，载《娄底师专学报（哲学社会科学版）》，1990(3)。

史环境中进行考察和评价。如果脱离了时代，历史人物或历史事件就成了无源之水、无本之木。其次，考察其阶级属性，寻找其与当时社会历史条件之间的内在联系。

（3）辩证原则。"一分为二"是马克思主义唯物辩证法的重要组成部分，被广泛应用于对历史人物、事件和现象的评价中，这对于增强历史教学的思辨性，培养学生的历史思维以及分析问题、解决问题的能力具有重要的意义。正确地认识和把握一分为二，须以历史事实为依据，既要看到矛盾双方的对立和排斥，也要看到双方的联系和统一，以及在一定条件下的相互转化。

第三节　学法指导的策略与方法

历史教学的内容包罗万象，因而"学法指导的方法不可能公式化"①，不同的内容，不同的技能需要用不同的方法和手段去指导。学法指导是一项长期而又细致的工作，不同的方法各有利弊，应综合利用，发挥合力。

一、专题讲授

教师利用专门的课程时间，根据相关知识的特点及其内在规律，系统地向学生传授相应的学习原理和学习方法，并指导学生在学习过程中按照规定的基本程序进行实践，在实践中内化学习方法。这种指导方法多适用于起始年级和重要的新知识的讲授，如初中和高中的导言课都会涉及专门的学习方法指导。

教师也可利用适当时机，比如单元复习或期末复习，将学生在学习实践中获得的零散学法或已经领悟、但尚未明晰的学法进行归纳整理，提示出其规律，使学生逐步形成"学法链"、"学法集"、"学法树"、"学法库"等整体的学法结构。

专题讲授学习方法具有系统性和完整性，针对性很强，对于强化学生的学习态度、学习习惯和学习方法，有独特的功效，可以使学法指导成为有机有序的教学行为。这种指导要求教师要对所教学科的知识有系统、深

---

① 胡杰明：《把学法指导贯穿于历史教学全过程》，载《课程·教材·教法》，1997（10）。

刻的理解，又对学法有全面的研究。

二、平时渗透

教师在常规教学中，根据教学内容的特点把学习方法和技巧渗透到学习过程的各个环节之中，引导学生潜移默化地领悟新的学习方法，使学生在体验学法的同时学习知识。其基本特点是教师既教学生知识，又教学生学习方法，强调相机诱导，因而既能有效地兼容学科知识体系和学法指导知识体系，又能很好地把学习方法的理论和实践紧密地结合起来，起到良好的指导效果。

课堂教学是历史学习的主阵地，学法指导应渗透于每一节课中。为使学法指导既具针对性，又具实效性，在教学设计时就应该突出学法指导。教学设计是教学的起始环节，是上好课的先决条件，在教学设计中有机融入学习方法是平时渗透学法指导的先决条件。

【案例 15. 2】

历史教学要求重视历史知识体系

历史教学要求重视历史知识体系，把握历史规律及时代特征。如果我们在教学设计时，注意引导和启发学生对教材的知识点加以重组，使历史知识结构化，以揭示它们之间的内在联系。这样就可以引导学生如何把庞杂、散乱的历史现象变得系统化、深入化。

三、解题指导

练习对于知识的巩固、技能的运用等是必要的，"练习与信息加工水平有密切关系，可以说，联系得越密切，信息向长时记忆迁移的可能性也越大"①。学会解题，也是学会学习的一个重要方面。解决问题不仅需要知识、理论，同样需要方法和技巧，需要训练和指导。首先，是审题能力的指导。明确题干的含义及要求，挖掘对解题起关键作用的隐含条件，排除无效信息，提炼有效信息。其次，是深刻理解题意的指导。熟悉各种题型的特点

---

① ［日］内山光哉：《学习与教学心理学》，66 页，北京，教育科学出版社，1986。

和规则，按照要求进行解题；把握答题的准确性和完整性。最后，是指导学生解题反思。反思解题的成效及原因，逐渐提高学生思维的缜密性、辩证性和创造性。解题指导的方式灵活多样，可以在课上，也可以在课下；可以是平时的练习，也可以是试卷讲评。

四、交流研讨

通过集体交流，可使学生有机会介绍自己的学习经验，总结有效的学习方法，与此同时，取长补短，共同进步，这也是学法指导的重要形式。交流的形式，可以是座谈会、研讨会、经验介绍会，或以主题班会的形式进行；交流成果可以用墙报、板报、学习宝典、班级博客等形式展示。同辈总结的方法和经验更接地气，更容易让学生理解和接受，是学生改进学习方法的重要途径。开展交流时，教师要以学生为中心，放手让学生去组织、策划，让他们充分地发表自己的见解。当然，教师也可以谈谈个人的经验和体会，供学生参考。

五、专门辅导

教师直接对学生的学习方法进行点拨和强化的辅导，是学法指导中的重要手段。专门辅导具有较强的针对性，建立在精确分析学情的基础之上，可以随时展开。辅导的方式有全班辅导、小组辅导和个人辅导 3 种。全班辅导主要针对的是班级具有共性的学习方法，比如如何做好笔记，如何搞好预习，如何进行课外阅读等。小组辅导主要针对小组学习活动，如在进行研究性学习活动时，教师应与小组学生一起商讨研究的主题、目的、程序、方法、结果、形式等。辅导小组制订活动方案，并在开展活动的进程中提出建设性意见。个人辅导是教师对特定学生的学习问题进行专门的分析、诊断和辅导。学习方法的掌握和运用具有个性化的特点，因此对学生进行个别辅导更具有针对性。如对学习优秀者的提升，对学习困难者的帮扶等。

第四节　常见问题

一、重应试轻平时

很多老师一切以考试为中心，一切为了应付考试。只要求学生单纯的机械记忆，死记硬背，而忽视了对知识的理解、感受、体验和领悟。在学法指导中，只重视考前和考后解题方法的指导，而忽视了预习、复习、阅读等方法的指导，忽视了在日常教学中渗透学习方法的指导。长远来看，这是本末倒置，也不可能取得好的成绩。

二、重知识轻能力

目前的历史课堂教学中还广泛存在重知识、轻能力的现象。例如，只关注于学生对于书本知识的记忆，忽略学生解决问题的能力；只关注于学生接收教师和书本的观念，忽略学生独立历史观的形成；只关注于文字传递的"死知识"，忽略学生价值观的培养等。导致学生成为"背书机器"，进而"千人一面"，缺乏独立解决问题和创新能力。

三、重技巧轻知识

近年来，历史高考越来越侧重考查能力，因此许多教师主要通过题海战术培养学生的解题能力。如客观选择题主要运用排除法、时空法，主观题要总结固定的答题模式，考试时要分层、分点答题。实际上，这仅仅是在训练一种解题技巧，只是学生历史学科能力中很小的一部分。

能力的获得一定以知识为基础，而且必须是知识的理解、深化和提高培养中学生的历史学科能力，必须首先帮助学生构建历史知识体系，深度体验和理解过往的人物和事件。目前，不少高中生历史基础知识薄弱，甚至连中国古代史朝代顺序，中国近现代史重大事件的先后都分不清楚。加强学法指导，真正提高学生的历史学科能力，还有许多工作要做，需要每一位历史学工作者认真去探究。

学习反思

1. 谈一谈历史学法指导的意义。

2. 历史学习方法的主要类型有哪些?

3. 历史学法指导有哪些主要策略与方法?

4. 历史学法指导有哪些常见问题?

拓展阅读

1. 钟祖荣. 我国中小学学法指导的经验总结[J]. 教育理论与实践, 1994(2).

2. 胡杰明. 把学法指导贯穿于历史教学全过程[J]. 课程·教材·教法, 1997(10).

3. 黎玉华. 初中历史教学中的学法指导[J]. 新课程(教育学术), 2011(6).

4. 胡绍炯. 高中历史教学中的学法指导[J]. 历史教学, 1997(8).

薛伟强《西汉建立和"文景之治"》学法指导技能视频

薛伟强《外交关系的突破》学法指导技能视频

第十六章　教育技术运用技能

内容提要

　　随着信息化设备和技术的普及，教育技术的运用成为当代教师的必备技能。教育技术的基本功能是再现、集成、交互、扩充和虚拟，基本作用是提高教学质量和教学效率，扩大教育规模，促进教育改革。在实践中，教师既不能过分依赖现代教育技术，也不能故步自封。

第一节　教育技术的内涵与功能

一、教育技术的内涵

　　教育技术与信息技术很多时候容易混淆，这两个概念之间有联系也有区别。从联系上来讲，教育技术又被称为现代教育技术，它是以信息技术为基础的。但二者的区别也很大。二者属于不同的学科，它们有各自不同的研究对象和研究范畴。信息技术属于技术学科，其研究对象是与信息相关的技术，研究范畴是对信息的获取、存储、加工、传输与呈现；教育技术则属于教育学科，顾名思义，它关注技术在教育中的作用，其研究对象是教学过程与教学资源，研究范畴则是教学过程与教学资源的设计、开发、利用、管理与评价，即教育技术关注的是应用于教育教学过程或作为教学资源的技术。

　　具体来说，教育技术是指运用各种理论及技术，通过对教与学过程及相关资源的设计、开发、利用、管理和评价，实现教育教学优化的理论与实践。其中，应用在教育领域中的信息技术主要包括电子音像技术、卫星电视广播技术、多媒体计算机技术、人工智能技术、网络通信技术、仿真技术和虚拟现实技术等。教育技术进入信息化发展阶段以后，"教育"不再是传统意义上的教育，教育的信息化给教育带来了全新的概念，并赋予教育技术新的内涵。既包含教育技术，又包含教学设计，教学资源开发、利用等。

二、教育技术的基本功能和作用

(一)教育技术的基本功能

1. 再现功能。它能不受时间、空间、微观、宏观的限制，实现事物在大与小、远与近、快与慢、虚与实之间的互相转化，从太空到海底的事物都可以通过现代教育技术手段表现出来，让学生充分感知。

2. 集成功能。它能把图像的、声音的、文字的教学材料融合在一起，通过对学生的视、听等多种感官刺激，使学生获取知识信息。

3. 交互功能。主要是实现"人—机"之间的双向沟通和"人—人"之间的远距离交流。

4. 扩充功能。它所提供的大容量的多媒体软件和网络信息，极大地丰富了学生的学习资源。比如一张 650 MB 光盘的信息容量相当于 34 亿个汉字，而在互联网上传送的信息更是无穷无尽。

5. 虚拟功能。由计算机仿真生成的虚拟现实世界，可以创造一种身临其境的感觉。比如计算机仿真产生的与太空高度相似的环境，可以让宇航员有置身于真实太空的感觉，以便培训在太空工作的技能。

(二)教育技术的基本作用

1. 提高教学质量。现代教育技术能通过声像并茂的方式把教学内容表现出来，使学生易于接受；有助于促进情感、态度和价值观的发展；能更好激发学生的学习兴趣，理解、记忆学习内容，促进学生知识和能力的发展；能更好地适应学生的个别差异，有利于因材施教；能使学生轻松愉快地学习，减轻学习负担，保障学生的健康；通过网络环境，共享教育资源，促进学生的整体发展。

2. 提高教学效率。现代教育技术可以通过多媒体计算机和网络快速呈现、检索和传递各种信息，提高信息的传递速率和容量，大大减少学生获取信息的时间，提高教学效率。现代教育技术通过对学生听觉和视觉的综合刺激，让学生多种感官并用进行学习，从而提高学习效率。

3. 扩大教育规模。利用广播电视、卫星电视和计算机网络，向学校、家庭、社会传输教育课程。一个教师可以同时教成千上万的学生，大大节省了教育投资，扩大了教育规模。

4. 促进教育改革。现代教育技术的实施，实现了教育手段的多媒体化，教育方式、方法及内容的多样化，教学评价方式的多元化，为基于新课程理念下的教师的教学方式、学生的学习方式、教学内容的呈现方式以及师生的互动方式的变革，提供了新思路。

第二节　教育技术运用的类型与特征

一、教育信息技术运用的类型

何克抗教授认为，国际信息技术教育应用经历了 3 个阶段：

1. CAI(Computer-Assisted Instruction，计算机辅助教学)阶段。20 世纪 60—80 年代中后期，主要是利用图形动画等功能辅助教师解决教学中的某些重点、难点，多以演示为主，当时信息技术教育概念还未提出。

2. CAL(Computer-Assisted Learning，计算机辅助学习)阶段。20 世纪 80 年代中后期至 90 年代中后期，从助教转向助学，如帮助收集资料、辅导答疑等。

3. IITC(Intelgrating IT into the Curriculum，信息技术与课程整合)阶段。20 世纪 90 年代中后期以后，除用于辅助教学外，更强调利用信息技术创建理想的学习环境、全新的学习方式与教学方式，从而彻底改变传统的教学结构与教学模式。

从信息技术与历史课程的整合来看，可以分为 3 个层次：

1. 初级的多媒体辅助教学

由于信息技术的介入，历史课程有了丰富的电子资源，主要包括电子图书，音像资料和网络资源。如中国知网(http：//www.cnki.net)、超星数字图书馆(http：//www.chaoxing.com)，人民教育出版社网(简称人教网，http．//www.pep.com.cn)，以及其他海量的在线资源。

多媒体成了历史教学的必需设备，PowerPoint 成为教学课件最基本的制作工具，PowerPoint 2010 还能制作微课、数字故事。除此之外，制作课件常用的软件还有 Authorware、Flash、FrontPage 等，Inspiration、Mind-Manager、MindMapper 是常见的概念图(思维导图、心智图)制作工具。

多媒体课件制作免不了图片处理，目前最常用和熟悉的图像处理软件就是"PS"(Adobe Photoshop)，"美图秀秀"等可以实现截图、拼图、一键抠图等常用操作，与"PS"相比操作更加简单。"会声会影"是最流行的视频处理软件，可以满足分割、合并、转换等一般的视频编辑要求。

近年出现的 3D 打印、全息投影、虚拟现实（Virtual Reality，VR）等高科技，为历史教学提供了更加强大的技术支撑。它们可以极大激发内部学习动机，增强学习体验，让学生在一种放松、愉悦、感兴趣的积极情绪参与学习；激发创造力和想象力，实现情境学习，促进知识迁移。

2. 中级的互动探究学习

通过 QQ、BLOG、微博、微信、微哨等即时通信工具，以及 WebQuest、游戏化教学、电子虚拟情境等新技术策略，可以有效地实施历史探究学习。在此，信息技术不仅是教师的备课工具和教学工具，也是学生的认知工具。

从字面上看，Web 是网络的意思，Quest 是调查、探求的意思。WebQuest 是一种基于网络的、以探究为导向的活动，中文翻译为"网络主题探究"。其主要方法是在网络环境下，由教师引导，以一定任务驱动形式，让学生进行自主探究学习。根据完成时间的长短，WebQuest 可以分为短期和长期 2 种。

表 16.1　WebQuest 模式的教学结构

构成部分	教师活动	学习活动	作　用
序言	给学生制定方向并通过各种手段激发学生的兴趣		情境创设
任务	让学生明确研究活动的全过程		会话
过程	将学生分组，并委以角色。从旁提供及时的建议	根据自己的角色收集资料并与同伴展开合作与对话	协作、会话
资源	提供一份本课题的网址链接清单	根据提供的清单快速查找资料	避免学生盲目地冲浪
结论	提供机会，总结经验。并概括和拓展所学知识	根据收集的资料进行角色扮演完成意义建构	意义建构
评估	制定一套标准的评估标准	根据评估结构自我检查，总结经验	总结反馈，为下一个活动提供经验

表 16.2　WebQuest 6 大模块

情境模块： 　　　　导言(创设情境)
任务模块： 　　　　任务 　　　　组成小组合作研究(或个人独立研究) 　　　　分析任务，发现和提出问题
资源模块： 　　　　教师围绕任务，预设资源
过程模块： 　　　　学生自主探究，形成初步成果
评价模块： 　　　　自我评价与互相评价，实现交流与共享
总结模块： 　　　　学生进行反思，教师进行总结

教学游戏(Gaming)是寓教学于游戏之中。教学游戏提供并控制一种富有趣味性和竞争性的教学环境，容易激发学生的学习动机，使学生在富有教学意义而且教学目标明确的游戏活动中得到训练或是有所发现，取得积极的教育效果。教学游戏强调教学性，有着明确的教学目标和具体的教学内容，并且含有经过仔细考虑的教学策略。游戏化教学的特征主要有：游戏故事化，学习纯粹化，学习高效化，学习效果可见化。游戏化教学在历史学科有天然的优势，但目前国内尚无成功的案例，还需长时间的探索。

3. 高级的数字化学习

数字化学习，是指学习者在数字化的学习环境中，利用数字化学习资源，以数字化方式进行学习的过程。数字化学习是在课程教学过程中把信息技术、信息资源、信息方法、人力资源和课程内容有机结合，共同完成课程教学任务的一种新型的教学方式。

智慧教室是一种典型的数字化学习的物化，是多媒体和网络教室的高端形态。它借助物联网技术、云计算技术和智能技术等，通过各类智能装备辅助教学内容呈现、便利学习资源获取、促进课堂交互开展，实现情境感知和环境管理功能。智慧教室全面支撑课堂教学模式的变革，实现了小组合作学习的常态化应用和学情数据即时收集，为老师持续改善教学提供依据和支撑。

智慧教室具有丰富的即时互动形式，如多种方式的挑人互动、抢答互动，帮助老师更高效地开展课堂活动。答题即时反馈、实时呈现正确率和答题分布，提高了课堂教学效率。它能够提供即时有效的小组激励和个人激励，促进小组积极合作，使学生爱上学习课堂。它能够生成海量的学情数据，如课堂报告、班级学情、小组学情和个人学情，帮助老师更有针对性地开展课后辅导，不断优化教学设计。大数据技术与教育教学相融合将助推教育决策科学化、教学管理精细化，学生学习个性化。

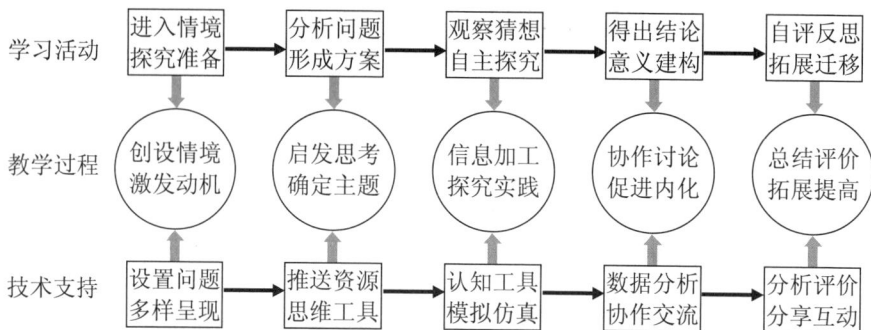

图 16.1　大数据技术支持下的探究式教学模式基本结构图[①]

中小学教师教育信息技术素养也分为 3 级：(1)初级的信息化教学素养要求树立与教育信息化相适应的信息意识；能够对各类信息化教育资源进行价值判断，选择与任教学科相适应的信息化教育资源并应用于课堂教学。(2)中级素养要求能利用信息技术构建有利于学生学习的教学环境；编制适于所任教学科信息化教案及课堂实施方案；将各类教育资源与日常教学进行整合并合理应用，善于利用教育资源突破教育教学重、难点，激发学生学习兴趣，提高教育教学质量；能够帮助学生有效地运用信息技术进行学习，指导学生获取信息化学习资源(如通过网络获取学习资源或相关辅导材料，利用网络教学平台进行学习)。(3)高级素养要求认识网络教学信息的传递手段，以及教学媒体的类别和功能；能够根据不同信息化教学媒体的特点，设计实现不同教学目标的学习活动与学习模式(如利用网络多媒体技术实现探究性学习、研究型学习与案例学习等学习模式)；利用信息技术和网络环境开展教学交流和活动。

---

① 刘邦奇、吴晓如：《智慧课堂：新理念　新模式　新实践》，143 页，北京，北京师范大学出版社，2019.

二、教育信息技术运用的特征

从技术上看，教育信息化的基本特点是数字化、网络化、智能化和多媒体化。从教育上看，教育信息化的基本特征是开放性、共享性、交互性与协作性。

我们把教育信息化看作是一个追求信息化教育的过程。信息化教育具有教材多媒化、资源全球化、教学个性化、学习自主化、活动合作化、管理自动化、环境虚拟化等显著特点。现代教育信息技术的最大特点是可以突破时空的局限，它可以突破教室的墙壁，可以突破学校的围墙，可以把任何地方的生动活泼的东西带到我们的课堂中。它可以再现生活，重现历史，让学生充分走进生活，打开思路。对于历史学科而言，由于历史本身具有不可重现的特征，因此，采用信息化手段，能够对历史的一些场景进行模拟，这对于历史教学而言，可以增加历史教学的形象性与生动性。

在传统的教学活动中，教师是教学活动的主体，知识是由教师传授给学生的。而新的教学观念是：教师是学生学习活动的指导者和帮助者，知识是由学生根据自己头脑里的认知结构而自主建构的，这是一种全新的教学理念，正好适合于指导信息技术环境下的教与学。因此，教育信息化除了带来教育思想、教育手段和教学方法的革新外，更主要的是带来教育教学模式的改变，而且必将是一种革命性的改变。在运用信息技术的时候，我们要以学生为本，在情感上激发学生，在方法上引导学生，一切都要为学生服务。唯其如此，才能让学生真正得到锻炼和提高。

第三节　教育技术运用的策略与方法

2019 年，中共中央、国务院印发的《中国教育现代化 2035》明确提出，将加快推进信息化时代的教育变革作为我国面向未来的重要战略任务，建设智慧化校园、探索新型教学方式、创新教育服务业态、推进教育治理方式变革。教育信息技术运用策略与方法主要有以下几个方面：

一、运用教育技术提高课堂效率

在课堂教学中，利用预先设计好的课件，我们能迅速地多角度展示教学内容，改变以往先板书、后空泛讲解的低效程序。与传统教学相比，多媒体的运用，可以将文字、图形、动画、声音、音频等信息有机地组合在一起，通过计算机进行综合处理、控制和传输，完成交互式操作，便于学生利用生动形象的材料深刻理解教学内容。同时，还可增加课堂教学容量，提高课堂教学效率。

二、利用教育技术激发学习兴趣

学习兴趣是一种看不见的感情冲击力，兴趣在学习中是最活跃的因素。兴趣既是学习的原因、动力，又是学习的结果。现代教育技术可以把复杂的问题简单化，把抽象的事物直观化，把枯燥的知识形象化。

在教学中，教师根据教学内容，运用投影机、电子计算机等信息技术，构建操作性强、效果好的教学设计新模式，把书本的静态描述变成动态的多媒体教学，使形、声、图完美地统一在一起，图文并茂，可加强学生的直观感受，激发学生的求知欲和学习兴趣，激活学生思维。

【案例 16.1】

"智慧课堂"下的《罗斯福新政》一课信息资源与环境设计①

课前：利用录屏软件 Camtasia Studio 进行微课录制，将《罗斯福新政》一课中新政背景、主要内容、特点及产生的影响，有序地进行录制，然后分享给学生，让学生提前了解新课内容。播放《罗斯福新政纪录片》，增强学生的直观印象。

课中：班级电教委员将教师端与学生端进行同屏，此时教师的课件就会显示在学生端上。教师向学生推送资料，让学生归纳罗斯福新政措施的同时，概括总统的权力又有哪些变化。同时，也可以通过课堂互动工具"互动"键，进行师生对话和交流。

课后：向学生推送试题，学生提交后，作业与动态评价工具会及时反馈正确率，有助于检验教师的教学效果，同时检验学生的听课效果。

---

① 刘邦奇、吴晓如：《智慧课堂：新理念 新模式 新实践》，301 页，北京，北京师范大学出版社，2019。

三、利用教育技术更新教学设计理念

构成历史教师学养储备最重要的内容有 3 个方面："历史专业知识素养、课程教学理论与教学设计理论、史学理论知识素养等。其中，核心当属教学设计能力及其实施水平。"①在信息环境下的教学，教师需要具备整体的设计观，综合考虑软硬件条件，并与历史教学深度融合。

在进行教学设计前，学校或教室所具备的软件、硬件资源应该统筹考虑。从硬件上讲，除了最基本的多媒体设备，很多学校采购了一体机、电子白板，不少学校配备了专门的历史教室，甚至还有全息投影、VR(虚拟现实技术)、3D 打印机等高科技设备，极大便利了历史学习情境的创设；从软件上讲，既有配套的成熟教案和相关的教学 PPT，也有各种设备的软件安装配置，诸如录屏、录音以及视频回放等。不同层次的教育信息技术和设备，决定了教学设计的不同策略。目前来看，大部分教师的教育信息技术使用能力，往往落后于学校的教育技术，一体机或电子白板的许多功能未被开发，很多高科技设备往往成为摆设，长期无人使用。

【案例 16.2】

历史专用教室中的《明朝的灭亡》教学设计②

课前：学生提前预习教学内容，并分小组汇总问题，利用 iPad 发送给教师。

课中：教师利用历史专用教室进行授课，并随着课堂教学的进程，针对学生发送的问题进行部分讲解，并结合重要知识点进行知识的迁移，向学生发送问题。学生答问后，设备自动生成问题汇总，并统计概率。教师根据学生的答问情况进行教学进程的调整。同时，也可以通过课堂互动工具"互动"键，进行师生对话和交流。

课后：师生交互学习，教师向学生推送试题，学生提交后，作业与动态评价工具会及时反馈正确率。学生向老师推送疑问点，教师线上反馈并

---

① 陈志刚：《从课堂教学设计谈历史教师素养的提升》，载《历史教学问题》，2012(4)。

② 该设计由四川省南充市五星教育集团提供。

解答。当日课当日毕，有利于提高教学有效性。

四、利用教育技术开辟成长新路径

在信息环境背景下，教师所面临的机遇与挑战并存。在过去的环境中，新手教师走向成熟的时间需要5～10年，随着信息时代的来临，这个时间被缩短，尤其是拥有先进教育技术能力的年轻人。他们善于利用教育信息技术辅助教学，从而弥补了传统教学技能的不足。

对于老一辈教师，可以凭借以往的教学经验，并适当结合教育信息技术进行教学设计的升级与创新。对于新生代教师而言，可以利用教育信息技术来弥补传统教学经验上的不足。比如，充分利用声、光、电及视觉刺激的技术，通过数字故事、微课、音频视频剪辑等辅助教学，营造教学环境，更新设计观念。

【案例 16.3】

融入数字故事的《美国 1787 宪法》①

虚拟人物：Stefan 1747 年出生于北美宾夕法尼亚州的费城，其祖籍是英国。

过程安排：根据教学需要，将数字故事剪为 3 段，在教学的过程中按照需要依次进行播放，起到激发疑问以及过渡的作用。

① 讲授第一个子目"年轻美国的窘境"时，运用第一段数字故事：以 Stefan 的亲身经历再现当时的历史画面，为同学们简要地介绍美国的独立战争。

② 在讲授宪法的内容即第二个子目"制约权力、平衡利益"和第三个子目"从邦联到联邦"，运用第二段数字故事：通过播放数字故事视频让故事主人公 Stefan 来告诉同学们为了解救年轻的美国，1787 年各州代表及美国开国元勋聚集在费城签署独立宣言的地方，制定了美国 1787 年宪法。

③ 比较美国总统制和英国君主立宪制的异同方面，结合课本的第四个子目来进行讲解，运用第三段数字故事：通过 Stefan 给同学们呈现的结语引发学生们的反思，以提问的方式过渡到对美国总统制的讲解，采用表格

① 西华师范大学青蓝历史数字工作室教学设计案例。

的形式比较美国总统制和英国君主立宪制的异同。

第四节　常见问题

一、过分依赖教育信息技术

部分教师懒于进行认真的教学设计，通过网络随时下载各种课件，主动或者被动使用不适合自己教学思考和风格的课件，播放时间占了课堂的大部分时间，课件成了讲课的主体，而教师则成了辅助作用的旁观者、解说员，或成为电脑的操作者，使教育信息技术与历史教学的关系本末倒置。

新生代教师普遍对信息技术满怀热情，他们可以制作精美的课件，利用先进的技术；但常常受到定型的教学情节和课件的影响，完全围绕课件讲课，缺少课堂教学中最为精彩的"即兴发挥"，把原本的辅助教师教学，变成了教师辅助课件教学。学生参与教学活动的机会很少，大部分学生处于被动接受的状态，很容易进入一种"人灌机灌"的新误区。

二、完全抵制教育信息技术

教育信息技术与学校教育的整合过程中，最大的抵制力来自教师的内部。根据欧美的相关研究，教师的内部抵制力对技术整合的影响主要表现为教师普遍缺少运用技术的意愿，并明显表现出技术运用能力的不足，同时教师也很少表现出创造性的整合行为。这些不足都在很大程度上阻碍了信息技术与学校教育的整合进程。

对于教师而言，在信息技术整合过程中首先要解决的问题就是形成对技术的积极态度，从而提升使用技术的意愿。实际上，教师的技术技能水平也与教师使用技术的意愿显著相关。教师的技术技能水平越高，教师使用技术的意愿就越高；同样，教师使用技术的意愿又会反过来促进教师技术技能水平的提高。

我们必须清醒的认识到，信息技术的应用不会自然而然地创造教育奇迹，它可能促进教育革新，也可能强化传统教育，因为任何技术的社会作用都取决于它的使用者。在信息化时代的今天，教师既不能成为技术的奴隶，也不能成为技术的敌人，而应该思考如何将二者完美结合。

学习反思

1. 谈一谈教育技术的功能。

2. 试述现代教育技术与传统教育技术的结合运用。

3. 教育技术运用的主要策略和方法有哪些?

4. 试述运用教育技术容易出现的问题及对策。

拓展阅读

1. 钟绍春. 人工智能支持智慧学习的方向与途径[J]. 中国电教化教育, 2019(7).

2. 叶小兵. 论中学历史教学中的现代信息技术[J]. 历史教学, 2003(9).

3. 郑林, 刘微娜, 王小琼等. "智慧学伴"促进初中历史精准教学的探索[J]. 中国电教化教育, 2019(1).

4. 肖威. 多媒体课件制作教程[M]. 北京: 清华大学出版社, 2011.

5. 陈倩等. 历史数字故事编辑制作研究[M]. 北京: 人民邮电出版社, 2018.

6. 刘邦奇, 吴晓如. 智慧课堂: 新理念 新模式 新实践[M]. 北京: 北京师范大学出版社, 2019.

陈倩指导《科举制的创立》教育技术运用技能视频

第十七章　历史学科思维培育技能

内容提要

历史学科思维是能够反映学科内部本质联系和本质规律的思维。历史学科思维/能力的水平，决定了历史素养的程度。中学历史学科 5 大思维包括时空思维、证据思维、变迁和延续思维、原因和结果思维、神入思维。培育历史学科思维的策略主要有：熟悉中学生历史思维的基本特征，引导学生理解历史思维的基本概念，培养中学生历史学习的基本技能，引导学生整合知识、总揽全局，创新教学模式方法。培育历史学科思维的常见问题包括教师核心素养不足，严重忽视学情分析，固守传统教育观念，评价方式单一等。

第一节　历史学科思维的内涵与价值

一、历史学科思维的内涵

思维是人脑借助于语言对客观事物的概括和间接的反应过程。思维能力是人脑对客观事物的本质及其规律的间接概括的能力，是对感性材料进行加工并转化为理性认识及解决问题的能力。学科能力是学科教育与学生智能发展的结晶，它与学科思维能力经常通用。

历史学科思维是学生通过历史学习形成的基于学科性质和特点，能够反映学科内部本质联系和本质规律的思维。在中学生学习历史的过程中，历史学科思维是思维过程与结果的统一，历史思维能力是完成历史学习任务的决定性因素。

实际上，历史学科思维、历史思维能力与历史学科能力没有本质的区别，大部分学者也将三者通用。历史思维能力是植根于历史学科专业性上的，中学生应该掌握的史学研究的专门能力。它既需要以学生自身的思维结构及学习历史所需的思维特性为基础，也受到学生学习历史的能力、策略和方法的重要影响。它可以涵盖一般的能力、技能和认识论，其不同层级的表现标准也应该取代各级历史学业评价标准。

二、历史学科思维的价值

思维能力是学习能力的核心，学科思维是学科教育的灵魂。各学科教学是否有效，关键在于能否形成学生的各种学科能力。只有经过思维训练，引导中学生像历史学家一样思考，培养学生"带得走、用得上"的历史思维能力，历史才会变得鲜活起来，对于学生才会有意义。

目前的历史教育普遍存在重知识轻思维的现象，大多侧重于认知层面，过分强调认知性目标，教学评价也主要以知识掌握为主，过于关注知识量的累积，情感、态度等方面的价值成为教学的附属品。学科思维往往处于低阶阶段，不能明晰学科逻辑、体认学科意义，难以适应核心素养时代基础教育的需求。

历史核心素养以历史思维能力为基础，历史学科的能力培养是历史素养的重要组成部分。甚至可以说，历史思维（学科）能力的水平，决定着历史素养的程度。

第二节 历史学科思维的类型与特征

20 世纪 80 年代末，英、美、法等国颁布的中学历史教学课程标准中，都明确地提出了要培养学生历史思维能力，英国和美国更是把历史学科能力专指为历史思维能力。近年来，欧美等国持续关注历史学科"第二层次概念"（核心概念/关键概念）的研究，除了以往熟悉的证据、变迁、因果等，又提出了相似与不同、历史意义、复杂性、多重观点、历史方法、记载、转折点、历史观点、道德维度等很多新的核心概念。英国、美国、加拿大等近年都出版了专门的历史学科思维的课程与教学论教材，重点研究其中五六个核心概念的内涵、意义及其教学策略。

改革开放 40 年来，我国历史思维（学科）能力研究取得了丰硕的成果，但也面临巨大的挑战。前人对历史思维（学科）能力的界定和分类多达数十种，但在相关概念的内涵与外延、能力标准等方面则长期各持己见。我国的历史思维（学科）能力大多缺乏分层次的、操作性的学习目标及表现标准，有的学科能力本身的定义就很不规范。

2018 年中国教育部公布的《普通高中历史课程标准（2017 版）》遵循了学科特殊能力的思路，具有划时代意义。它不仅首次明确了高中历史教学的 5 个核心素养，每个素养还有具体的内涵以及用于测量评价的 1～4 级水平标准。很明显，该能力体系受到了英、美学术研究的重要影响，其表述有很多相通之处。但历史学科的 5 个核心素养并没有彻底解决我国中学历史学科思维的内涵与分类问题。

借鉴国内外的相关研究，我们认为，中学历史学科 5 大思维包括时空思维、证据思维、变迁和延续思维、原因和结果思维、神入思维，它们都蕴含有历史理解与解释，或者说是历史理解与解释的具体体现。目前，国内已有教材对此进行了专章论述。[①]

一、时空思维

时空思维是在特定的时间联系和空间联系中对事物进行观察、分析的意识和思维方式。时间和空间是一切事物存在的基本形式。恩格斯说："因为一切存在的基本形式是空间和时间，时间以外的存在和空间以外的存在，同样是非常荒诞的事情。"[②]任何历史事物都是在特定的、具体的时间和空间条件下发生的，只有在特定的时空框架当中，才可能对史事有准确的理解。在不同的时空框架下理解历史上的变化与延续、统一与多样、局部与整体，才能对史事做出合理解释。

时空思维能力对历史学习有着重要意义，它是历史理解和历史解释的基础和前提。我国将空间与时间合为时空观念，一同列入核心素养，既符合时空相辅相成的原理，也适应了我国长久以来"左图右史"的传统，具有自己的民族特色。但从中学历史教学实际来看，时序思维的重要性比空间思维更大，这或许是英美等国没有将空间列入历史核心概念的原因。

———————

①　详见薛伟强、范红军、陈志刚主编：《中学历史课程与教学概论》，172～230 页，北京，北京师范大学出版社，2019。

②　恩格斯：《反杜林论》，49 页，北京，人民出版社，1971。

二、证据思维

"要了解历史的过程，就必须认识到证据的作用。"[①]证据思维是最具学科特质的思维之一，"史由证来、证史一致、论从史出、史论结合"16字方针是具有中国特色的表述，搜寻史料—鉴别史料—解读史料—运用史料论证是证据思维的完整过程，也是史学研究的普遍过程。简言之，证据思维要求言必有据、据必有证、证必充分。

任何关于过去的知识与想要认识过去的人之间，都横亘着过去所留下的遗迹、遗物或文献记录等中介物。无证据便无论断，无事实便无历史学。可靠的历史资料和科学的历史理论，是历史研究不可缺少的2个方面。史料是人类在社会实践活动中残留或保存下来的各种痕迹、实物和文字资料，是有助于认识历史、复原历史真实情况的一切资源。史料是学习和研究历史的基础，是历史思维的起点。培育证据思维要求学生在老师的引导下，对史料进行收集、整理、考证，并运用史料进行判断推理，最后给出令人信服的解释。

三、因果思维

对历史事物中的因果关系进行推理论证即因果思维。原因是造成某种结果或者引发某种事情的条件，结果为事物在某种条件或情况下产生的某种结局。因果关系一直是史家关注的核心问题之一。现代史学由英国哲学家傅格森（Adam Ferguson）在启蒙运动时期所定义，即将史实按照时间先后记载下来，再加上其发生的原因及其结果。该定义成为近代以来史学的基本内容。如何确定因果，哪些是最重要的原因，哪些是最重要的结果，历来为中外史家所讨论。

经过后现代主义的震荡与挑战，当前学界对历史学中的因果概念的基本看法如下：（1）完整的历史解释是不可得的，过去已经一去不复返，人不可能离开现在而回到过去。（2）事件跟事件之间的关系并非理所当然。关于事件的选择以及赋予各因素间不同的价值，完全有赖于史家透过专业研究作出主观认定。（3）事件是各种因素间交互作用的结果，因果关系就像一张

---

① ［英］蒂姆·洛马斯：《论史料教学》，叶小兵译，载《历史教学》，1998(2)。

庞大的关系网络，并非单纯而直线发展的因果链，也不是一个一个独立的个体。(4)各种因素并非等值。根据原因的重要性赋予不同价值。常见的如背景因素和导火线，前者有助于解释引发历史事件的诸多因素，后者往往具有偶然、突发、引爆的特性，在历史事件中扮演着催化剂的角色。(5)因果解释应包含人的动机和意图，既包含当事人对外声称的理由，也包含其心里真正的理由或者未曾意识到的动机。我们往往因为当事人原始的意图和动机和事件的发展大相径庭，因而忽略了人的因素。(6)许多事情即使并未出于人的意图，但还是发生了，如长时段的历史变迁，如启蒙运动、科学革命的发展。

四、变迁与延续思维

唯物辩证法认为，物质是运动的物质，运动是物质的根本属性，运动的物质必然产生变化。世界上只有永恒发展的事物，没有永恒不变的东西，自然界、人类社会及人的认识都是变化发展的。

不变之中蕴含着变化，变化之中又包含着不变，这是哲学的基本理念，也是历史思维的重要规律。万物皆变，万物亦有不变，具体到某一个有特定内涵或质的规定性的客体来说，在特定的历史时期内，变中必须有不变，必须有相对的稳定性。

延续中有变迁，变迁中有延续，这是古今中外历史的铁律。如夫妇、父子、君臣"三纲"及仁、义、礼、智、信"五常"，为古代中国世世相因、百代沿袭的传统文化。在现代社会，三纲固然已不合时宜，但仍以不同形式有所保留。五常作为基本准则，虽不断流传，但其内涵和形式已有明显变化。

五、神入思维

"神入"(empathy)原本是心理学的一个概念，是指想象自己处于他人境地，并理解他人的情感、欲望、思想和活动的心理过程。神入概念被广泛应用于心理学、哲学、美学、文学、历史、社会学等学科，心理学领域一般翻译成"移情"，历史学领域则普遍使用"神入"。

历史神入(historical empathy)或神入历史是"主体进入客体之中去想象客体"的心理活动，即当事者置身于特定的历史时空，站在历史人物的立场，尽量理解其看事情、想问题的方式，尽量体会其感受，尽量走入其心中，避免用现代的观念、想法去看历史人物，去理解过去。历史神入需要一定程度的想象，但不是凭空虚拟，需要足够的资料佐证和逻辑推理。

神入历史对历史教学具有重要的意义。首先，有助于拉近学生与"历史"的距离，激发学生对历史的学习兴趣。神入历史的过程，实质上就是学生走进丰富多彩、变幻莫测的历史的过程，是学生感受知识的魅力和思考的价值的过程。其次，有助于增强学生对历史的感悟和理解，强化历史意识和观念。从因果分析、变迁延续和动机分析的尝试中，学生可以逐步加深对历史人物的思想和行为的理解，从而能从历史脉络的情境中去理性理解历史人物行为的意图与影响。最后，神入历史可以培养学生的历史思维能力。学生在对历史事件、历史现象、历史人物进行分析、评价和判断的过程中，历史意识和学科能力会逐渐增强。

第三节　历史学科思维培育的策略与方法

长期以来，我国历史学科能力的理论研究、表现评价和培养实践处于相互脱节的状态，绝大部分历史思维能力停留在概念的层面，这是我们培育历史学科思维面临的最大挑战。国外的研究业已表明，儿童的历史思维，最早从小学就可以开始培养。但培育中学生的历史思维能力乃至核心素养，是一个复杂的系统工程，需要学校、政府和社会密切配合，需要教授、学习和评价契合一致的培育系统。以下主要从教和学的层面来谈几种重要的策略。

一、熟悉中学生历史思维的基本特征

熟悉中学生历史思维的基本特征，可以让我们在教学的时候有的放矢、对症下药。尤其是儿童，以形象思维为主，在学习历史课时，会遭遇非常大的困难。

（一）中学生史料证据思维的基本特征

无论如何，让儿童对已知信息和证据作出区别是很难的。因此，在史料证据方面，儿童有很多误解。如史料即过去。初中生最常陷入的思维陷阱是将史料视为过去的"直接报道"。其实没有问题，就没有证据。研究表

明，很多儿童并没有想到，人们是如何了解过去的。

又如史料即信息。把过去看作是固定的、完成的，出自权威之笔，便是切实的。把所有的史料看成信息，面对史料与陈述有差异的时候，学生会用比较信息的异同和材料的多少来判断。但在回答问题时未采取任何史学分析的方法，只求助于权威及更多或较好的书本著作。

（二）中学生因果思维的基本特征

儿童认为原因具有可取代性。比如学生会说，如果没有洪秀全，还是会有太平天国，因为天灾人祸，总有人会揭竿起义，这显示学生也许对历史偶然性的认知尚未成熟。

儿童倾向于进行简单化的因果思考。儿童倾向于以人物性的原因解释历史事件的发生，但却很少归因于外在的结构性因素。学生倾向于将具体的人物因素极大化，而将抽象性的结构性因素极小化。学生在处理因果关系的信息时有寻求真正的唯一原因的习惯，将复杂的因果关系看成单纯的原因与结果的关系。

儿童会将原因串成一条直线的因果链，认为第一件事情影响第二件，第二件又影响第三件，以此类推，很容易陷入以简单时序排列的因果关系，认为历史事实之间无轻重差别。学生经常会忽略人的意图与动机，尤其当人物的初始动机或意图与后来事件的发展有所不同时。

（三）中学生变迁与延续思维的基本特征

历史的变化是一个儿童很难理解的历史概念。如果认为进步是必然的，许多儿童会低估过去。他们认为过去的人们在智力上低于今天的人们，并且时间越往前，人们的智力越低。

如果认为延续是必然的，很多儿童会高估过去。青少年经历的短暂人生和遭遇的有限境况，使他们很难身临其境地去感受过去。他们认为，古人与今人是相同的，这种观点几乎意味着否定历史长河发生的变化

学生想当然地认为变化会即刻发生。学生倾向于片段化地分割他们学到的历史，由此想当然地认为变化是即刻发生的。比如，自然经济马上就解体了，封建体制迅速就瓦解了，家庭生产体系突然变化为工厂生产体系。

（四）中学生神入思维的基本特征

儿童很难理解现在与过去有区别。如他们很难体会历史人物实际遭遇

的困难。历史教师经常会发现，有些儿童有时会不假思索地贬低历史人物，例如慕尼黑会议上的张伯伦、法国大革命前夕的路易十六等。儿童很难进入历史人物的思考脉络，他们在判断历史人物的行为时，以自己而不是古人的立场或条件去考虑。

二、引导学生理解历史思维的基本概念

概念是思维的重要形式，人类思想过程的本质就是意识对各种概念的运用处理过程。人类语言本质上就是概念——一切可言说的语言词汇都是关于某物的概念。概念本质上并不是对事物本身的描述，而是对事物之间关系的描述。人类一切知识的本质其实都是用已有的概念诠释新的概念。因此，引导学生理解历史思维的基本概念非常重要。

如有关历史时间学生要理解的基本概念包括：（1）机械时间和历史时间；（2）循环时间和线性时间；（3）历史分期。常用的时空表达方式有：①时间轴(年代尺)；②历史年表；③历史地图；④历史概念图(思维导图、心智图)。

又如学生要理解的因果关系的基本概念包含：（1）主观/内部原因和客观/外部原因；（2）偶然原因和根本原因，直接原因和间接原因；（3）主要原因和次要原因；（4）直接结果和间接结果；（5）必然结果和偶然结果；（6）正面/积极结果、中性结果和反面/消极结果；（7）主观结果和客观结果；（8）因果关系的多样性和复杂性。

三、培养中学生历史学习的基本技能

历史思维虽然是一种历史学科的特殊能力，但仍须以相关的历史普通技能为基础。比如，历史知识的记忆能力，历史年代的计算、换算能力、历史地图的识图、画图能力、编制图表的能力、阅读教材的能力、编写提纲的能力。

在此基础上，逐渐培育学生历史思维的高阶能力，如证据思维中的收集史料、辨别史料、运用史料能力，又如相似和差异的比较能力。收集、辨别和运用史料是历史思维的关键能力之一，也是历史理解和历史解释的基础。熟练地把握史料对于中学生而言有相当的难度。将有一定关联的历史事件和现象进行比较对照，判断异同，分析缘由，有利于理解变化和连

续，把握历史发展进程的共同规律和特殊规律。

四、引导学生整合知识、总揽全局

将知识进行组织和整合，从而形成有机联系的整体，这是培育学科思维的基本要求。历史学科内涵丰富、外延广泛、综合性极强，引导学生总揽全局，古今中外纵横联系，把握历史的发展脉络和时代特征，挖掘历史的内在联系和规律，构建相对完善的历史知识结构和体系，理解其中的时序、因果、证据等相互联结的关系，理解不同时期和社会的观念、信念和心态，逐渐形成对历史发展变化的整体性认识，对中学生深入理解历史大有裨益。

（一）把握历史阶段的时代特征

关注时代特征，是把握历史的核心。时代是指人类社会发展过程中的不同的历史阶段，时代特征是指与特定时代相适应的政治、经济、文化等关系的基本状态及基本特征，具有明显的时间性，也蕴含了空间性。短时期的历史阶段的时代特征一般称为阶段特征。时代特征是抽象的，能反映历史发展的本质，一般的学生难以独立把握，需要教师加以引导。在学生掌握具体的历史事件的基础上，可通过理解某一历史阶段或若干年间（如每10年）的时代特征来把握整体的历史内容。这一点在通史教学和专题式教学中都很有必要。

【案例 17.1】

"百家争鸣"的时代特征

以春秋战国时代"百家争鸣"为例，除了识记代表人物和代表思想，还必须在春秋战国时期这一特定的历史时代来理解。大变革大动荡是春秋战国时期的时代特征，政治上新旧势力大斗争，各阶层之间的关系错综复杂；经济上，铁器牛耕推广，生产力大发展，提供了物质条件；科技上，天文学、医学等科技取得较大进步；文化上"大爆炸"，私学兴起。正是在这种时代背景下，形成了许多学说流派，不同学说流派代表不同阶层利益。

(二)梳理历史事件的发展脉络

历史的发展脉络指的是历史发展过程中发生的重大事件及其相互关系，它是历史发展的连接点和关键点，也是思维的线索。历史的发展脉络，主要是时间性的，也必然包含空间性。中外历史在时间上、空间上都有纵横复杂的联系。梳理历史脉络，我们并不只要学生学习建构过去事情的编年秩序，而是希望学生能形成前后一贯的解释，并能开始了解事物之间在时间面相以外的关系。通过梳理，建立一条时空线索，以有利于归纳前因后果、认识变迁与延续、理解进步与倒退，从而更好地在整体上洞察诸多历史事实之间的关联。

【案例 17.2】

资本主义发展的 3 大线索

世界近代史长约 400 年，如果我们理清其发展脉络，便很容易整体把握。一般总结为：1 个形态(资本主义社会形态)、2 个时期(自由资本主义时期和垄断资本主义时期)、3 条线索(一是资本主义的发展史，二是国际社会主义运动史，三是民族解放运动史)。3 条线索中，资本主义的发展是核心。由于资本主义对无产阶级的残酷压迫，引发了国际社会主义运动的兴起。资本主义对外掠夺和殖民导致了民族解放运动的产生。从这条大脉络出发，400 年间的重大事件及其相互关系基本上都可以概览无余。

(三)构建有机联系的知识网络

单元总结。在每一单元新课结束后用至少一节课的时间引导学生作一个分析总结，目的是帮助学生在学习历史事件后将各种信息组织起来，扩展他们对变迁与延续的洞察力。

建立通则(generalisation)。建立通则是帮助学生建构历史变迁与延续叙述的重要工具。应该引导学生了解通则是什么，及其是如何形成的。通则是事物变迁与延续中呈现出来的稳定性的规律性的原理、原则。对一些学生来说，学习如何建立通则是不容易的。这需要他们选取和抛弃一些数据。这些选择的标准会根据所提的问题而改变，而学生在对特定历史事件不完全清楚时很难作出相关的选择。

五、创新教学模式方法

　　历史学科思维很难通过死记硬背、题海战术来培育，我们必须改进传统的单纯讲授式的教学模式和方法，积极践行启发式、参与式、讨论式、体验式教学，营造独立思考、自由探索、勇于创新的良好环境，让学生学会发现学习、合作学习、自主学习。

　　启发式教学的实质在于教师能够激活学生的情感和思维，达到主动积极的学习状态，即使他一言不发。问答只是启发式教学的一个外在表现形式，最重要的是在恰当的时机导引思维，而非简单的多问多答。

　　讨论式教学法早已经被证明对学生的学习和发展有诸多好处，其与讲授式的理念有本质区别，因此师生都需要有一个循序渐进的适应过程。一般可以先进行集体讨论，然后再施行分组讨论。有关史料证据的讨论至少从初中就可以开始。

　　体验式教学强调身体力行的"体验"，注重在实践中学习领悟。角色扮演是一种重要的体验式教学方法。在教学中，让学生扮演官员、地主、农民、皇帝、记者、导游等不同的角色，运用小品、短剧、新闻发布会等形式，寓学习于表演中，使教学过程生活化、艺术化。第一人称虚拟写作也是一种重要的体验式教学方法。历史写作是培养学生高级思维的重要教学工具。第一人称的历史虚拟写作，学生仿佛被邀请进入历史人物身处的情境，以此思考过去。他们比较能够站在前人的立场思考，常常能显示出超常的历史背景理解力。

第四节　常见问题

一、教师核心素养不足

　　教师质量决定了教育的质量。如果要培养学生的核心素养，教师首先应具备相应的核心素养。教师应该具备的核心素养无疑比学生发展核心素养和学科核心素养更广更深，主要包含专业知识素养、专业能力素养和专业精神素养。

　　教师在教学与管理中出现的绝大部分问题，本质上是专业素养不足的问题。教学设计不出彩，首先是史学积淀不够丰厚。课堂教学不自如，首先是学情分析不够精准，没有预设到学生可能的回答、可能的思维方式。课堂上不敢讨论，绝大部分是内功不足，害怕多元的观点无法应对，担心冷场或场面失控。

中学历史是基础教育学科中变化最迅速、最猛烈的学科，历史老师本应是充电最频繁的学科。学术中的历史百家争鸣，中学的历史课程不断与时俱进。只有精益求精，持续提升自身的核心素养，才能自如面对新知识和新理念，跟上时代的步伐。

二、严重忽视学情分析

学情分析是教学活动的基本环节，也是教学研究的基本内容。美国著名教育心理学家奥苏伯尔说："如果我不得不将教育心理学还原为一条原理的话，我将会说，影响学习的最重要的因素是学生已经知道了什么，我们应当根据学生原有的知识状况去进行教学。"[①]但就现状而言，学情分析显性缺失(没有)和隐性缺失(无效)的现象普遍存在，精准的学情分析寥若晨星。

有效的学情分析应该既有"宽度"又有"长度"。"宽度"是指要对学习者的学习风格、学习环境、学习兴趣、起点能力、一般特征以及学习者个性、共性作全面深入的分析。"长度"是指学情分析至少应该跨越课前、课中、课后 3 个时段，贯穿于课堂教学设计、课堂教学实施到课堂教学评估的全过程。

即使资深教师，对学情把握和分析也很难精准。有的学情分析过于笼统，有的对学生的水平估计过高，所讲内容过于艰深。其中的主要原因是：缺乏学情分析的科学方法，绝大部分单纯使用经验分析法，具有很大片面性。精准的学情分析必须多管齐下，综合使用测试法、调查法、访谈法、预习提问法、书面资料分析法等。可以说，对学情分析无论多重视也不为过。我们要把学情分析作为教师新的教学基本功，把学情分析作为教学研究的重要生长点。

---

① ［美］奥苏伯尔：《教育心理学——认知观点》，序言，北京，人民教育出版社，1978。

三、固守传统教育观念

美国教育学者诺克斯（Jeffery D. Nokes）曾经感叹，学校中的传统教学方法与历史学家专业活动和差距之大，为其他学科所未见。譬如生物课，学生须进行实验解剖；数学课，学生要演练计算；地理课，学生得学习测量和实查；体育课，学生得经常练习运动技能；英文课上，学生必须练习写诗作文。只有在历史课堂中，听讲和背诵"史实"是最典型的学习方式。[①]

培育核心素养，必须积极践行启发式、参与式、讨论式、体验式教学。很多教师明白这个道理，但迟迟无法转变，主要原因在于自身功力不足、信心不够、不敢探索。基于建构主义的学习，应该在教师的引导下，通过问题驱动和任务驱动，充分发挥学生的主动性。教学对话是最重要的导引方式，对话最重要的功能是提供有效的学习支架，以帮助学生建构知识的意义。在对话导引中，教师始终居于主导地位，发挥主导作用。即使在小组讨论或合作学习环节，教师也是主持人、引路者，而非旁观者。通过对话，教师及时地为学生提供适当的线索或提示（支架），让学生通过这些支架逐步攀升，逐渐发现和解决学习中的问题，逐步建构、内化其历史认知能力，最终成长为一个独立的学习者。

四、评价方式单一

历史学业评价是历史课程实施的重要环节，对改进历史教学和提高教学质量具有重要意义。长期以来，学校把考试成绩作为评价教师的重要依据，而教师则把考试成绩好坏作为评价学生的主要标准。这种评价模式影响了教学目标的全面实现，不利于学生健康、和谐和全面发展，也不利于学生的个性发展。

2011年版《初中历史课程标准》提出："学习评价要坚持诊断性评价、过程性评价与终结性评价相结合，教师评价与学生自我评价、同伴评价相结合，量化评价与质性评价相结合的原则。"既要注重评价学生的学业成就，如历史知识、能力、思维方法与品质等，还要考虑到学生的其他变化，如

---

① Jeffery D. Nokes, *Building Students*, *Historical Literacies*：*Learning to Read and Reason with Historical Texts and Evidence*，New York：Rutledge，2013，p. 27.

对所学内容的情感倾向、对学习方式的效果领悟，以及与相关学科的迁移情况，特别是学生历史认识的变化。

学业评价不仅要关注学生的学习结果，更要关注学生在学习过程中的发展和变化。评价的主要目的是全面了解学生学习历史的过程和结果，激励学生学习，促进学生的学业进步和全面发展，提高教学质量。对学生的历史学习过程和效果进行价值判断，除了最常见的纸笔测验（考试）外，还有观察评价、多元主体评价、表现性评价、问卷调查评价等。

需要说明的是，尽管在概念上我们或许可以区分不同的历史思维能力，但实际上它们都是互相联系相辅相成的，实践中很难单独培育某一种思维。过去数十年欧美的研究表明，历史学科的很多关键概念与青少年带进课堂的日常观念都是相反的。换言之，界定和宣示历史思维能力的内涵及标准或许不太困难，但如何实践理论，培育中学生历史思维能力乃至核心素养，这绝对是一个艰难的挑战。它是涉及教育学、心理学、历史学、学习科学、测量评价学等跨学科的复杂问题，不可能毕其功于一役，还需要长时间的探索。

学习反思

1. 历史学科思维有何价值？
2. 谈一谈中学历史学科五大思维的内涵。
3. 培育历史学科思维有哪些重要的策略？
4. 培育历史学科思维有哪些常见问题？

拓展阅读

1. 林崇德. 从智力到学科能力[J]. 课程. 教材. 教法，2015(1).
2. 郭元祥，马友平. 学科能力表现：意义、要素与类型[J]. 教育发展研究，2012(15/16).
3. 薛伟强. 中学历史学科特质述论[J]. 历史教学，2016(1).
4. 陈新民. 国际视野中的历史学科核心概念研究[J]. 历史教学. 上半月，2017(6).
5. 孙立田，任世江. 论历史思维能力分类体系[J]. 历史教学. 上半月，2014(6).
6. 郑林. 中学生历史学科能力表现及测评初探[J]. 历史教学. 上半月，2015(9).

7. 薛伟强. 中学史证意识教学的现状、问题与对策［J］. 中学历史教学，2014(8).

8. 冯一下. 试论历史解释的界定［J］. 中学历史教学参考，2017(2).

9. M. 苏珊娜·多诺万，约翰·D. 布兰思福特，张晓光. 学生是如何学习的——课堂中的历史［M］. 桂林：广西师范大学出版社，2011.

薛伟强《西汉建立和"文景之治"》历史学科思维培育技能视频

薛伟强《外交关系的突破》历史学科思维培育技能视频

第四编　教学评价技能

引　言

　　教学设计组织实施后成效如何，自然会涉及教学评价。教学评价是依据教学目标对教学过程及结果进行价值判断并为教学决策服务的活动，是对教学活动现实或潜在的价值作出判断的过程。教学评价是研究教师的教和学生的学的价值的过程。教学评价一般包括对教学过程中教师、学生、教学内容、教学方法手段、教学环境、教学管理诸因素的评价，但主要是对学生学习效果的评价和教师教学质量的评价。教学评价的方法主要有量化评价和质性评价。本篇的4种技能紧密围绕教学评价，首先是评价学习效果的学业评价技能，然后是评价教师教学质量的观课评课技能，最后2种是教师竞争性测试最常用的说课和模拟上课技能。

第十八章　学业评价技能

内容提要

　　学业评价是以课程与教学的培养目标为依据，对学生的知识和能力进行价值判断的过程。学业评价具有激励、诊断和促进作用。历史学科使用较多的学业评价类型为形成性评价、诊断性评价和终结性评价，具有注重过程性评价、个体差异性评价、内容全面性、评价主体多元化和评价方法多样性的特征。学业评价的方法主要包括学习档案、历史习作、历史制作、历史调查、考试等。常见问题主要有评价主体单一、评价内容片面、评价方式单调、评价功能低下、评价层次浅显等。

第一节　学业评价的内涵与功能

一、学业评价的内涵

　　学业评价是指以国家的培养目标为依据，运用恰当的、有效的方法，系统地收集学生认知行为上的变化信息和证据，并对学生的知识和能力水平进行价值判断的过程。其内容包括基础知识和基本技能，学习过程和方法，情感、态度、价值观，核心素养等。历史学业评价则是"以中学历史课程与教学目标为依据，对学生的历史学习活动及其效果进行价值判断的过程"[①]。

　　学业评价强调的是评估价值和修订价值。通过判断学生学习是否达到目标，为教师了解教学状况、改进教学提供决策依据，也是衡量教学是否有效的重要指标。高中历史课程标准在评价建议部分明确指出："高中历史

---

① 　关娴娴：《历史课程与教学论》，210页，大连，大连理工大学出版社，2015。

学习的评价应以课程目标为依据，以学生历史学科核心素养的整体发展为着眼点，将评价贯穿于历史学习的整个过程。要运用有效的评价方法，系统收集和科学分析处理学生的有关信息，综合发挥检测、诊断、激励、引导、调解、反馈等多方面功能，准确判断学生学科核心素养的达成度。"①

二、学业评价的功能

学业评价强调评价的激励、诊断和促进作用，也要注意弱化评价的选拔与甄别功能，减轻评价对学生造成的压力。评价以有利于激发学生的内在学习动机为目的，帮助学生明确自己的不足和努力方向。

（一）导向促进功能

导向功能是指评价本身所具有的引导评价对象朝着理想目标前进的功效。学生学习的方向、学习的重点及学习时间的分配，常常受到评价内容和评价标准的影响。教师通过学业评价，可以及时发现学生学习过程中的不足和失误，并通过其探究教学过程中的问题及症结，研究解决问题的途径和方法，从而促进教师的教和学生的学沿着正确的轨道前进。

（二）诊断反馈功能

教学目标是在课程标准指导下，对学科的学业发展及结果的一种具体、现实的规定和分类体系。教学目标贯穿于教学活动的全过程，制约着教学活动的每个环节。在教学实践中，学生学业评价是判断学生的学习效果，衡量教学目标是否达成的手段。对教师来说，通过学生学业评价可以了解学生学习的情况，把握学生掌握知识的程度以及运用知识的能力，及时反馈，帮助教师进行教学决策，使教学处于有效控制之中。否则，即使是最有经验的教师也难免主观臆断、盲目行事。

（三）激励功能

学业评价向学生提供有效的反馈信息，可以激发学生学习的内在动力。通过评价，肯定学生学习上付出的努力，表扬其进步，学生心理会获得激

---

① 中华人民共和国教育部制定：《普通高中历史课程标准（2017 年版）》，56 页，北京，人民教育出版社，2018。

励。实践表明，肯定学习的成功，会给学生带来愉悦的学习体验。这种体验能够增强学生的学习信心，提高学习兴趣；同时也能使学生及时发现学习中的问题，有助于学生认清自己的学习现状，提高学习的主动性。

第二节　学业评价的类型与特征

一、学业评价的类型

由于评价的具体目的、任务不同，每一具体的评价都会有一定的侧重面。学生学业评价可以从不同的角度进行分类。从评价目的可以分为选拔性评价、水平性评价、反馈性评价；从认知的角度可以分为知识评价、技能评价、能力评价；从项目组织方面可以分为专题评价、综合评价；从教学的作用可以分为形成性评价、诊断性评价和终结性评价；从教学效果方面可以分为成就评价、效率评价和效益评价；从评价的主体可以分为他人评价和自我评价；从运用的方法和角度可以分为相对性评价和绝对性评价等。无论哪种类型的评价都要体现其科学性和有效性，以促进学生能力提高和综合素质发展为目的。历史学业评价应符合历史教学的实际，推动学生的学业发展。

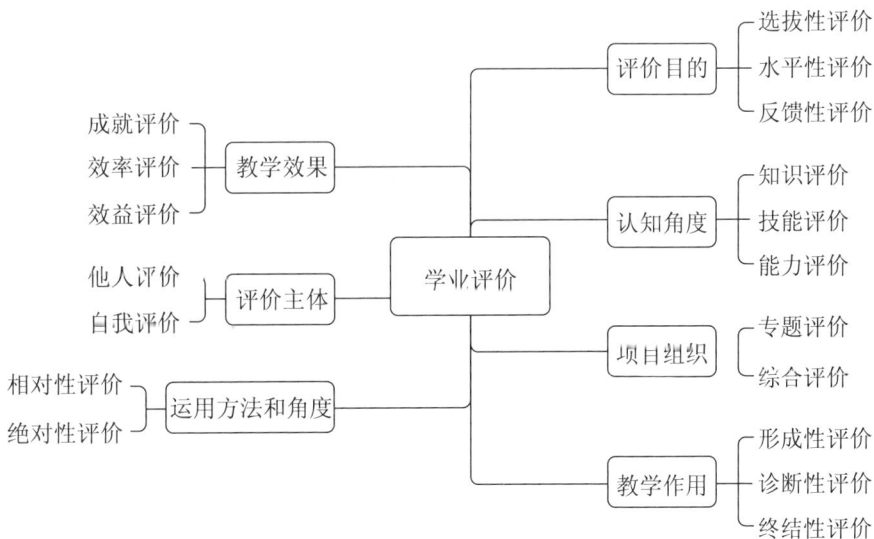

图 18.1　学业评价的不同类型

根据历史学科在价值判断方面的特性，历史学业评价类型主要有：诊断性评价、形成性评价和终结性评价。

诊断性评价，又称学前评价或前置评价，是在教学活动开始之前，为使教学更有效地实施而进行的测定。一般来说，学年或教程开始之前的评价，主要用来确定学生的入学准备，预测学习者已有的认知、情感、技能等的准备程度，以便确定教学的起点，调整教学计划，并对学生进行安置；教学进程中的评价，主要用来确定学生学习困难及原因，为因材施教作准备。侧重于寻找问题及原因，以便采取适当措施解决问题。

诊断性评价不仅诊断症状，也重视"治疗"。主要的方法有：学习前的问卷法、测试法、面谈法，以及学习中的设问法。在历史课堂教学过程中，设问法被经常使用。教师依据教学内容，设置问题进行教学问答就属于诊断性评价，这是教学反馈的一种常用方法。通过提问，可以有效评价学生对知识掌握的深度、广度和灵活性。

形成性评价，也称过程性评价，是指在教学过程中，为改进现行课程计划或为正在进行的课程活动提供反馈信息而进行的一种评价。形成性评价的目的在于了解被评价者在活动中形成或获得了哪些品质、知识和技能，存在的问题，以便及时改进。形成性评价贯穿教学全过程，边教学，边评价，边调整，使教学过程处在一个不断提升的动态之中。其操作方法是将系统的教学过程，分解为若干彼此相连的教学单元，以单元测验为基础，进行综合性评价。所呈现出来的特征有：重视评价过程；教师是评价的客体，也是评价的主体；评价的结论服务于教师专业发展；评价具有很强的民主性。①

终结性评价，又称总结性评价，是以预先设定的教学目标为基准，在一个学习阶段，如一学期或一门课程终结时，对评价对象的整体效益作出价值判断。其目的是对教师的教学技能、教学态度和教学效果进行全面的、等级的评定；同时验明学生的学习是否达到教学目标要求。终结性评价注重的是结果，期中、期末以及毕业考试属于此类范畴。其评价的方法主要有：纸笔测试、报告书与小论文作业和其他一些直观性测试，如面谈、学生自我评价等。

无论哪种类型的评价都要体现其科学性和有效性，尽可能地符合教学的实际情况，尽可能地推动学生的学业发展。

------

① 杜芳：《历史课程与教学论》，216页，武汉，华中师范大学出版社，2012。

二、学业评价的特征

(一)注重过程性评价

学生的学习和进步都有一个发展的过程，每一个阶段都有不同的表现。学业评价就要依据学生的学习状况和进步程度作出切实可行的评价。教师要对学生不同阶段的学习状态、学校效果留意观察，保存资料，并对学生的学习情况进行分析，表扬进步，剖析不足，给予相应的激励和针对性的建议。过程性评价贯穿于整个日常教学行为中，主要的评价方式有：口头评价、作业评价、成长记录袋等。

(二)注重个体差异性评价

中学生的知识储备不同、文化背景相异、个性秉性不同、成长经历各异，必然导致中学生在兴趣爱好、思想品质、个人综合素质等方面存在差异。因此，对学生进行学业评价的时候，要关注学生之间的差异，分析学生独特的人格品性，认真审视每一位学生的潜力和发展空间，据此得出具体的、有针对性的评价结果。

(三)注重评价内容的全面性

学业评价不仅关注学生的学习成绩，更关注学生的学习、探究过程，关注每一位学生的发展需求，注重对学生人文精神的培养和性格品德的熏陶，注重学生在基础知识、基本技能、过程和方法、情感态度价值观以及核心素养等方面的全面发展，这也是课程改革给教学评价带来的重大变化。

(四)注重评价主体的多元性

学业评价要发挥多方面的评价效果，不仅要将教师作为评价的主体，学生、学校管理人员、家长等也是评价的主体。在评价中，要发挥学生的主体作用，改变以往学生被动接受评判的状况。对学生的评价不再"是被评价者对评价者单向刺激的反映，而是两者之间的理智、情感与行为相统一的互动过程"[1]。因此，在评价中，要加强自评、互评、他评，使评价成为教师、学生、家长等共同积极参加的交互活动，构建多元的评价体系。

---

[1]　杜芳：《历史课程与教学论》，216 页，武汉，华中师范大学出版社，2012。

(五)评价方法多样性

在评价方法上，要注意多种方法交互使用。将质性评价与量化评价有机结合，除纸笔测验等量化评价方法外，还要实行成长记录袋评价、表现性评价、过程性评价、情景测验、开放性任务评价、行为观察等质性的评价方法。2017 年版高中历史课程标准指出："要综合运用课堂提问、纸笔测试、实践活动、自我反思、同伴互评、教师评语、家长评价等方式，多方面呈现学生历史学科核心素养发展水平。"①

第三节　学业评价的策略与方法

一、学业评价的原则

学业评价是对学生的学习过程和有效结果所进行的整体价值判断。历史学科学业评价与学生、教师的发展密切相关，从新课程的理念出发，结合历史学科的特性，历史学业评价的原则主要有以下几方面。

(一)全面性原则

学业评价的目的是促进学生和教师的全面发展。因此，评价要关注学生的全面发展，不仅要关注学习的结果，更要关注学生成长发展的过程，为学生未来的发展奠定基础。首先，关注学生基本知识和基本技能的掌握情况。其次，加强学生能力的培养，如收集和辨别资料的能力，处理信息的能力，与现实社会相联系的生存能力，适应社会发展的创造性能力。最后，注重培养学生历史学科思维，培养学生积极的情感和奉献社会的态度和行为。同时，评价要对学生的过去、现在和未来作全面的、整体的规划，以课堂评价为基础，覆盖课堂内外、学习过程前后的整个教与学的过程，做到过程性评价与终结性评价相结合。

(二)发展性原则

学生是一个不断发展、进步的个体，用发展的观点进行学业评价更有

---

① 中华人民共和国教育部制定：《普通高中历史课程标准(2017 年版)》，59 页，北京，人民教育出版社，2018。

利于学生的成长。在新课程理念下，关注结果只是学业评价的一部分，更要关注过程，把评价当作一个不断进步的动态过程。认真对待学生学业评价的结果，以便确认学生的学习需求，针对评价目标、评价材料或是评价计划提出调整的方法，寻求持续的改进。在评价过程中，对基础薄弱、有所进步的学生予以鼓励和肯定；对未达到标准的学生，提供时间和给予帮助后再次评价，给学生挽回失误的机会。学业评价在于发现学生的潜能，帮助学生树立学习的自信心，增强学生的自我反思和自我评价能力，促进学生在原有水平上的发展。

（三）客观性原则

客观性又称真实性。学业评价的客观性是指对学生的评价要摒弃主观性，坚持客观真实的原则，实事求是地评价学生的学业水平。淡化分数，关注平时，如实地反映教师的教学质量和学生的学业水平。同时，还要遵循学生个性差异的特点，使评价具有一定的层次性和选择性。避免"一刀切"的评价模式，在学生学业达到基本要求的前提下，根据学生的家庭和社会背景、学生本人的意愿以及学生的兴趣、能力和发展方向来对学生进行全面、客观的评价，突出差异性，从而达到最大程度的因材施教。

二、学业评价技巧

（一）学生学业评价的方法

1. 测验法

一般人最熟悉的学业评价方法是考试，学名纸笔测验。测验法按照解答方式可以分为笔试和口试2种。笔试就是按照教学进度，命制突出重难点、达到覆盖面的试卷的测验方式。口试是师生面对面对某一问题，教师设问，学生回答，考查学生对知识的掌握、观点的呈现以及语言表达能力。口试针对性比较强，既可以针对个别学生，也可以针对学生集体；可利用零散时间，也可以集中时间。但受时间和人数制约较大，所以比较适合个案分析。在新课改背景下，对考试内容和考试的方式进行了诸多改革，如增加与社会实际、学生生活经验紧密相联的内容；减少记忆性知识考察，增加知识和能力运用的考察等。测验方式也更为灵活，如开卷考试、口试、课堂测验等。测验法是目前历史教学中使用最普遍的方法，但应注意淡化排名和过分强调分数，尽量采用等第评价，以强化学生的自信心。

2. 学习档案袋

"档案袋评价",又译为"卷宗评价"、"案卷评价"、"成长记录袋"等,是学生成长过程中的作品集、资料夹,记录了学生的努力、进步和成绩。学习档案一般由教师、学生及家长共同建设,内容主要包括:考试成绩、习作、调查报告、小论文、小报、图片、课堂表现评价、个人成长自我记录等。作品最好有教师、家长以及学生自己的评语,评语应该突出历史学习的特长和优点。档案袋由学生自己管理,教师给予适当指导。学生以评价对象和评价者的双重身份参与评价过程,充分发挥了学生的主体作用,同时调动了家长的积极性。档案袋评价方法是一个自我反思的过程,有利于调动学生的主动性。但在评价过程中,耗时比较长,评价标准也难以统一,实际操作面临很多挑战。

3. 观察法

观察法,是指研究者依据一定的研究目的,用自己的感官和辅助工具去观察被研究对象,从而获得资料的一种方法。在教学评价中,指教师通过有目的、有计划地观察学生在日常学习中的表现并加以记录,对学生学习的成效作出的评价。如观察学生在历史学习过程中的行为、态度、探究意识、合作意识等,观察历史学习兴趣偏低、历史学业较差的学生在回答问题、参与活动、对待作业等方面的表现和态度,得出对于这类学生的一般性的评价和认识,并有针对性地采取方法加以矫正。这一方法在日常教学中,简单方便,被经常采用。但是在使用过程中,容易掺杂评价者的主观臆断,具有主观局限性。

4. 表现性评价

表现性评价,要求学生在特定的真实或模拟情境中,运用所学知识完成某项任务或解决某个问题。历史学习表现性评价的主要方式有:辩论、作业、演讲、历史知识竞赛、资料收集、编制历史图表、制作历史课件和历史模型、编撰历史小报、参观考察、社会调查、编排历史话剧等。表现性评价检测的是学生高级认知能力、情感态度等,重点考查学生知识技能的掌握程度、问题解决能力、思维创新能力以及语言表达能力,可弥补纸笔测试的不足。除了耗时较多外,表现性评价最大的难点在于评价标准的确定。目前一般用量规法作为判断学生表现的评价标准。量规(rubric)是对学生的作品、成果、成长记录袋或者表现进行评价或者等级评定的一套标准,实际上就是一个二维或三维的量表,是连接教学与评价之间的一个重要桥梁。

5. 自我评价法

即学生在教师的指导下，对自己的学习业绩进行评价的方法。在历史学习过程中，自我评价是学习过程中的一个有机组成部分，可以采用表格对自己的进步、成果以及不足等加以记录。通过自我评价，了解自己对历史学习的优势及不足，加深自己作为学习者的理解，有助于学生认识学习目标以及控制学习进程，增强历史学习的责任感，形成对学习和活动的评价能力。如期中或期末，让学生写一份历史学习总结；或某次检测之后，让学生自己评分并对成绩和问题等进行评点。但是，自我评价容易过分夸大评价结果，缺少公正性和客观性。

6. 综合评价法

综合评价法，是指运用多个指标（方法）进行评价。对于学生学业的综合评价主要包括以下几个维度：考试分数、课堂思维活跃度、语言表达能力、课堂纪律、课后作业、活动的参与等。每个维度下再设计几个评价要素和关键表现，依据一定的权重，对学生进行综合评价。评价的程序是：学生自评—小组互评—家长评价—教师评价。教师以学生的日常表现为依据，通过观察、访谈等方法，全面收集学生的基础性信息，客观公正地评价学生的综合素质。

广州市历史教研室的何琼老师针对考试日益开放的特点，创建了一种多维度、多层面的综合评价体系。这是一种关注发展性学业评价的模式，其特点是评价项目多，评价内容全，评价以学生发展为目标，既关注结果，更重视过程，比较全面、客观地反映学生的学习能力。这种评价模式由基础知识、应用能力、平时成绩 3 部分组成。基础知识以闭卷考试为主，侧重于考查学生基础知识的掌握情况；应用能力以开放式考试为主，侧重于研究与创造；平时成绩则关注学生参与教学过程的表现。为减轻学生的考试负担，淡化分数的竞争，总评成绩以等级制的形式写入手册（优：90～100 分；良：80～89 分；达标：60～79 分；不达标：59 分以下）。这种学业成绩评价体系架构图示意如下[①]：

这一评价体系着眼学生的潜能，关注每个学生在已有水平上的发展，通过多方面的评价，能综合反映学生的学习水平，体现对学生个体差异的关注，是中学历史学业评价未来的主流发展方向。

---

① 何琼：《多一把尺子便多一批好学生》，载《课程·教材·教法》，2004(1)。

学生学业总评成绩

闭卷考试（50%~60%）	开放式考试（30%~40%）	平时成绩（10%）
加强情感教育的因素；加强对学科思维能力的考查；加强与现实生活的联系；题目形式符合初中学生心理发展特点和"左图右史"的历史学习特点。	历史材料的收集整理；对家乡名胜古迹考察；历史名著读后感；口试；历史小论文；历史小报编排制作；历史小制作；历史小话剧演出；历史漫画制作。	主要是参与教学过程的成绩、表现的记录。

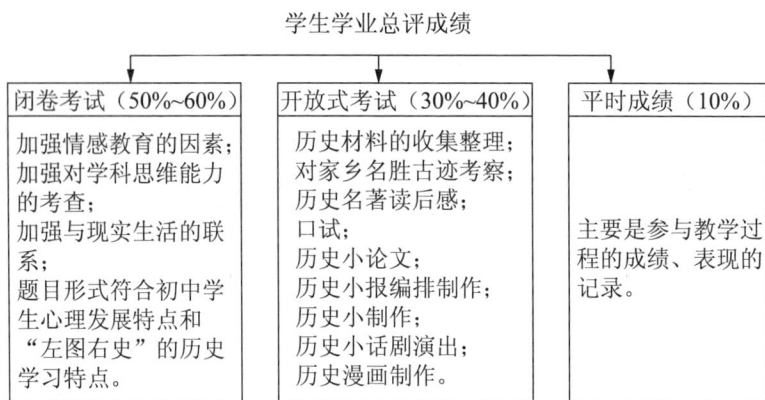

图 18.2　历史学业质量综合评价体系

（三）学业评价的程序

程序是指事物发展或活动进行的先后次序。按照评价的一般组织程序，结合历史课程的特点，历史学业评价的一般程序为：确定评价标准、决定评价情境、设计评价手段、利用评价结果。

1. 确立评价标准

学业评价标准是判断学生学习状态和学业水平的尺度和准绳，是开展学业评价活动的前提。评价标准一般由四要素组成：一是学业质量的描述，主要与学生应知、应会的内容有关；二是学业表现水平的划分，通常以学业表现不同层级的方式呈现，如优秀、良好、合格、不合格等；三是评价的范例，一般为相应的试题或活动案例；四是分数线，即区分不同层级表现水平的分数。从课程标准的依据性出发，历史课程的内容标准可以转化为形成性评价的标准，学业质量标准则可以作为总结性评价的标准。[1] 历史课程学习评价的总体目标首先应该从"知识与能力、过程与方法、情感态度与价值观"三维目标或历史学科核心素养着手，然后再根据历史学科的实际情况来制定学习评价指标体系。在这一过程中，学生会在交流合作、自学能力等方面有所长进，而这些非预期效应同样会进入到学业评价体系中。因此，要预测各种可能出现的非预期的负效应。

2. 决定评价情境

情境是若干条件的综合。学业评价要在一定的情境中进行，让学生在

---

① 于友西、赵亚夫：《中学历史教学法》，236 页，北京，高等教育出版社，2017。

情境的持续互动中理解知识，掌握技能，运用这些知识和技能分析、解决生活实践中的问题。如历史教学中的史料分析、设问、虚拟历史场景等，就是在情境中，提高学生提取信息，加深对知识的理解、观察和活用资料的能力；如用已有知识解决未知问题的新情境题、与现实生活链接题等。目前，三维目标已经发展为学科核心素养。核心素养是一种应对 21 世纪生存挑战的能力。要评价学生的核心素养，就必须发现特定现实生活情境与历史学科的关系，挖掘情境在考查核心素养不同水平的可能性。生活本身是丰富多彩的，教师不能把生活原原本本地搬到课堂，而要根据教学任务和目标，对真实生活情境进行加工。要求情境源于现实生活，并非拒绝情境的虚构，而是要求这种虚构有现实的基础与合理性。一般而言，学科评价更多指向整合的、开放的情境化任务。因此，学业评价者要以学科概念和符号进行描述，提供模糊的现实情境，学生依据研究问题和情境，从中提炼关键特征或变量，将原有的情境表征变成能够揭示其关键本质和内在结构的物理模型的过程。[①]

3. 设计评价手段

评价作为教学过程的一部分，贯穿于教学活动的每一个环节中，历史学业评价的目的就是全面了解学生的学习状况，激励学生的学习热情，促进学生的全面发展。把学业评价的总体目标转化为具体的作业目标，设计不同的学习内容和评价量表，将总体的学业评价目标细化。设计评价方案，准备学业评价所需资料，如在档案袋评价中需要的档案袋、制定学习评价量表等，建立有效的反馈和交流途径。在实际操作中，可以通过多种渠道实现学生与教师的沟通与交流，如面谈、电话、学习委员收集信息传达给教师；还可以借助现代信息技术进行，如电子邮件、登录老师或班级的主页、博客、微信、QQ 等。既要关注学习结果，又要关注在学习过程中的变化和发展。让评价成为学生展示自我的舞台，成为学生愉快的经历，让学生在评价中产生更强的学习动力，真正实现学生主动、全面的发展。

4. 利用评价结果

学业评价实施的总结一般有 2 种类型：一是在学习过程中进行，这主要基于形成性评价、档案袋评价等学习评价类型。形成性评价主张将"评价纳入学生学习的过程中"，学生在每一个学习环节中都要接受来自教师、同学及自我的评价。二是在课程结束后进行，通过对学生实施量性的、质性的

---

① 杨向东：《指向学科核心素养的命题策略》，载《全球教育展望》，2018(10)。

评价后进行的总结。这样的总结是对学生在学习中所体现出来的学习状态的全面分析和记录。两种类型的总结都有必要。形成性评价可以及时了解动态过程每一环节的学习效果，以便及时调控教学计划，修改标准，全面了解学生学业情况及存在的问题，对照学业评价指标和评价标准判断评价目标达到的程度及与理想目标的差距。学业评价总结主要侧重分析"评价"对学生学习进步和能力提高的促进作用，彰显"评价"在学生学习过程中的激励和发展功能，同时通过总结发现问题，吸取经验教训，为以后的教学提供借鉴和参考。

第四节　常见问题

一、评价主体单一

目前的学业评价大多限于教师对学生的评价，很少有学生对学生、学生对教师的评价，也很少有学生自我评价、教师自我评价。不论是评价的主体还是评价的客体都显得单一与不足。教学本来是教师与学生双主体的多边活动，教学活动的展开要以教师和学生共同活动为表现形式，但受传统教育思想的影响，教师对学生的学业评价往往只局限于学生对知识的理解与把握，缺少学生自己的反思环节，更缺少学生之间真正的讨论与交流。教师既没有留出评价学生、评价自我的时间，也没有给学生留出评价教师、学生互评和自我评价的时间。

二、评价内容片面

在传统教学中，教师对学生的学业评价通常只局限在知识层面上，即使涉及能力培养，也被一些教师理解为解题能力的培养，实质仍为知识的范畴，而忽略了历史本身丰富的人文内涵、史学精神，对历史学习过程中的过程与方法、情感态度与价值观等目标很少顾及。这充分表现出了对学生学业评价的片面性。

三、评价方式单调

对学生的学业评价一般局限于纸笔测验分数的高低，或在课堂上正确与否的口头判断，不能根据学生的年龄特点、教学内容特点和教学组织形式的多样性，进行与之相适应的评价。如将考试分数与言语描述相结合，定量测试与定性测试相结合，建立学生学习档案等。

四、评价功能单一

传统学业评价的主要功能是选拔和甄别，通过学业评价把学生分成三六九等。由于长期以来都是通过分数给学生排队，对学生的身心发展造成了很多不利的影响，违背了教育规律以及青少年的身心发展规律。也就是说，评价没有对学生掌握知识、形成能力等智力因素起到积极的作用，同时也不利于学生非智力因素的开发与协调。

五、评价层次浅显

从笔试或考试的试题来看，多是对学生陈述性知识掌握情况的评价；从课堂教学过程中对学生的评价来看，多是对问题回答结果的肯定或否定。评价内容多是历史知识本身的再现，对于知识的形成过程以及其所隐含的思维方法和获得知识过程中的体验缺少发展性的评价；同时，对学生的情感、态度、价值观以及思想品质等方面缺少深刻的认识。

学习反思

1. 学业评价的功能有哪些？
2. 学业评价的主要类型有哪些？
3. 学业评价主要策略与方法有哪些？
4. 学业评价的常见问题有哪些？

拓展阅读

1. 于友西，赵亚夫. 中学历史教学法［M］. 北京：高等教育出版社，2017.

2. 关娴娴. 历史课程与教学论［M］. 大连：大连理工大学出版社，2015.

3. 杜芳. 历史课程与教学论［M］. 武汉：华中师范大学出版社，2012.

4. 张静. 新课程下中学历史学科学业评价初探［J］. 历史教学，2004

（9）．

5. 袁从秀. 历史教学论多元化学业评价体系的构建[J]. 历史教学（高校版），2007(10).

6. 黄牧航. 论高中历史科学业评价体系的建构[J]. 课程. 教材. 教法，2009(10).

7. 刘汝明，张威. 历史学科学业评价与教学改进的实践研究[J]. 中学历史教学参考，2019(5).

关娴娴《尊重学生不能轻视教师的评价》

第十九章　观课评课技能

内容提要

　　观课评课简称听评课，即对课堂的观察与评价。它的价值主要有改善学生学习、促进教师发展、提升教学质量、形塑学校文化等。观课评课按观察主体、内容与方式的不同可以分成不同的类别。观课评课常用的策略有定量观察、定性观察、整合观察，常见问题包括有记录无中心、有结论无证据、有评价无研究、有集体无合作等。

第一节　观课评课的内涵与价值

一、观课评课的内涵

　　从字面意义上说，"观"指观察，是研究者通过感官或借助一定的科学仪器，在自然状态下，有目的、有计划地考察和描述客观对象（如教师、学生的某种心理活动、行为表现等）而获取事实资料的一种研究方法。[1] "评"指评价，是评价主体在相应的评价理念指导下，借助感官或一定的科学仪器，以客观事实成果为依据，有目的地对评价客体进行测量和评价的方法。"课"即指课堂教学，主要涉及教师与学生在课堂中的一系列教与学的活动。

　　观课评课简称听评课，即对课堂的观察与评价，就是先通过有计划地对课堂教学状况进行观察，特别对于一些教学细节进行记录和分析，以此为依据进行客观的教学评价，借此改进教师的课堂教学，改善学生的课堂学习的一种专业活动。观课是评课的来源与基础，评课是对所观之课的反馈与评价，观课的有效性往往决定了评课的质量，二者两面一体。观课评

---

　　①　陈瑶：《课堂观察指导》，58页，北京，教育科学出版社，2002。

课技能是教师应具备的一项特殊技术。

二、观课评课的价值

(一)改善学生学习

观课评课实施的最终目的是改善学生的学习，促进学生的发展，以培养全面发展的人。观课评课与传统的听评课最大的区别在于，它的观察点应聚焦在学生的身上。观察与评价的不仅仅是教师的教学水准和课堂氛围，更重要的应当去观察孩子们如何学、会不会学、学得如何等方面，以课堂评估的形式进行反馈，深入分析课堂学习中反映出的问题并加以优化完善。因此，改善和提升学生的学习能力为观课评课的重要价值之一。

(二)促进教师发展

从个体上说，观课评课为教师个人丰富实践知识、提炼专业风格、增进专业能力、促成反省意识等方面提供了良好的助力。在新手教师的专业历练过程中，观课评课有助于解决自身教学过程中的问题与症结，加速促成新手型教师向熟手型乃至专家型教师的蜕变。

从群体上说，观课评课为教师共同体进行课堂观察合作提供了良好的平台，教师之间相互协助观课与评课，这类高参与度的专业教研活动有助于形成民主、合作、公平的教研氛围，从整体上推动教师群体的进步与发展。

(三)提升教学质量

课堂观察与评价是连接教学与研究的桥梁，研究者一方面通过对课堂教学实施情况的观察来透视教学规律，另一方面利用课堂实践经验对教学的过程、方法、原则进行评价与总结，二者相辅相成共同实现教学质量的提升。课堂观察与评价有利于观察者从自身经验出发，对于所观察到的现象进行解读与反思，从而优化自身的教学策略，提升教学质量。

(四)形塑学校文化

学校文化建设的实践过程即优良的校园文化的形塑过程，而营造优良的校园文化氛围正是形塑学校文化的首要任务。教师之间通过观课评课环节建立起良好的合作关系网络，相互之间解除各自的疑惑，在给予对方建议、支持与鼓励的同时，有助于形成一种民主、合作、公平的校园文化。

第二节 观课评课的类型与特征

一、观课评课的类型

（一）自我观察、同伴观察与团队观察

按观察主体不同，课堂观察可以分为自我观察、同伴观察与团队观察。

1. 自我观察

自我观察是观课类型中最基本的观察方法，主要分为"即时的自我观察"和"延时的自我观察"2 种。[①] 自我观察是教师对自己的教学行为进行有意识地记录、观察、反思、评价和调控，具有很强的可操作性，简便易行。借助录音录像等工具进行课堂实录观察是自我观察最常用的方式。通过日常化的自我观察，有助于教师快速成长。但自我观察的主观性很强，观察的有效性受教师自我水平影响较大。

2. 同伴观察

同伴观察主要指学科备课组教师之间的互助观察，一位教师上课，其余同伴教师对教学活动细节进行观察，最后进行分析和评价的观察方法。这种观察方式是以他人的视角进行的，观察结果也有明确主题性。同伴互助观察，可以设计相对简单的观察表，以定性为主，结合定量，简约高效，一次活动解决一个问题，有助于使课堂观察走向日常化、校本化。但同伴互助观察的专业性有待提高。

3. 团队观察

相对于个人观察和同伴观察，团队观察主要是在学科教研组教师间开展的基于团队合作的观察方式，具有较强的规范性和程序性。选定被观察者后，团队中的每个成员都有相应的分工和各自不同的观察目标，最后进行观察记录的分享与观察结果的汇总工作。团队观察分课前的观察准备、现场的观察作业、课后的评议对话、行为改进和成果形成这几个主要环节。

---

① 李杰：《历史课堂观察的方法与策略》，47 页，北京，北京师范大学出版社，2013。

团队观察"基于主体意愿、可分解的任务、共享的规则、互惠的效益"①，以高参与度和高完成度为特点，观察范围广且程度深，相对客观且精细，但是需要较高的理论水平，实际操作也比较烦琐。

(二)目标观察、专题观察与切片观察

按观察内容不同，大致可以分为目标观察、专题观察与切片观察。

1. 目标观察

目标观察首先应当注意教师的教学目标是否清晰且合理，教学行为是否围绕教学目标进行，教学目标的达成情况如何。目标的确定与达成，是"东西方有效教学研究中公认的基石"。以目标作为分析课堂的脚手架，"可以将课堂观察与每一节课的具体内容联系起来，深入分析特定学科情境中的学习和教学行为"。② 总而言之，目标观察的实质就是在课堂中观察教师如何通过一系列的教学行为将学生"从此处带到彼处"。

2. 专题观察

专题观察聚焦于某一教育现象或问题进行，围绕选定的专题进行集中记录，而后进行讨论，从多角度寻找问题存在的原因，并提出相应的解决策略。比如确定"历史课堂有效提问的策略研究"为专题进行观察，主要可以从"观察课堂提问的内容"、"观察课堂提问的结构"、"观察课堂提问的形式"及"观察课堂提问的反馈"等角度进行分别探讨。

3. 切片观察

切片观察借鉴了生物学和医学中的切片原理，运用强大的信息技术与视频剪辑技术选取教学视频中的典型片段进行切片处理后进行观察，这是一种新型的课堂观察方式。切片可以是一个有争议的教学环节，有价值的时间段，有意义的细节等。切片观察具有强烈的针对性，能够高度聚焦，有利于进行深入的细节分析，避免泛化与粗线条。

(三)对比观察与跟踪观察

按观察方式的不同，可以分为对比观察与跟踪观察。

对比观察是选择相同课题和不同个体作为观察对象，在相近时间内展开的对比性课堂观察。对比观察主要有"校内对比观察"和"校际对比观察"2

① 付黎黎：《听评课：指向合作的课堂观察》，载《教育测量与评价》，2010(3)。
② 夏雪梅：《以学习为中心的课堂观察》，35页，北京，教育科学出版社，2012。

种形式。通过对比观察会发现两者的教学风格、教学水平与教学技能等方面的差异。尤其对于年轻教师来说，通过与熟手型、专家型教师的对比课堂观察，就很容易发现问题与差距，得到一种柳暗花明的感觉。对比观察耗时短、操作性强，可以有效调动教师的参与热情与竞争意识，从而更好地优化课堂结构，提升教师的教学水平。

跟踪观察是针对同一个体在不同时间段进行有规律的观察，从而分析被观察者的变化发展，对整个课堂进行剖析，提出相应的观察结论与建议。跟踪观察的过程，经历"实践—跟踪反思—再实践—再跟踪反思"的循环往复，在观察过程中使问题得到解决。跟踪观察相对于对比观察耗时较久，但其观察效果却比对比观察更为明显，对提高教师的教学专业水平很有效。

二、观课评课的特点

1. 目的性

日常生活中的观察与评价大多都是随意的，比如浏览路边的行人和风景。这类观察与评价是对于日常事物的一般性观察与评价，不是出于研究与调查的目的性。观课评课则是研究者经过课前精心的组织与设计，带有明确的研究目的，直指教学现象与教学问题，具有极强的目的性。在观课评课的过程中，无论是观察与评价的客体(学生与教师)的选择、观察评价工具的运用、观察评价内容的设定、观察评价方法的设计都要围绕着研究目的来展开。

2. 理论性

要想成功地实施观课评课，离不开相应的理论指导。不同的理论基础决定着课堂观察相应方法论的形成。举例来说，偏于定量的课堂观察源于实证主义和科学主义的指导，偏于定性的课堂观察源于解释主义理论的指导。教育理论的更新也推动教学实践活动的开展，教育理论也引导着教育现象或问题发展的正确取向，引导着我们正确解释教育的现象或问题。

3. 情境性

观课评课是基于课堂现场实施的研究活动，是处于特定情境下的课堂，这就决定了课堂观察的情境性。在课堂观察的过程中，应当做到具体情境具体观察。同一事件在不同的空间与时间背景下会产生不同的观察结果，因此我们必须注意到导致这一观察结果的产生是否与当时的情境有关，不能出现将课堂与情境相剥离的情况。

4. 依赖性

科学客观的观课评课依赖于相应的观察工具。观察工具的有效性直接影响观察结果的科学性，也间接影响对课堂的评价。观察前期应当针对观察任务做好相应观察工具的准备。观察工具的选择也是有讲究的，简单盲目地选择工具只会加大后期评课环节的难度。

第三节　观课评课的策略与方法

一、定量观察

课堂观察源于西方的科学主义思潮。所谓定量观察，是以结构化方式来收集课堂资料并以数字化方式来呈现资料的课堂观察方法。打个比方说，西医坐诊时都是凭借高科技医疗技术来获得病患的确切医疗数据以及影像。而定量观察也是借助录音、摄像等形式进行记录将整节课的教学做到数据化、可视化，这就是定量的课堂观察方法。定量观察用到的典型观察工具主要有以下 2 种。

1. 编码系统

编码系统即编码体系分析方法，通常是根据认知理论、教学理论以及专业课程等知识，针对课堂教学录像中师生的公共对话进行信息编码的一种课堂观察分析方法。此种编码系统通常采用的是时间取样法，观察在特定的时间内发生的特定行为，并以行为编码表示。典型的编码体系分析技术有 2 种。其一是由美国学者弗兰德斯提出的 FLAS 系统，又叫弗兰德斯互动分析系统。弗兰德斯在他的研究中发现语言行为占所有教学行为的80％，所以课堂观察应该将观察的重点落在师生语言行为上，利用一套编码系统把师生语言互动的情形记录下来，并据此作具体分析。弗兰德斯将教室中的所有师生的语言互动情况分成 10 种，每种用一个数字来表示，见表 19.1。

表 19.1　弗兰德斯语言互动分类分析体系表(FJAS)①

教师讲	间接影响	① 接纳学生感觉 ② 赞许学生行为 ③ 接受学生主张 ④ 问学生问题
	直接影响	⑤ 讲解 ⑥ 指示或命令 ⑦ 批评或维护权威
学生讲	间接影响	⑧ 回答老师的提问或按老师要求表述
	直接影响	⑨ 主动表达自己的观点或向老师提出问题
静止	直接影响	⑩ 静止或疑惑，暂时停顿或不理解

其二是由日本学者最先提出的 S-T 分析方法。其中 S 是 student 的首字母，T 是 teacher 的首字母，所以 S-T 分析方法又叫作学生-教师分析方法。这是一种能够直观表现教师教学性格的一种课堂观察方法，通过对"教师行为"(T 行为)和学生行为(S 行为)进行的 2 个维度的编码，以此来描述课堂的基本结构与实时发生的事件来观察、分析课堂教学的质量与特征。

2. 观察量表

观察量表是以表格形式根据观察视角和观察点的不同设计制定出来的对听课过程的详细记录。它不仅仅是一张简单的表格，可用数据直观形象地说明师生在课上的真实情况，为评课提供数据支持，使评课变得客观有说服力。课堂观察量表的设计是整个课堂观察活动的关键。设计观察量表有 3 个标准：其一是要素标准。观察工具要涵盖教师、学生、课程、环节以及教学目标、教学内容、教学过程、教学方法、教学效果等教学要素。其二是流程标准。观察工具要涵盖课堂教学"准备—实施—目标达成"的完整过程，可根据不同的教学行为来进行抽样记录。其三是效果标准，学习效果是衡量课堂教学有效性的根本依据，可以使用前测和后测对比，也可以课后随机抽取学生进行测试。在使用量表前必须根据观课的具体情境，调整优化，避免出现舍本逐末的现象。

---

① N. A. Flander，*Analyzing Teaching Behavior*，Mass：Addison-Wesley Publishing Company，1970，p. 107.

【案例 19.1】

"史料的运用与历史教学目标达成"课堂观察

史料是历史学科特有的语言，是学习和研究历史的重要工具。史料教学又是历史教学最重要、最经常的教学方法，是历史教学独有魅力之所在。使用各类史料也是历史课堂教学的突出特征，是提高课堂教学的基本落脚点。所以，开展以"史料的运用与历史教学目标达成"课堂观察实践是以历史学科的视角和特点来研究课堂，以期提高专业教学能力，提高历史课堂教学的有效性。我们在分析与研究时，首先要确立史料的分类及其各自的价值，然后以史料运用的方式作为观察点分析整个的课堂教学，一般涉及教师教材解读、教学设计、教学机智，以及由此而产生的课堂观、学生观等问题，由"史料类型—史料来源—利用方式—目标达成"所组成的观察点来捕捉与分析一些深层次的教学理念问题。最后设计出如下的观察量表。

表 19.2　史料的运用与历史教学目标达成观察

观　察　内　容			次　数	比　率	形成性评价
史料类型	文字史料	文献史料			
		文艺史料			
	图像史料	原始图像史料			
		再造性图像史料			
		视频			
		其他			
史料来源		教师			
		学生			
		教材			
		其他			
利用方式		媒体展示			
		教师讲述			
		学生阅读			
		学生讲述			
		其他			

续表

观 察 内 容		次 数	比 率	形成性评价
目标达成	达成			
	正相关			
	不相关			
	负相关			
综合评价				

二、定性观察

定性观察与定量观察不同在于它收集课堂资料的特征与属性，定性观察是以质化的方法收集资料，并且以非数字化的形式呈现资料的课堂观察方法。打个比方，定性就相当于中医坐诊时运用的"望、闻、问、切"式的诊断方法，观察者凭借自己头脑中的实践经验，对课堂教学进行观察、记录、分析和研究。观察框架是进行定性观察的核心要素。

要观察课堂，首先必须解构课堂，而课堂涉及的要素非常多，这就需要观察框架作为"支架"或"抓手"，能否制定出一个合理可行的观察框架决定了观察者能否抓住课堂教学的核心，从而评价教学的有效与否。从国外来看，具代表性的观察框架由"动机"、"管理"、"教学"、"期望"四维构成；国内目前通用的四维框架是"学生学习"、"教师教学"、"课程性质"与"课堂文化"LICC四维，还有新四维（复盘式评课）——"教学目标"、"教的活动"、"学的活动"与"教学效果"。

LICC四维课堂观察框架由华东师范大学崔允漷教授团队研制，基于科学实用主义的理论，通过对课堂进行解构，倡导教师组建不同的合作体，采用类似科学观察的方法，以此观察课堂实施的有效性与否。[1] LICC范式包含学生学习（learning）、教师教学（Instruction）、课程性质（Curriculum）和课堂文化（Culture）课堂的四要素，每个要素被分解成5个视角，每个视角又被分解成3~5个可供选择的观察点，这样就形成了共有20个视角68

---

[1] 崔允漷：《论课堂观察LICC范式：一种专业的听评课》，载《教育研究》，2012（5）。

个观察点。其中"学生学习"维度主要关注学生怎样学或学得怎样的问题；"教师教学"维度主要关注教师怎么教的问题，教师的教学行为很大程度上影响着课堂教学的有效性；"课程性质"维度主要关注教和学的内容是什么的问题，这是师生在课堂中共同面对的客体；"课堂文化"维度则关注的是整个课程怎么样的问题，使课堂中各要素多重对话、互相交织、批次渗透形成一个场域。"学生学习"是课堂的核心，另外3个则是影响学生学习的关键要素。LICC范式因涉及观察点较多，一般需要科学规范的团体进行合作观察。当然，个人或同伴也完全可以选择其中最需要的部分要素进行课堂观察。

"复盘式评课"在实践中产生，经由多位专家改进提升。"复盘"是围棋术语，是指把自己下过的棋再按顺序重新摆出来。此外"复盘"还有一层意思，就是让高手讲解你下过的棋并指出其中的毛病。复盘式评课是授课者与评课者一起围绕"教学目标、教的活动、学的活动、学习效果"4个方面，回答以下系列问题：这节课预设的目标有哪些？围绕这些目标安排了哪些教学内容？这些内容分别是为了完成什么学习任务？组织了多少学习活动？这些活动都是必需的吗？如果不全是，哪些应该精简？哪些又应该强化？这节课学生的学习达到了哪些效果？其中最好的效果是哪一项？……复盘式听评课是以回顾教学事实为证据，以改进教学实践为目的，对课堂教学中的目标、行为及结果进行再现和审视，操作上比较简洁。

三、整合观察

定量观察与定性观察各有长短，因此"质"与"量"的整合观察可以发挥最大优势，是开展课堂教学评价研究的重要方法之一，也是走向专业化听评课的一种有效途径。

定量的方法在于使研究有理有据，通过前后若干次观察数据的比较，归纳出被观察者的教学行为的特点；定性的方法着眼于综合观察教师的教学设计、课堂文化等要素，为被观察者提供全景式的改进性建议。[①] 它们各具鲜明特点的同时又各具局限性，定量观察的视角比较单一，实际操作中很难真正做到完全的科学和客观。定性观察的最大局限性在于它较强的主

---

① 付黎黎：《走向专业的听评课：有"质"有"量"的课堂观察》，载《当代教育科学》，2009(10)。

观性，并且观察样本很少，而且常常需要较长的时间。正是由于定量和定性的方法都各有其优缺点，所以二者整合正好取长补短。

整合观察开始之前，通过团队协商，确定课堂观察的目的、重点、量表选择等相关事项，选择恰当的质性研究和量化研究的工具和方法，根据实际需要对量表、方法等进行加工和完善，使其更加贴近课堂教学评价的需要。在观察过程中，要按照一定的观察技术要求，根据课前会议制定的观察量表和观察要点，选择恰当的观察位置、观察角度，通过录音、摄像、笔录等多种技术手段，尽量全面收集课堂教学的资料，以便课后进行深入的研讨。

第四节　常见问题

观课评课（听评课）已成为我国中小学教师一项重要的专业活动。一般学校规定教师每学期的听课节数在 10～20 节。崔允漷教授认为，一线教师的听评课普遍存在"三无"现象：无合作的任务——有任务，没合作；无证据的推论——有结论，没证据；无研究的实践——有实践，没研究。一言以蔽之，就是缺乏专业性。相当一部分教师将听评课仅当作一项任务来完成，主题不清晰，目标不明确，缺乏科学的观察工具和翔实的观察记录作为证据，教师缺乏合作意识，因而听评课的专业与深度就无从谈起。听评课的开展只有建立在教师需求的基础上，才具有针对性和指导性，才能使教师"自觉"走上专业化发展的道路。听评课的最终目的应该为学生的课堂学习创造更适宜的环境，使教师的教学更有效率，使学生的成绩得到明显的提高。长期以来，学校听评课的质量令人担忧，专业性有待加强，常见问题如下。

一、有记录无中心：主题不清晰，目标不明确

听课者对于课堂的观察记录直接影响课堂观察的科学性，所采集到的资料也是课后分析评价的基础和依据。有相当一部分教师观课时目标不明确、主题不清晰，观察点大多聚焦授课教师，记录主要是为了完成听课任务，随性而为，记录的资料大多零散、肤浅。无论是个人观察还是集体观察，都需要首先确定观察的主题与目标，才能有的放矢。一般来说，观察主题应该是个人或团体正在面临的典型挑战与不足，比如，如何进行生动

而有效的教学？如何引导和启发学生？如何处理生成性教学资源？如何进行有效的课堂管理？只有这样的观察，才能有效地促进教师的专业发展。课堂教学目标的确定与达成，是有效教学研究中公认的基石，[①] 也是课堂观察的重要主题之一。观察目标的达成，其核心是观察学生的学习，观察学生在学习目标达成的前后关系，上课前后他们对目标的理解有多少，在课后又有怎样的表现。

二、有结论无证据：仅凭模糊印象

现有的听评课虽然注重对于课堂的整体结构的把握，可从多维度或者若干个环节来观察教学行为，但因为缺乏系统、科学的课堂观察工具和严谨规范的观察资料作为证据，很多教师的评课还停留在"就课说课"的浅层地步，基于假设的推论居多，空话套话多，例如"这节课的效果总的来看是很不错的……"、"这节课上得很精彩……"等。至于一节课到底有哪些优秀的教学经验和行为值得借鉴，哪些行为还需要改善提高，则缺乏强有力的实证。比如我们经常说的高效课堂，究竟什么是高效，有何具体的标准，如何能证明，有多少人能拿出令人信服的证据？实践证明，这类仅凭模糊印象而进行观课评课的行为浪费了广大教师宝贵的时间和精力，也无助于教学质量的改善和提升，根本无法实现观察的有效性。

三、有集体无合作：单打独斗

教师缺乏合作意识，会直接影响课堂观察的专业化操作。专业的课堂观察主要不是教师的自我观察，也不是教师个体随意去观察，而是指有组织、有准备、有程序的专业活动，关键在于什么样的团队或小组才是合作体。[②] 在实际教学中，年级和学科教研组的成员之间，一般讨论的最多的是试题，除此以外，没有太多的深入交流，遇到问题习惯单干，彼此之间少有专业发展的合作意识。因此，听评课要求形成不同形式、不同层级的教师发展共同体，通过群体间的观察、研究与讨论，激发教师专业发展的动

---

① 夏雪梅：《以学习为中心的课堂观察》，35 页，北京，教育科学出版社，2012。

② 崔允漷：《论课堂观察 LICC 范式：一种专业的听评课》，载《教育研究》，2012
（5）。

力，形成合力共同发展。

学习反思

1. 试述观课评课的价值。

2. 观课评课有哪些策略与方法？

3. 观课评课有哪些常见问题？对策如何？

拓展阅读

1. 付黎黎. 走向专业的听评课：有"质"有"量"的课堂观察[J]. 当代教育科学，2009(10).

2. 李润洲. 专业化视域里的教师听评课[J]. 中国教育学刊，2009(08).

3. 周云华. 历史听评课方式的转变[J]. 中国教育学刊，2010(05).

4. 方洁. 我国听评课研究二十年：回顾与反思[J]. 西北师大学报（社会科学版），2014（3）.

5. 夏雪梅. 以学习为中心的课堂观察[M]. 北京：教育科学出版社，2012.

6. 李杰. 历史课堂观察的方法与策略[M]. 北京：北京师范大学出版社，2013.

薛伟强主持《新中国初期的外交》观课评课技能视频

第二十章　说课技能

内容提要

　　说课是在备课的基础上，面对同行和专家对教学设计所作的理论阐述。说课具有检查、评价、培训、研究的功能，其类型有检查性、示范性、研究性、评比性和训练性等。说课凸显机动灵活、短时高效、运用广泛、理论性强等特征。说课的主要内容有说教材、说教法、说学法、说教学过程、说板书、说课程资源。常见的问题是理论与实际脱离、教学目标与教学内容脱节、说课与讲课混淆、教法笼统学法不规范、重点不突出等。

第一节　说课的内涵与功能

一、说课的内涵

　　说课分为课前说课和课后说课。不论哪种说课，都是在一定的教育教学理论指导下，依据课程标准和教材，基于学生的实际，进行教学设计的一种教研活动形式。教师在备课的基础上，运用口头语言，向同行、领导、教研人员等系统阐述自己的教学设计及理论依据，然后由听者评述，达到相互交流、共同提高的目的。说课"是教师面对同行和专家，以科学的教育理论为指导，将自己对课标及教材的理解和把握、课堂程序的设计和安排、学习方式的选择和实践等一系列教学元素的确立及其理论依据进行阐述的一种教学研究活动。简言之，即做什么、怎样做，为什么这样做。"[①]这也是说课与备课、上课最根本的区别。说课是提高教师教学水平的一种经济、有效的方式，也是评估教学水平的重要手段。

---

　　① 赵国忠：《说课最需要什么》，2 页，南京，南京大学出版社，2009。

二、说课的功能

（一）检查功能

备课是上课的前提。通过教师的说课，可以检查教师的备课情况，及时发现备课中的问题，提出修改建议。促使教师自觉、主动学习教学理论，钻研教材、研究教法，完善教学方案，提高备课质量，为上课做好充分的准备。

（二）评价功能

说课的重点是说"为什么这样教"。通过说课，可以看出教师的理论功底，专业知识掌握程度。说课由于不受时间、地点、空间、师资条件的限制，可以常年开展，全员参与。这就使教师的业务素质处于全面监控和督促评价的状态，促使教师赶超先进，树立终身学习的理念和行动。

（三）培训功能

说课者面对同行和专家，说清教材特点，理顺教材思路，进行教法设计，还需要说出教学设计的理论依据。俗话说"打铁先得自身硬"，要点评别人的说课，自身必须具备过硬的理论素养和文化知识，才能点评到位，分析透彻，才能促使教研活动的所有参与者都得到培训，提高教师整体的素质。

（四）研究功能

教育质量是教育改革追求的终极目的之一。说课与"评说"紧密相连，说课者在说前需要深入研究，评者要给予点拨、指导，在说与评说中，双方业务素质都会得到提高。说评结合，共同总结教学经验，实践与理论积极互动，深化教学研究，增强教学研究功能，可为培养科研型教师打下基础。[①]

第二节　说课的类型与特征

一、说课的类型

（一）检查型说课

检查型说课是说课者面对领导或专家视察工作时进行的说课。由于形

---

① 丁俊明：《说课功能再探》，载《教学与管理》，1998(10)。

式灵活、方法简便，不受时间、地点、人员的限制，领导或专家可以通过说课，检查教师的备课情况，检查教研活动的开展情况，及时给予反馈和纠正，促使教师业务水平快速提升，提高教育教学质量。

(二)示范型说课

示范型说课是由教研人员、骨干教师等共同研究，设计说课方案，责成某位教师进行的说课展示。其目的在于为教师树立样板，提供学习的楷模。示范型说课是培养教学能手的重要途径，一般选择素质好、教学基本功扎实的优秀教师主讲。听课教师可从说课和评析中增长见识，开阔眼界。示范型说课具有"内容全面，层次清晰，结构严谨，形式规范，语言表述准确，教学设计具备科学性和理论性的特点"①。

(三)研究型说课

研究型说课是为突破某一教学难点、解决某一关键问题而进行的教学研究。此类说课往往和授课结合，并将研究结果形成书面材料。研究型说课一般以教研组为单位，以集体备课的形式，先由某位教师进行说课，大家听后进行评议修改，变个人智慧为集体智慧。这是大面积提高教师业务素质和研究能力的有效途径。

(四)评比型说课

评比型说课常用于开展各类竞赛、考核和招聘活动中，一般要求执教者按指定的教材和课题，在规定时间内写出说课稿并登台演说，最后由评委给出成绩。这是培养学科骨干和选拔优秀教师的有效途径。

(五)训练型说课

训练型说课主要是针对师范生开展的说课训练。一般先由老师讲解示范相关的理论，然后学生在微格教室进行说课，采用小组合作的方式，并通过自我评价、同伴评价、教师评价等多种方式进行反馈。很多招聘单位都通过说课考查应聘者的理论水平、专业素养以及语言表达能力，因此，加大对师范生的说课训练成为师范院校一项重要的工作。

---

① 刘开伦、翟平：《说课特点的分析》，载《昆明师范高等专科学校学报》，2008(2)。

二、说课的特征

(一)机动灵活

说课不受时间、地点、教学设备的限制,可随时随地进行,也不受教学对象和参加人数的制约,只要2个人以上即可进行。

(二)短时高效

单纯的说课一般时间较短,10~15分钟即可完成,但内容却十分丰富,既包括教师对教材的理解掌握和分析处理,又包括教法设计的理论和依据。既要说清"怎么教",又要讲出"为什么这样教"。

(三)运用广泛

说课的运用非常广,既可以用于上级检查,又可以用于教师群体间的教学研究,还可以用于评价教师的教学水平、开展教学技能竞赛等。

(四)理论性强

说课既要说清"怎么教",又要讲出"为什么",因此理论因素浓厚,能充分体现教师的教学思想和教育理论水平。如果模拟上课是侧重实践性的表演,说课则是突出理论性的分析,教师没有一定的理论水平,很难说好课。

第三节　说课的策略与方法

一、说课的原则

(一)理论联系实际原则

说课是教学与研究相结合的活动,所说的内容是教学设想和理论依据,所以教者既要说清教学设计,又要说清设计的原因,做到将实践经验上升到理论认识,理论与实践有机结合。

(二)科学性原则

科学性是说课质量的基础。科学性要求说课应做到课标掌握透彻,教材阐释到位,学情分析精准,学习目标符合学生的年龄特征和认知特点,教法设计合理，语言表达准确流畅，说课稿线索清晰，层次分明。

(三)创新性原则

一节高水平的说课，展现说课者独特的教育理念和精湛的教学艺术，对教学具有重要的指导意义。说课者在说课中应注意将自己的教学经验总结提高，形成自己的教学风格，同时要发现新问题，提出解决问题的新思路、新方法，从而使教师的业务水平不断提高。

(四)可操作性原则

说课是将教案转化为"教学活动"之前的实践演习，是对教学方案是否具有实用价值的检验。备课是为了授课，所以教学设计必须切实可行，具有实用价值。教学设计是否可行，关键在于是否从学生的实际出发。无论是教学目标的确定，还是教学方案的设计，都应从学生的智能水平、心理和生理特点等出发，如此才会具有可操作性。

(五)逻辑性原则

说课是说者专业素养和文化理论水平的综合体现。语言上要求连贯流畅，表述清晰，用词恰当准确，通俗简练；节奏上舒缓有度，张弛有致；内容线索清楚，条理分明，结构合理，过渡自然，概念准确，推理合乎逻辑，体现说课过程的逻辑性。说课要做到"结构严谨、层次分明、表达清晰、说理严密、前呼后应"[1]。

二、说课的技巧

(一)说课的基本内容

1. 说教材

教材是教师和学生进行教学活动的材料，是教与学的主要依据。狭义的教材专指教科书。"说教材，不仅包括说教材本身，还包括说指导教材的课程标准的规定、编者意图、教学目标的预设等。"[2]教材是教学的一个基本

---

[1]　方贤忠：《如何说课》，140 页，上海，华东师范大学出版社，2000。

[2]　黄忠杰：《新课程说课与说课活动指导》，83 页，成都，电子科技大学出版社，2006。

要素。深入细致地分析教材，领会教材编写意图，掌握教材的逻辑和知识结构，是设计每一节课的基础，是教师驾驭教学过程、取得最佳教学效果的基本前提。因此，说课一定要在掌握了课程标准和教材知识体系基础上，突出教学重点、突破教学难点的策略。具体包括：

(1)教材地位

简介所说的教学内容是哪一版本教材，哪个年级，哪册书，哪节课，课的类型等。教材编写的编写意图、思路。说明本课在教材中的地位及作用，与以前所学过的知识及以后要学的知识之间的关系。

【案例 20.1】

高中人教版《鸦片战争》的教材地位

鸦片战争是人教版高中历史(必修一)《政治文明历程》第四单元"近代中国反侵略、求民主的潮流"的开篇。鸦片战争是中国历史的重要转折点，是中国近代史的开端。英国发动鸦片战争，用大炮轰开中国的大门，开启了近代中国列强的侵华史，也开启了中国人民的反侵略、求民主的历史潮流。本课具有开篇点题的作用，是本单元的重点，也是全书的重点。

(2)教材处理的指导思想和方法

教材是教学的依据，不是教学的产物，作为教师应该对教材进行科学的处理。处理教材应本着2个指导思想，一是注意线索清晰，使教材知识系统化；二是要符合普遍认知规律，方便学生学习。

【案例 20.2】

高中人教版《鸦片战争》的教材处理

依据本课的知识体系以及学生的认知规律，将教材重新整合，首先展示2次鸦片战争的地图，引领学生回顾战争经过和结果——追忆战争；然后提供相关史料，通过合作探究的方式，分析战争爆发的原因、失败的原因以及影响——透视战争；最后展示爱国将领的图像、圆明园的断壁残垣图片和相关史料，引发学生触景生情，陶冶情操，以史为鉴，学以致用——审视战争。

（3）学情分析

分析学生知识能力水平，学习本节课可能出现的困难及解决的对策；分析学生的心理、生理特点及根据其特点所采取的教学对策。

【案例 20.3】

高中人教版《鸦片战争》的学情分析

本节课的学生情况做如下 3 个方面的分析：第一，在知识掌握上，学生在初中二年级学过《鸦片战争》，有一定的知识基础，有利于系统深入地学习。第二，在兴趣方面，很多中学生尤其是男生对战争很感兴趣，在教学中应抓住这一心理特点，一方面运用直观的素材，引发学生的兴趣，使他们的注意力集中在课堂上；另一方面通过问题驱动，让学生发表见解，发挥学习的主动性。第三，学生学习本节课将遇到一些知识障碍，如战争的根本原因与导火线的区别，租借地、领事裁判权等概念，教师应在教学中予以深入浅出的分析。

（4）教学目标的确定及依据

教学目标是备课的方向，它决定一节课的教学内容、教学结构、教学方法和教学组织形式。确定教学目标依据 2 个原则：一是以课程标准为准绳，以教材为依据，明确本课在教材中所处的地位和作用；二是以深入了解学生为前提，掌握学生的知识储备和学习需要，真正做到因材施教。教学目标的制定主要分为三维目标和五维目标（核心素养）2 大类，既可以分开，也可以综合。

【案例 20.4】

高中人教版《鸦片战争》的三维教学目标

识记虎门销烟、两次鸦片战争、《南京条约》等。通过不平等条约列强在中国攫取的权益，认识列强侵略给中国带来的影响。以追忆战争—透视战争—审视战争为主线，通过史料回放、直观照片、问题探究等手段，提出问题、解决问题，培养学生合作探究的能力。通过对中西兴衰趋势及战争结果的学习，感受"落后就要挨打"的沉痛教训，激发了解国内外形势的自觉性，增强与时俱进的紧迫感，参与国际竞争的主体意识。

(5)重点、难点的确定及依据

教学重点是教材知识结构中带有共性的知识和概括性、理论性强的知识，除知识本身外，还包括能力和情感。教学难点是那些比较抽象、离生活较远或过程比较复杂，学生难以理解和掌握的知识。确定学习重点和难点必须依据课程标准、学生实际认知能力、教学内容以及教学条件，使教学过程主次分明，轻重缓急，突出重点，解决难点。

【案例 20.5】

高中人教版《鸦片战争》的重难点

依据课程标准和学生的实际，确定两次鸦片战争的影响以及战争的必然性与偶然性为本节课的重点和难点。

2. 说教法

教学方法是教学过程中教师和学生为实现教学目的、完成教学任务而采取的教与学相互作用的活动方式的总称。[①] 教学方法分为教师教的方法和学生学的方法。传统的教学方法有讲授法、谈话法、练习法、讲练结合法等，现代的教学方法有程序教学法（斯金纳）、引导发现法、问题导学法、史料分析法、情境教学法、讨论法等。教师了解了这些教学方法，并清楚每一种教学方法的制约因素、特点和选择标准，就可以在个人教学观念之下进行合理选择和优化组合。

【案例 20.6】

高中人教版《鸦片战争》教法设计

第一，以激发学生学习动机为主线，充分动用现代化的教学手段和提问、讨论多种形式，激发学生的学习兴趣，调动学生的非智力因素。第二，以知识结构为基础，用示意图讲解战争经过，对战争形成感性认识，把教师的认知结构轻松转化为学生的认知结构，为进一步探究原因和影响打下基础。第三，以思维训练为中心，通过问题导学法、史料分析法、情境教

---

① 李悦宁、孟庆男：《高校教师教育专业青年教师教学能力培养研究》，载《兰州教育学院学报》，2015(3)。

学法、讨论法，使学生多种器官协调合作、多项信息综合反馈，充分发挥学生的主体作用。

3. 说学法

学生是学习的主体。分析学生是教师实施教学行为的关键，是贯彻因材施教的前提。奥苏伯尔曾说过："影响学习的最重要的因素是学生已经知道了什么，我们应当根据学生原有的知识状况去进行教学。"[①]可见，学生是教学活动的出发点和归宿，在学习过程中居于主体地位。教师要在教学过程中，从学生的年龄特征、心理发展水平、认知水平和结构、各种能力水平、思维品质、品德状况等作详细的分析，使教学真正做到有的放矢，教与学和谐发展，达到预期目的。

【案例 20.7】

高中人教版《鸦片战争》学法设计

依据建构主义理论，教学的主要任务不是积累知识，而是发展思维的观点。在本课教学中，注重方法的传授，指导学生采用阅读法、合作探究法、史料分析法、比较分析法，帮助学生实现本课的学习目标。

4. 说教学过程

教学过程是学生在教师的指导下认识世界，接受前人积累的知识和经验的过程。教师要站在课程标准和完成教学任务的高度来架构教学过程，依托教学内容、学生实际，采取相应的教学手段来组织教学。一般分为：组织教学—导入新课—新课讲授—知识应用—巩固小结—布置作业—课后拓展。新课改重视学生智力、能力的协调发展，强调设置问题情境，激发学生非智力因素（学会参加）；引导信息加工，开发学生智力因素（学会学习）；设计实践活动，提升学生能力与技术（学会迁移）。为此，教师要重点说出导入、重难点、转折点、师生双边活动、总结拓展等环节教学设计的意图及依据。

---

① [美]奥苏伯尔：《教育心理学——认知观点》，序言，北京，人民教育出版社，1978。

【案例 20.8】

高中人教版《鸦片战争》教学过程

(1)《鸦片战争》导入设计及依据

《鸦片战争》一课的导入方法是在轻松的音乐背景衬托下，欣赏罂粟花之美，在大家七嘴八舌话鸦片的过程中，了解鸦片的镇痛止泻医学作用，同时强调大量吸食会导致中毒身亡，又被称为"死亡之花"，随后导入新课。采取这种方法的优点有二：一是通过直观的教学手段，创设情境，引发兴趣；二是通过音乐和激励性语言，激发学生的学习潜能，用谜语的方式唤起学生的注意力，引导学生观察、思考，做好知识铺垫，引入课题。

(2)转折点、重难点的教法设计及依据

本课教学重点鸦片战争的影响和难点鸦片战争的必然性与偶然性的教学设计如下：

首先将战争过程分为2个阶段，然后采取图示法进行讲解，最后组织讨论，通过合作探究，得出战争缘由、失败的原因以及影响。讨论分为5步进行：第一，设疑。中英双方远隔千里，为什么会爆发战争？中英双方在战争中谁是正义的，谁是非正义的？第二，质疑。有人说，没有林则徐的虎门销烟，鸦片战争就不会爆发。你是否同意？既然中国进行的是反侵略的正义战争，又在本土作战，同时还有中国人民的顽强抵抗，为什么还是失败了？第三，解疑。通过讨论和史料分析，透过现象看本质，得出战争爆发的直接原因、根本原因以及鸦片战争爆发的必然性和偶然性，归纳失败的原因。第四，对话。通过小组讨论、代表发言、师生对话的方式，归纳两次鸦片战争的影响。第五，升华。学生在经历感性认识和理性思考的基础上，了解相关知识，提高能力。再以爱国将领的图像、圆明园的断壁残垣及相关史料，引发学生触景生情，在谈感想中提高思想认识，增强振兴中华的责任感。

这样设计的目的有3个：第一，在学生动耳、动眼听课的基础上，进一步达到动脑思考、动嘴说，多种器官协调运用，促进学生思维和表达能力的发展。第二，在学生触景生情、谈论感想中，达到情感、态度、价值观的教育目的。第三，通过教师讲学生说，使学生由感性认识上升到理性认识，从而将这节课推向高潮，突出重点，突破难点。

(3)小结、课后拓展的教法设计及依据

本节教学内容分3步展开：第一步，设计"组间竞争，挑战对手"活动。

教师利用大屏幕出示不同类型的题板，实行小组间的对抗赛。第二步"回顾总结，自我评价"。学生对照大屏幕的评价标准，对照自己找差距，并与同伴对比，及时反馈、检查和巩固。第三步，"课后延伸，拓宽视野"。提供相关的思考题、学术研究的新成果以及参考书目。

这样设计意图是：依据学生好胜的心理，鼓励参与教学，自己动手，在做中学；同时又消除学生心理负担，提高他们的自信心，培养自我管理和调控能力；更主要的是激发探究新知兴趣，把知识拓展到课堂外，把学习贯穿到生活中；进而培养学生良好的学习习惯。需要注意的是，训练要依据遵循课程标准，突出情感体会，注重能力提高，关注教学重点难点处理，训练题的设计要有梯度、灵活性，训练量要适中。

5. 说板书

板书是教学设计中的点睛之笔。板书的任务就是围绕着学习目标，遵循教学规律，将教材知识、学生认知、教师导学有机结合起来。本课采用结构化的教学板书如下：

【案例 20.9】

高中人教版《鸦片战争》板书

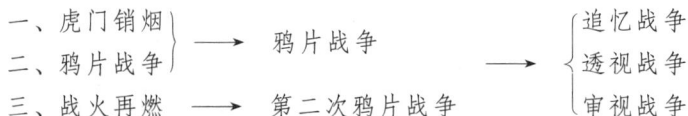

一、虎门销烟 ⎫
二、鸦片战争 ⎬ ⟶ 鸦片战争 ⟶ ⎧ 追忆战争
三、战火再燃 ⟶ 第二次鸦片战争   ⎨ 透视战争
　　　　　　　　　　　　　　　　　　⎩ 审视战争

板书设计的意图是将抽象的知识形象化、繁杂的知识条理化，使教学内容提纲挈领，重点突出，提高课堂教学的吸引力，增强课堂教学的启发性和感染性，从而培养学生的分析能力、概括能力和审美能力。

6. 说课程资源

课程资源是为课程的有效展开而提供的人力、物力、财力等各种可被利用的条件，包括教材、案例、影视、图片、课件等，也包括教师、学生的人力资源，甚至包括教具、多媒体等基础设施。随着信息技术的普及，数字化教学资源越来越普及。历史是生活的积淀，是无数个生活节点构成的一幅壮观美丽的历史发展长卷。许多历史教学内容与学生的生活息息相关，在他们的日常生活中往往能够找到历史的影子。教师在教学中一定要避免空洞说教，要竭力寻找社会生活中的支撑点、着力点，将社会生活资源的作用发挥出来。

【案例 20.9】

高中人教版《鸦片战争》课程资源

本课在探究鸦片战争起因、失败原因、影响等部分，收集了很多文本、图表、现实生活中的典型事件，为学生的合作探究提供了更多的资源，以培养学生史料阅读能力、辩证思维能力，树立论从史出、史论结合探究历史和现实问题的观点。

（二）说课的基本要求

1. 说透教学理念和思想

说课不是教案的复述，不是对上课的预测和预演。重要的是说明"为什么这样教"，注重的是对教育理论的诠释和教育思想的展现。说课要将教育学、心理学、学科教学的专业理论融为一体，说透教学设计、教学方法、学法指导采用的依据，说明教学安排的指导思想，使教例与教理水乳交融，有机结合。

2. 聚焦教学过程

说课要突出教学过程中师生教学状态的调控，教和学信息的传递、反馈。教学过程要体现出由表及里，由浅入深，由个别到一般，由感性到理性的一般认知规律，尤其要与学生的年龄特征、心理发展规律吻合。在师生的双边活动中，强调教与学的民主与合作，突出学生的参与度。从时间安排来看，教学过程应占说课时间的 70% 左右，这也是评委最为注重的环节。

3. 说明教法

教学方法是教师和学生为实现教学目标、完成教学任务，在教学过程中所使用的方法与手段。俗话说，"教无定法，贵在得法"，无论采用什么样的方法，都要始终贯彻"具有启发性"、"突出主体性"、"注重思维性"的原则。说课者要从实际出发，基于对教材特点和学生认知规律把握的基础上，创造性地选择恰当的教学方法。

4. 突出学法指导

"授人以鱼，不如授人以渔"，教会学生学习是教师努力的方向。说课要把主要精力放在解说如何实施学法指导上，说明学生要"怎样学"和"为什么这样"的道理。要讲出教者是怎样根据学生的年龄结构和心理特征，进行学习方法指导。

5. 说清层次

说课的对象大多是同行或专家，说课的时间一般在 10～15 分钟。因此，说课要突出重点，详略得当。先说什么、后说什么、再说什么，虽然不是绝对固定，但也必须按照自身固有的内在顺序述说，不能错位颠倒，要条理清楚，层次连贯，富有逻辑性。

6. 展示个性

说课要重点说出实施的过程，说出培养学生学习能力与提高教学效果的途径。同一篇教材，由于时期不同、学生情况不同，加上教师的性格、年龄、性别、阅历、教学优势等的不同，对教材的把握和处理也有所不同。说者要发扬自己的长处，突出个性，展现不一样的教学风格和创新立意。

第四节　常见问题

一、理论与实际脱离

理论联系实际是说课的基本原则。但在实际说课中，容易出现理论与实际脱节的现象。其表现有二：一是理论与实际两张皮，不能做到有机结合；二是理论空洞，无具体内容，或张冠李戴、不切实际。如依据课程标准、学生实际、教材内容，确定的本节课的教学目标分别是 1…，2…，3…具体的依据是什么，没有说。又如有人一节课设计了 15 段史料分析，有人一节课设计了 3 次大的讨论，这些都是不符合实际，无法有效实施的。

二、教学目标与教学内容脱节

教学内容的选择和组织以及教学过程的设计，是围绕教学目标进行的，但在实际说课过程中，有些教师目标意识淡薄，忽视了教学目标的存在，只是一味地追求教学内容的面面俱到，降低了教学的有效性。教学目标确定后，说课的整体安排都要围绕教学目标，突出重点，突破难点，避免空泛。

三、说课与讲课混淆

讲课是教师在特定的环境中依据教案、教学目标完成教学任务的过程，并且有具体的教学主体对象。说课是教师给特殊的听众唱"独角戏"，侧重于理论阐述。有的教师混淆说课和讲课，突出表现在教法设计上，讲得过细、面面俱到；有的单纯讲知识，理论分析少；还有的在说课过程中展示自己的讲课技艺，把说课当成讲课。有人甚至会不自觉的说出，"接下来我们继续讲授（学习）……"之类明显是属于讲课的语言。

四、教法笼统，学法不规范

教法和学法的设计要体现学生为中心的理念，设计立意要高，注重培养学生学科思维，不能笼统抽象。如有人说运用了启发式教学法，至于何时启发，如何启发学生，使用启发教学的依据是什么，都没有述说。还有些说课者，在不符合学生的学习规律、课型特点情况下，盲目堆砌华丽的辞藻，听起来高大上，但可操作性差，脱离了教材和学生实际。

五、重点不突出，没有层次感

说课稿的结构不严谨，各部分内容的衔接和过渡没有层次感。如有的说课者对内容详略把握不当，教学过程以前的综述部分阐述冗长细碎，甚至超过了说课一半的时间，导致本应重点展开的教学过程虎头蛇尾；对学生学习中可能遇到的困难和教师的教学策略，缺少足够的剖析。一般来说，说课内容可采用总分总的结构，环环相扣，过渡自然，体现出层次感。说课语言更应注重逻辑性。

六、说课者缺乏激情和个性

一些说课者在说课中语言平淡，设计平常，缺乏激情，缺乏风格和特点，缺少亮点，这样的说课很难取得好的成绩。其中的原因很复杂，但充分准备、勤学苦练、增强自信是关键。对于职前教师而言，如果能认认真真的练好 100 次说课，绝大部分的常见问题都可以解决。

学习反思

1. 谈一谈历史说课技能的内涵。

2. 谈一谈历史说课的类型及其特点。

3. 谈一谈历史说课的原则与方法。

4. 历史说课过程中容易出现的问题有哪些？

拓展阅读

1. 方贤忠. 如何说课[M]. 上海：华东师范大学出版社，2000.

2. 王春永. 中学历史课程教学论[M]. 长春：吉林师范大学出版社，2011.

3. 王德民. 新课程历史怎么教[M]. 芜湖：安徽师范大学出版社，2013.

4. 丁俊明. 说课功能再探[J]. 教学与管理，1998(10).

5. 王颖. 浅谈提高初中历史课堂教学效率的方法[J]. 基础教育论坛，2004(8).

张炜伦《罢黜百家 独尊儒术》说课技能视频

关娴娴《灿烂的宋元文化》教学流程说课案例

第二十一章　模拟讲课技能

内容提要

模拟讲课是在有限的时间内，在没有学生的情况下，考查执教者课堂教学实践综合能力的一种教学形式。根据功能或教学内容的完整度，模拟教学可以分成不同形式。模拟讲课具有竞争性、机智性、技巧性、艺术性、新颖性等特征，它与常规教学在教学对象、教学目的、教学容量方面有明显的差异。提高模拟讲课技能的策略与方法主要有反复训练、有效互动、反思完善、灵活应变、高屋建瓴等，模拟讲课常见问题有重点不突出、"心中无人"，模拟失真等。

第一节　模拟讲课的内涵与功能

一、模拟讲课的内涵

模拟讲课（模拟上课、模拟教学）是在有限的时间内，在没有学生的情况下，教育者综合运用各种教学技能与组织形式而进行的片段教学或全课教学。模拟讲课考查的是教师课堂教学的综合能力。

因为没有学生，模拟讲课又称无生试讲、无生上课、演课。"模拟"主要是指老师须在没有学生的情况下，把课堂教学的师生互动过程用不同形式体现出来。

因为模拟讲课时长要求一般在 10～20 分钟，比常规课时间短得多，但它又是常规课的"缩小版"，"麻雀虽小，五脏俱全"，一般须具备常规课的所有环节，因此又被称为微型课。

模拟讲课突出教学活动中的主要矛盾和本质特征，使教学研究的对象从客观实体中直接抽象出来，具有省时高效的特点。对于师范生，模拟讲课训练是培养临床实践能力的重要手段。对于在职教师，模拟讲课是一种将教学设计、教学研究与教学实施有机结合的教研活动。

二、模拟讲课的功能

1. 培养师范生"实战"能力

在进入实习之前，师范生有必要锻炼教学的实战能力。但因条件所限，很难随时在有真正的教学对象的情况下锻炼。模拟上课是一个很好的途径，它可以让准教师尝试体验上课过程，更准确地把握学情和教情，改善预设，提高应变的能力，思考如何教得更好；并逐渐从感性备课上升到理性备课，从根本上提高教学设计的质量，检测课堂教学的合理性、可操作性和有效性。

模拟教学为学生提供了一个仿真的实践平台。在此场景中，学生所做的一切都是对实际工作的一种真切体验。因此，通过模拟教学，不仅能让学生提前体验职业特征，明确所学专业在实际工作中的重要性，而且能使学生在亲身实践中自觉地将理论知识与实际操作结合起来，在模拟操作中逐步适应职业岗位的要求。

2. 快速考察执教者的综合素质

无论职前、职后教师的能力测验或职后教师的教研活动，如教师资格考试、教师招聘考试、教师基本功大赛、职称评定等活动，往往人数众多，时间紧迫。如果采用有真实学生的常规上课形式，在教学内容的选择、学生班级的确定、学校作息时间等诸多方面都会受到限制，既费时费力，还很难保证质量，容易影响学校正常教学。模拟讲课因为不需要学生参与，所以不受教学内容、学生班级、学校作息时间等限制，省时省力，能够快速考察执教者的综合素质。

3. 全面考察执教者的综合素质

长时间以来，说课是教师能力测验的主要方式。但说课主要体现教师的教学理念和构思，在实践中往往出现说课水平与实际授课水平不一致的情况。比如许多说课者事先准备了大量的相关理论和通用框架，说得头头是道，完整周密，但其真正的课堂教学效果却很一般。在实践中，说课表现优秀的录用者讲课水平很一般的大有人在。模拟讲课侧重于教师综合素质和实践能力的考察，有利于作出科学、公正的选拔，让能者脱颖而出。因此，模拟教学日益取代说课，成为日常教研、教学竞赛和教师招聘的重要形式和关键环节。

第二节　模拟讲课的类型与特征

一、模拟教学的类型

（一）根据功能的不同，可以分为训练模拟教学、面试模拟教学、能力测试模拟教学、教研模拟教学

训练模拟教学是师范生自我成长和发展的重要形式，是培养师范生综合教学能力的重要课程。其理念是"学以致用，以用促学，以用带学"，让学生在做中学，在学中做，教、学、做合一，手、口、脑并用。在模拟教学的场景中，由学生通过亲身实践去解决具体问题，能更有效地建构实践经验和专业知识体系。

面试模拟教学是人事、教育单位在招聘教师过程中经常采用的形式，一般在理论考试的胜出者中进行，主要考核应试者是否具备教师岗位所需要的基本素质和基本技能。试讲常采用即兴命题的形式，用于考查应试者对某门课程的综合能力。

能力测试模拟教学对于职前教师来讲主要针对教师资格考试的试教环节，对于职后教师来讲主要针对教师基本功大赛、优质课比赛、职称评定中的课堂教学等。

教研模拟教学指职后教师的教研活动中的模拟教学，如校内研修、校外研修、同课异构、异课同构等。

（二）根据教学内容的长短，可以分成片段模拟教学和全课模拟教学

片段模拟教学是截取某节课的一个或几个知识点进行教学，时间一般为 10～15 分钟，相对于完整的一节课只是一个片段。执教者通过完成特定的教学任务，来表现自己的教学思想和教学能力。片段模拟教学不是宣讲教案，也不是浓缩课堂，而是如同平时授课那样实现教学重点和教学难点的突破，完成教学目标，具备清晰完整的教学实施过程。片段模拟教学不受时间和场地的限制，人数可多可少，时间可长可短，非常灵活，因此运用的范围很广。

全课模拟教学指完整的一节课的模拟教学，时间一般为 15～25 分钟。在有限的时间内必须完整模拟"组织教学—新课导入—讲授新课—课堂小结—巩固练习"等环节。职后教师的能力测试及教研活动多采取全课模拟

教学。

二、模拟讲课的特征

1. 竞争性

训练模拟教学、面试模拟教学、能力测试模拟教学及教研模拟教学都包含竞争性，面试模拟教学与能力测试模拟教学的竞争性最突出，通过面试、比赛等形式，达到优胜劣汰。其积极作用是能使人精神振奋、奋发进取，力求在对抗性的活动中取胜。

2. 机智性

模拟上课时，教师备课时间短，压力大，要求高，难度大，要想取得比较好的成绩，就需要一定的教学机智。但教学机智的养成是一个漫长的历程，需要在真实的课堂教学环境中不断地实践与反思。

3. 技巧性

在没有学生的情况下，用10～25分钟完成一个片段教学或完整的一节课，还要层次清楚，详略得当，重点突出，环节完整，特色鲜明，能让评委深刻理解自己的教学设计，从而从众多的选手中胜出，执教者需要掌握一定的技巧和方法。

4. 艺术性

模拟上课没有面对面的学生配合，完全靠教师自编、自导、自演。成功的模拟讲课不仅要演得像模像样、生动有趣，而且还要比较全面地体现执教者的教学理念（新）、教学手段（佳）、教学评价（得当）、教学机智（灵活）等多方面的素质，这无疑是一种艺术。

5. 新颖性

在新课改背景下，模拟讲课必须渗透新知识、新理念、新方法。譬如，本次新课改提出的历史学科核心素养，无论是高中还是初中的历史教学，都应该作为必备的教学目标。只有做到新中更颖，才可能达到脱颖而出的效果，才能得到较好的评价。

三、模拟教学与常规教学的差异

模拟教学与常规教学在教学设计上是相同的，如确定教学内容、教学目标、教学方法及教学过程等。在教学过程中，目光的组织与交流、形体语言对于教师思想的传递与延伸等同样存在。但二者之间的差异更明显。主要表现在以下 3 个方面。

（一）教学对象不同

常规教学对象是真实的学生，教师目光可以直视学生，是一种"无声"的教学语言。教师心理上有明显优势，不会形成较大压力。同时师生配合容易比较默契，教学内容有一定的连贯性，学生有一定预期心理。

模拟教学的教学目标针对的虽然是真实学生，但实际面对的主要是同辈、同行、专家或领导，执教者的一举一动都会被很多人用严格挑剔的眼光审视，讲课的好坏往往对执教者有重大影响，这样的情形会使执教者产生巨大的压力。

（二）教学目的不同

常规课堂教学循序渐进，完成教学目标是最终目的，执教者的教学水平不是通过单独的 10 分钟，或者一两节课的考查来评判，而是通过长期的过程来实现。而模拟教学主要是以教学内容与条件为载体，必须利用有限的时间，通过自编、自导、自演，把自己最优秀的一面展示出来，让听众确认自己拥有成为一名优秀教师的潜力。

（三）教学容量不同

常规课堂教学一般是固定的一节课时长，教师有时间按部就班地进行全部知识点的教学，最重要的目的是增长学生知识，启迪学生思维，培养学生能力。而模拟教学的时间是不确定的，由相关单位根据需要设定，有长有短，短至几分钟，长到几十分钟。不同的时间，决定了教学容量的不同。时间越短，对执教者的挑战越大。所以执教者不可能将每个知识点的来龙去脉都讲清楚，必须进行选择，截取一个或数个相对独立的部分。

第三节 模拟讲课的策略与方法

一、反复训练：知识与技能的整体运用

一般的师范院校，教学技能训练只开设一门课程，以教学技能的分项训练为主，模拟上课训练的时间比较短。对于有志考编从教的师范生，必

须整合各项技能，进行反复的模拟讲课训练。最好是每一课都能练一遍，至少要对各本教材的重点课目进行针对训练。熟悉各课的教学目标、重难点、教法学法。

随时进行全程模拟上课的自我模拟，随便挑选一课内容，先限时备课，然后模拟上课，认真体会模拟教学的各个环节，及时查找存在问题。当然，找几个同伴来模拟评委，效果会更好。反复打磨，反复训练，努力培养自己独特的教学风格，初步展现个人的"教师魅力"。

二、有效互动：复述法、评价法、归纳法、板书法

师生互动是模拟上课最难处理的环节。因为没有学生的配合，评委也不可能回答你的问题，怎样达到"此时无'生'胜有'生'"的境界，以下 4 种方法很有效：

（一）复述法。即采用复述的方法来体现师生互动，通过对学生的回答进行复述的形式传递课堂信息，以达到"有效"互动的目的。可以采用的句式有：

（1）"正如刚才同学们说的那样，我们知道了……"

（2）"这位同学的意见（看法）是……"

（3）"第三组的代表说……"

（二）评价法。即采用评价的方法来体现师生互动，通过对学生的回答进行巧妙的评价，从而向评委传递课堂信息，以达到"有效"互动的目的。可以采用的句式有：

（1）"第一组的同学视野最宽广……"

（2）"这位同学的思路很好……"

（3）"真了不起，这位同学居然能想到……"

注意要有选择性的评价，重点反馈本节课的重难点，切忌面面俱到。

（三）板书法。即采用板书的方法来体现师生互动，通过对学生的回答进行板书，从而向评委传递课堂信息，以达到"有效"互动的目的。因为时间有限，一般采用要点式板书，以节省时间。

（四）归纳法。即采用归纳的方法来体现师生互动，通过对学生的众多回答进行归纳概括，从而传递课堂信息，以达到"有效"互动的目的。可以采用的句式有：

（1）"刚才同学们讨论得非常热烈，有的……有的……"

（2）"各组代表发言很踊跃，第一组……第二组……"

以上方法，既可以单独使用，也可以组合运用，后者效果更佳，可以避免模拟互动的局限和呆板。

三、反思完善：诊断反思—改进完善—认知迁移

任何技能的形成，都需要"实践训练—诊断反思—改进完善—认知迁移"的往复过程。每次模拟上课完成后，要进行多维评价（自评、互评与师评相结合）和深入反思。

首先，要格外重视老师的点评。由于自身的经验和优势，老师的点评往往具有高度和深度。不光重视对自己的点评，还要借鉴老师对别人的点评，取长补短。其次，找一些优秀的教案或名师视频仔细地研究对比，寻找他们的特色和独到之处。再次，虚心听取同学的意见。俗话说"当局者迷，旁观者清"，身边的伙伴往往能够提出中肯的意见和建议。最后，要认真进行自我反思，对自己的教学设计和教学视频反复观看与揣摩，仔细寻找疏漏与不足，不放过任何的细枝末节。如教学仪态是否端庄，教学用语是否规范，教学重点是否突出以及口语是否严重等，做到"鸡蛋里面挑骨头"。每次将自己的疏漏与不足记录在册，以逐步改进。

四、灵活应变：充分准备，因地制宜

平时练好基本功，战时做好充分的准备，这是灵活应变的重要基础。对于师范生最重要的面试模拟讲课，首先需要完整详细地了解相关的要求和规定，如教学时间、教学设备、教学内容、教学形式等，尤其要明确是片段模拟还是全课模拟。

灵活把握教学节奏。如当工作人员提示最后 1 分钟或 2 分钟时，应该立刻过渡到小结部分。如果在小结之前时间还有富余，可以对重要的知识点进行适当的延伸。在小结之后时间还有富余，可以承上启下，为下一个知识点做好铺垫。准确计时是掌控教学节奏的基础，平时计时训练是最好的准备，面试时自备计时器（考场一般禁止使用手机）很有必要。

灵活使用教学手段。虽然是模拟课堂，但只要不禁止，不妨使用一些真实的教学工具，尤其是模拟教学场地内已有的设备和工具，如录音机、小黑板、小卡片等。当然，也可以自己事先准备一些小的教具、小制作、

地图、示意图等，在模拟课堂上恰当地运用，不仅可以弥补某些方面的不足，也会给教学增添几分魅力。

灵活展现板书。无论是模拟课堂还是真实的课堂，板书都非常必要。板书可以说是"微型教案"，浓缩了一堂课的精华，要讲究艺术性、美观性、科学性。如果你的粉笔字很优秀，当然要多写字，充分展示。如果你的粉笔字没有优势，尽量少写，多用语言和动作加以说明（比如请同学们"看"或者"记"等）。

总之，各人情况不同，或长于表达，长于板书，长于激发兴趣；或善于分析，善于朗诵等，要善于扬长避短，凸显亮点。

五、高屋建瓴：彰显学科特质，突出学科思维

学科特质是一门学科的根本所在，中学历史学科具有强烈的政治性、独特的趣味性、深刻的批判性、严谨的求真性、丰富的变化性、普世的人文性等学科特质。[①] 抓住了学科特质，也就抓住了学科教学的核心。

学科思维是学科核心素养的基因和内核，基于学科思维的教学是走向核心素养的必然要求。由于编写的特殊性，教材直接呈现出来的往往只是学科知识，而很难彰显隐含其中的内涵丰富的学科思维过程，必须由教师加以引导和启发。中学生应该掌握的重要的历史学科思维有时序思维、证据思维、因果思维、变迁与延续思维、神入思维等。[②]

彰显学科特质、突出学科思维能高屋建瓴，大大增加模拟教学的魅力。对于职前教师，这些要求当然有很大的挑战，但是只要有足够的努力，哪怕在模拟讲课中能体现出一两点，也一定会成为评委眼中的亮点。

第四节 常见问题

一、重点不突出

模拟教学一般只有 10～20 分钟，如果分配不合理，可能前松后紧，或

---

① 详见薛伟强：《中学历史学科特质述论》，载《历史教学》，2016(1)。
② 详见本书第 17 章，或薛伟强、范红军、陈志刚主编：《中学历史课程与教学概论》，172～230 页，北京，北京师范大学出版社，2019。

已经下课，内容还没有讲完；或各环节用力过于平均，而不能突出重点、突破难点。课堂导入、新课学习与课堂小结的时间比例控制在 1∶7∶1 为宜（一般讲满规定时间的 90％ 便结束比较适宜）。课堂练习可以作为时间调节器，如果 10 分钟左右的时间，建议直接舍弃；如果 15 分钟左右，可以准备适当的课堂练习。

时间短就是"微"，凡是带"微"字的事物，一般都不能靠长度和体量取胜，而是以巧取胜，比如微型小说、微型课题、微型课程等。所以，微型课教学需要更加注重构思和设计，需要更精巧和精致。时间少、内容多，须学会选择、学会舍弃。要处理好教材内容，把握好重点难点，还要有深度，有亮点，让评委看到你的实力。

模拟上课的导入一定要简洁，三言两语直接进入正题，千万不能起步太远。之后把主要精力全部用在课题的中心上，或精要讲授，或巧妙启发，或积极引导，在有限时间内圆满完成所规定的教学任务。最后，一定要有小结，用很短的时间对所有教学内容进行归纳和总结，使课堂结构完整。

二、"心中无人"

模拟教学的现场虽然没有学生，但执教者心中必须有学生。模拟教学不是教师的"独舞"，不是其个人教学思想的宣泄。教师要始终记住，无论是模拟教学还是真实的课堂教学都是为学生服务的，切忌将讲台当作展示个人才华的舞台。

模拟教学的要求是此处无"生"胜有"生"，既要表现出教师在教学上的主体性，还要维护"学生"在学习上的自主性，从而将模拟教学演绎得更加逼真、生动。在模拟课堂上，提问、反馈、讨论、引导启发、总结评价等，凡是教学所需要的过程都要一一模拟呈现。执教者要在备课时深入研究学情，精准掌握重点、难点和疑点，这样才能做到"场上无学生，心中有学生"。

教法的选择、学法的指导要灵活多样，要以学生为中心，引人入胜。有讲有练，有问有答，有分析有讨论，有归纳有小结。学生活动要精心设计，既要有合作交流，又要有独立思考；既要有静心听讲，又要有活跃互动；选取的教法，运用的学法，开展的活动，要有利于培养学生分析问题、解决问题的思维能力，有利于培养学生的核心素养。

三、模拟失真

虽然有人夸张地把模拟讲课总结为"千言万语、重在演技",但如果没有精准了解学情,很容易出现模拟的情形与实际的情形大相径庭。模拟失真最突出的表现是师生互动生硬肤浅、合作学习流于形式2个方面:

1. 师生互动生硬肤浅。如对于学生的回答都是"好、很好、不错",这是一种典型的肤浅的表扬。首先,在真实的课堂中,学生的回答不可能都很好。其次,即使发言很优秀,也要根据不同情况给出具体的评价,比如:"你的视野很宽广,你的思考很深入,你的知识真丰富"等,否则就给人不真实的感觉。所以在模拟师生互动中,既要有对亮点中肯的评价,也要有对缺陷和不足的客观分析。对于学生的反馈可以采取多种方式,比如追问、反问、转问等,不宜只有简单的评价。最重要的是给予启发和引导。比如:"你既然想到了经济方面,还可以想到其他方面吗?""这个例子跟我们讲的有出入,你还可以再想一个吗?"这样的师生互动,更接近于真实的课堂教学,而且还符合启发引导,以学生为本的新课程理念。

2. 合作学习流于形式。许多模拟上课都会设计小组合作、讨论交流环节,这固然符合新课程理念,但很多执教者的模拟处理往往过于简单,一般就是两句话:"下面进行小组讨论吧!""大家发言都很积极,很好!"便匆匆而过,这样的小组合作学习,有名无实,形同虚设。真正的小组合作学习,绝非如此简单,它既有完整的流程,也有很多细节的安排。主要包括:(1)讨论之前要明确:如何分组?交流时该注意些什么?交流时该怎么表达自己的观点,如何吸纳别人的建议?有不同意见时该怎么办?小组内的分工怎样?(2)小组讨论的过程中,教师必须巡视,以便监督和指导。(3)代表发言时,老师要及时点评、引导和启发。(4)讨论结束后,要进行简单的点评、总结和深化。这4点,我们都需要模拟出来。如果为了节省时间,我们可以简化为:"下面请按我们本月的分组进行小组讨论,请同学们注意我们之前的一些规则,最后每组推选一位代表发言。"然后走下讲台示意小组巡视的动作,最后模拟讨论的点评和总结。实际上,成熟的小组讨论,需要一个比较长的适应时间。需要注意的是,在七年级,尤其是上学期,由于刚刚进入初中,学生的自我控制能力还比较弱,此时一般不宜进行小组合作学习。

学习反思

1. 谈一谈模拟讲课的功能有哪些。

2. 谈一谈模拟讲课与常规教学的主要差别。

3. 提高模拟讲课技能的主要策略和方法有哪些？

4. 谈一谈模拟讲课中容易出现的问题及对策。

拓展阅读

1. 龙彩虹，龙惠兰. 师范院校学生模拟教学中的问题分析[J]. 长春工程学院学报(社会科学版)，2013(4).

2. 舒兰兰. 模拟教学的三个问题[J]. 中学政治教学参考，2017(34).

3. 薛爱琳. 如何上好一节微型课[J]. 甘肃教育，2018(10).

陈星悦《罗斯福新政》模拟讲课技能视频